A dívida impagável

Denise Ferreira da Silva

A dívida impagável

Uma crítica feminista, racial e anticolonial do capitalismo

Tradução:
Nathalia Silva Carneiro, Viviane Nogueira, Jéfferson Luiz da Silva, Roger Farias de Melo, Nicolau Gayão

ZAHAR

Copyright © 2022 by Sternberg Press, Londres

Grafia atualizada segundo o Acordo Ortográfico da Língua Portuguesa de 1990, que entrou em vigor no Brasil em 2009.

Título original
Unpayable Debt

Capa
Celso Longo + Daniel Trench

Ilustração de capa
Celso Longo

Preparação
Cristina Yamazaki
Marina Saraiva

Índice remissivo
Probo Poletti

Revisão
Angela das Neves
Natália Mori

Dados Internacionais de Catalogação na Publicação (CIP)
(Câmara Brasileira do Livro, SP, Brasil)

Silva, Denise Ferreira da
　A dívida impagável : Uma crítica feminista, racial e anticolonial do capitalismo / Denise Ferreira da Silva. — 1ª ed. — Rio de Janeiro : Zahar, 2024.

　　Vários tradutores.
　　Título original : Unpayable Debt.
　　ISBN 978-65-5979-164-4

　1. Ensaios brasileiros 2. Escravidão 3. Negros – Condições sociais 4. Racismo I. Título.

24-192714　　　　　　　　　　　　　　　　　CDD-194.4

Índice para catálogo sistemático:
1. Ensaios : Filosofia　194.4

Cibele Maria Dias – Bibliotecária – CRB-8/9427

Todos os direitos desta edição reservados à
EDITORA SCHWARCZ S.A.
Praça Floriano, 19, sala 3001 — Cinelândia
20031-050 — Rio de Janeiro — RJ
Telefone: (21) 3993-7510
www.companhiadasletras.com.br
www.blogdacompanhia.com.br
facebook.com/editorazahar
instagram.com/editorazahar
twitter.com/editorazahar

Para
Maria Amélia Ferreira da Silva,
minha mãe
Ilka Maria Carvalho da Silva,
minha sobrinha

In memoriam
Laureana Araújo da Silva e Erinea Romualdo Ferreira,
minhas avós
Sonia Ferreira da Rocha e Marlene Silva Araújo,
minhas tias

Sumário

Nota da tradução 9

Futuro anterior 13

1. "Nem mesmo pela lei daqui" 21
2. "a mais perfeita alucinação" 83
3. "uma outra língua" 169
4. "onde a carne se uniu ao gesso" 269

Passado anunciado 317

Agradecimentos 319

Notas 323

Referências bibliográficas 379

Índice remissivo 391

Nota da tradução

A convite da professora Denise Ferreira da Silva, este livro foi traduzido por um grupo de trabalho formado por cinco membros da Coletiva Gira, grupo de estudo-intervenção antirracista e anticolonial fundado em 2017 por estudantes vinculados à USP e que hoje conta com integrantes em diferentes regiões do Brasil e também no exterior. Consideramos esta tradução parte de nossos estudos-intervenções. Assim, participamos de todos os processos decisórios do texto aqui estabelecido, e realizamos reuniões com outras integrantes da Gira e com a professora Denise Ferreira da Silva, que generosamente nos leu desde as primeiras versões.

É importante ressaltar que esta tradução procurou seguir a terminologia utilizada no livro homônimo, publicado em edição não comercial pela Casa do Povo em 2019, reunindo ensaios da autora traduzidos por Amilcar Packer e Pedro Daher. Também de grande valia para nosso processo de trabalho foi *Homo modernus: Para uma ideia global de raça* (Cobogó, 2022), tradução, por Jess Oliveira, da tese de doutorado da autora, publicada originalmente em 2007 pela University of Minnesota Press.

Buscamos nos manter, além disso, com os diferentes atravessamentos da obra. Produzido nos Estados Unidos, o livro de Denise Ferreira da Silva dialoga com autores como Saidiya

Hartman, Hortense Spillers e Fred Moten, os quais foram traduzidos e publicados no Brasil no decorrer desta tradução. A simultaneidade desses processos implicou algumas decisões lexicais próprias. Nesses casos, sobressai o interesse em manter uma coerência interna dentro da obra, mais do que em determinar uma interpretação única dos escritos de Ferreira da Silva. Estes ainda estão por serem desdobrados neste país que também marca a obra e a vida da autora.

Assim, nosso esforço foi também para, ao mesmo tempo, preservar o significado específico que determinados termos têm em seus contextos de origem — diferentes campos da filosofia e das ciências mobilizados pela autora — e a singularidade que adquirem no argumento desenvolvido neste *A dívida impagável*.

NATHALIA SILVA CARNEIRO
VIVIANE NOGUEIRA
JÉFFERSON LUIZ DA SILVA
ROGER FARIAS DE MELO
NICOLAU GAYÃO

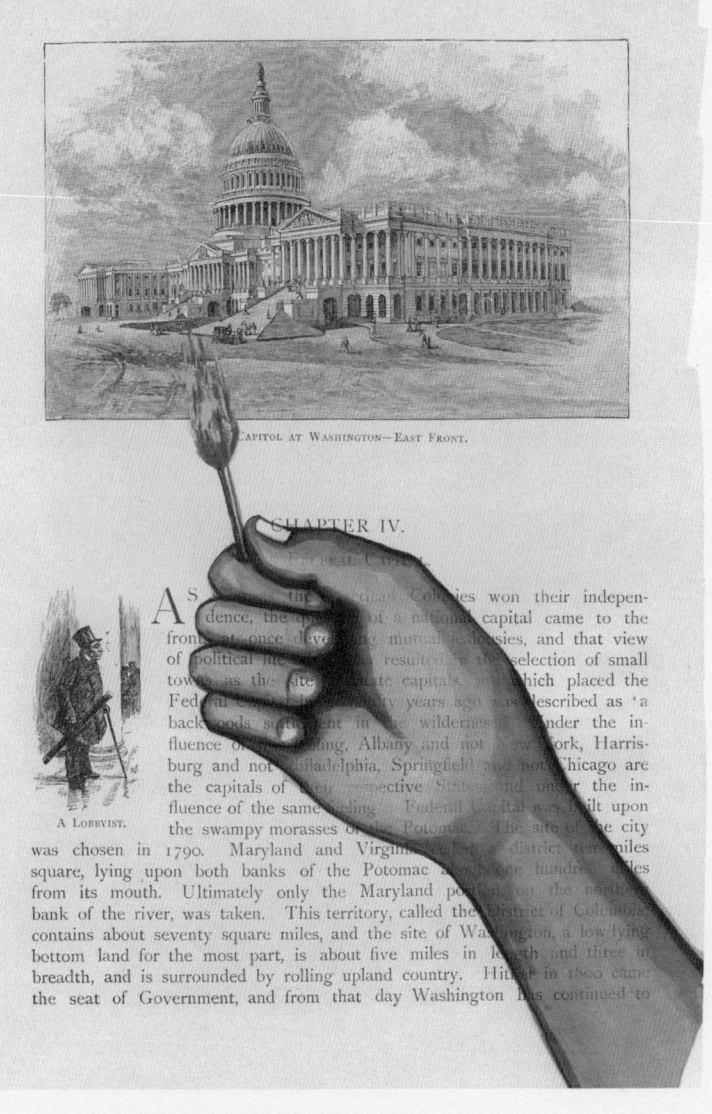

Rajkamal Kahlon, da série *American History*, 2012.
Guache sobre página de livro.

Futuro anterior*

TENDO JÁ ACONTECIDO ao ser abordada na cena da subjugação, seu corpo ferido viola a linearidade do espaço-tempo. Ninguém precisou conferir se ela estava viva ou morta. Já morta, como ela sempre terá sido, quando a porta se abriu, antes que a casa fosse encontrada, antes que a porta fosse arrombada. Ninguém precisará ser indiciado por matá-la — morta, ela, alguém, todas. Já interpretada, resolvida pela/ como negridade, a causa e as circunstâncias de sua morte não exigirão revisão judicial porque seu corpo ferido refigura a autoridade (e a violência total e simbólica), no contexto em que a igualdade (a figura da liberdade na lei e no direito) supostamente reina.

Saber o que aconteceu com ela e como aconteceu não importa porque o evento racial não acontece então/lá. Ato ético que se passa na cena da natureza, o evento racial ocorre no momento da justificação (pelo/do que já terá acontecido). Cada evento racial é uma ocorrência das ferramentas simbólicas da racialidade atuando no momento jurídico, totalmente no domínio da necessidade. Ele não registra a cena

---

* No original *"Future Perfect"*, tempo verbal da língua inglesa que denota ações que estarão (ou não estarão) concluídas em um momento específico no futuro. (N. T.)

da representação, na qual espaço e tempo se combinam e se desdobram juntos — portanto, esta última é uma cena ética distinta, a saber, aquela própria às figurações históricas (Humanidade) e historiais (Subjetividade) do *Eu transparente*. Em vez disso, por tomar como *datum* aquilo que é produto da cena da regulação — isto é, das ferramentas da razão científica —, o evento racial é tão somente uma reviravolta antecipada das categorias científicas e formais, uma reviravolta que atualiza uma autoridade jurídica apoiada na necessidade lógica e, simultaneamente, resolve suas circunstâncias econômicas como ocorrências éticas. Efetuada a cada vez que se mobiliza a explicação dominante para a subjugação racial, operada pela negridade, a categoria, aquela reviravolta, que chamo de dialética racial, desmente consistentemente as limitações impostas pelo tempo — tanto linear (histórico) quanto circular (lógico) — como dado ontológico, elemento empírico e horizonte político.

Como quebrar esse circuito perverso que resolve o econômico como o ético enquanto traz — talvez justamente porque traz — o científico como suporte para a autoridade? *A dívida impagável* é uma resposta a essa questão. Quer dizer, não tanto uma solução, mais uma ilustração, um experimento único com uma ferramenta e com um procedimento desenhados para quebrar o circuito, para expor e romper a dialética racial e descrever como esta figura a arquitetura política liberal em sua complexidade. Essa imagem me veio pela primeira vez quando eu estava tentando dar sentido à maneira como a crise econômica global de 2007-8 foi posta na conta das pessoas cuja falta de capital próprio as forçou a tomar empréstimos com taxas de juros (variáveis) exorbitantes. Titulares de empréstimos *subprime*, pessoas negras e latinas economicamente despossuídas foram apresentadas nas explicações para a crise como (economicamente) lucrativas porque sua incapacidade antecipada de pagá-los tornava os empréstimos mais valiosos. No entanto, quando essa incapacidade se concretizou, e os instrumentos financeiros abstratos do qual elas eram parte evaporaram, essas pessoas negras e latinas foram consideradas (eticamente) responsáveis pelo quase colapso da economia global. Nesse discurso da crise-econômica-global encontrei as ferramentas da racialidade atuando tão perversamente quanto atuam nas justificações daquilo que nunca é tratado como a crise jurídica que é — a saber, os tiros disparados por policiais contra pessoas negras desarmadas. Uma explicação que atribui o resultado indesejável a uma falha moral causada pela diferença racial ou cultural. Ao considerar essa similaridade, a imagem da dívida impagável pareceu mais apropriada para capturar na quina ético-econômica o que "a cena da natureza" captura na quina ético-jurídica: a dialética racial cumpre o papel de tornar a subjugação racial alheia aos funcionamentos e estruturações da arquitetura política liberal.

Ao considerar pela primeira vez a imagem da dívida impagável, imediatamente pensei em Dana, a personagem principal do romance *Kindred*, de Octavia E. Butler, e seu impasse: salvar a vida de Rufus, o filho de um Proprietário de Escravas e também seu ancestral. Essa obrigação me pareceu talvez a melhor tradução de uma dívida que pesa sobre alguém a quem não cabe pagá-la. Não cabia a ela pagar porque não foi uma decisão sua que a levou a isso — ser descendente de um Proprietário de Escravas (e viajar no tempo para salvar a vida dele) ou a tornar a lucratividade de um título hipotecário dependente de sua falta de capital próprio. No entanto, a dívida é dela porque sua negridade sinaliza tanto escravidão quanto falta de capital próprio. Mais importante ainda, a obrigação de Dana — a dívida que é a condição de possibilidade de sua existência, na qual família e escravidão são indistintas, mas não indistinguíveis — tem suas próprias violações, em particular as separações de tempo e espaço. Cada realocação instantânea de sua casa, na Los Angeles de 1976, para a fazenda Weylin, na Maryland do início dos anos 1800, sempre para salvar a vida de Rufus, atravessa [*traverses*] o que os delineamentos do espaçotempo sustentam, isto é, as delimitações do então e agora (ela encontra seus antepassados mortos muito tempo antes) e a determinação do aqui e lá (ela salva a vida de um antepassado morto muito tempo antes). Ou seja, Dana cumprir sua obrigação viola a linearidade sobre a qual se baseiam os descritores ontológicos (formalidade e eficabilidade) e os pilares ontológicos (separabilidade, determinabilidade e sequencialidade) do pensamento pós-iluminista — por exemplo, ao quebrar as regras tanto da sequencialidade (o futuro operando no passado) quanto da causalidade eficiente (uma causa se tornando a condição de possibilidade para o efeito), isso se faz incompreensível. Mas então se percebe que a violação não ficou impune: na última viagem de volta para sua casa em Los Angeles, Dana perde parte do braço agarrado por Rufus enquanto morria, depois que ela o golpeou como resposta à tentativa dele de estuprá-la.

O braço preso na parede, a evidência incompreensível das viagens de Dana no tempo, inspirou a ferramenta de leitura negra feminista feita para esculpir a imagem da dívida impagável, que é este livro. Essa ferramenta re/de/compositiva, a figura da *corpo cativa ferida na cena da subjugação* [*the wounded captive body in the scene of subjugation*], permite uma reviravolta nas bases do pensamento pós-iluminista. Tendo sido desenhada para rastrear, explicar e aniquilar o funcionamento da categoria social-científica de negridade, ela procura minar a base metafísica e os efeitos teóricos desta última ao examinar as apresentações das cenas ética e econômica do valor. Ao mesmo tempo, essa ferramenta, como as viagens de Dana no tempo, lê nas/através das cenas — conforme ela as re/de/compõe — uma imagem da arquitetura política pós-iluminista de modo a tornar explícito como a escravidão (como uma estrutura econômica) e a racialidade (como um arsenal simbólico) permanecem operantes no presente global e, portanto, são cruciais para o funcionamento do Estado e para a acumulação de capital. Ao longo desses momentos anteriores, Dana sinaliza como as violações da separação espaçotempo são possíveis caso o pensamento seja inspirado pela materialidade em vez da necessidade; caso, em vez de unidade e necessidade, a imagem-guia da existência pressuponha implicância e infinitude; caso se presuma que as *elementa* que entram na composição de tudo, de qualquer coisa, existente no espaço-tempo, sempre existiram, mas também incluem o que pode vir, podia vir e talvez nunca venha a ter existência real.

O que vem pela frente é, como alertei acima, tanto proposicional quanto experimental, quer dizer, faz algo do trabalho esperado de intervenções filosóficas e teóricas. Os capítulos são também, cada um deles, uma apresentação da forma de pensar proposta. Todos têm quatro momentos e realizam o mesmo movimento, começando com a incompreensibilidade do impossível fardo de Dana e se encerrando com um relato da existência que alcança sua possibilidade. Qualquer tentativa de resumir um capítulo — e, nesse sentido, todo o livro — será insatisfatória e muito provavelmente o distorcerá, já que uma descrição do que é feito não pode repetir *como* é feito. Assim, darei uma breve descrição de cada capítulo, sabendo que a leitora pode ficar desapontada e/ou satisfeita com o que encontrará ao lê-los. No capítulo 1, "Nem mesmo pela lei daqui", reúno e introduzo a tarefa desempenhada pela figura da *corpo cativa ferida na cena da subjugação*. Como referente da Escrava na cena da violência total, suas tarefas incluem sinalizar a problemática distinção entre Humano (Homem, o Sujeito, Humanidade, Subjetividade) e Coisa (corpo, natureza, objeto, mundo), bem como as cenas por eles protagonizadas — tanto as filosóficas (a cena da representação e a cena da regulação) quanto as políticas (como as cenas éticas e econômicas de valor). No capítulo 2, "a mais perfeita alucinação", a *corpo cativa ferida na cena da subjugação* confronta a dialética racial ao recordar o que desapareceu no círculo lógico pressuposto e produzido pela explicação social-científica para a subjugação racial. Dois movimentos são significativos aqui: primeiro, considerá-la conduz à distinção entre dois momentos do pensamento pós-iluminista, o determinativo (o século XIX) e o interpretativo (o século XX). Com essa distinção, é possível considerar como a necessidade (operante em enunciados determinativos) permanece operante em um programa social-científico regido pela liberdade (operante em enunciados interpretativos). No segundo movimento, a ativação da *corpo cativa ferida na cena da subjugação* como ferramenta figurativa expõe como a dialética racial tenta derrubar precisamente o que o evento racial não pode senão evocar — isto é, como a negridade registra a "relação" jurídica e econômica que tem sido crucial na confecção do Estado e do capital. No capítulo 3, "uma outra língua", volto-me para a cena econômica do valor, na qual a *corpo cativa ferida na cena da subjugação* confronta a equação de valor de Marx ao relembrar sua contingência em uma distinção ético-jurídica. Porém, ao irromper pela própria equação — pela apresentação formal do valor — ela não estabelece uma dialética ou uma divisão, nem faz movimentos relacionados, ou seja, suprassunção ou resolução. Em vez disso, dissolve os próprios termos posicionados em uma equivalência, derrubando as distinções que tornam a especificidade da política liberal, bem como aquelas que tornam o corpo humano o único fator relevante na criação de valor. Finalmente, no capítulo 4, "onde a carne se uniu ao gesso", a *corpo cativa ferida na cena da subjugação* reúne os destroços das mobilizações pós-iluministas do Humano e da Coisa confrontados por ela em cada uma das cenas éticas e econômicas de valor, no momento determinativo e também no interpretativo. Rumo ao fim deste *mundo*, o mundo *conhecido*, a *corpo cativa ferida na cena da subjugação* guia um exercício especulativo no qual a indeterminabilidade direciona o delineamento tanto da *implicação profunda*, enquanto um descritor, quanto do *corpus infinitum*, enquanto uma imagem da existência que alcança todo acontecimento e todo existente não como um (unidade) ou como único (identidade), mas em sua fractalidade, pois cada um é uma re/des/composição singular daquilo que sempre existiu.

1. "Nem mesmo pela lei daqui"

— Você acha que o negociador o levou para Nova Orleans? — perguntei.
— Sim. Ele estava acumulando carga para mandá-la para lá.
Balancei a cabeça.
— Coitado do Luke. Há plantação de cana em Louisiana atualmente?
— Cana, algodão, arroz, eles cultivam muita coisa lá.
— Os pais de meu pai trabalharam nas plantações de cana lá antes de irem à Califórnia. Luke poderia ser meu parente.
— Cuidado para não acabar como ele.
— Não fiz nada.
— Não se meta a ensinar mais ninguém a ler.
— Ah.
— Sim, ah. Eu talvez não conseguisse impedir o papai se ele decidisse vender você.
— Me vender! Ele não é meu dono. Nem mesmo pela lei daqui. Não tem documentos dizendo que é meu dono.
— Dana, não fale besteira!
— Mas...
— Na cidade, certa vez, ouvi um homem se gabar de que ele e um amigo tinham pegado um negro livre, rasgado seus documentos e vendido a um negociador. Eu não disse nada. Ele tinha razão, claro. Eu não tinha direitos, nem mesmo papéis para serem rasgados.
— Tome cuidado — disse ele, baixinho.
[...]
Eu teria que tomar cuidado, sim, e estar pronta para fugir se parecesse correr o risco de ser vendida.

OCTAVIA E. BUTLER, *Kindred*[1]

"Não tem documentos dizendo que é meu dono", ela retruca. Como se documentos fossem suficientes para provar ou refutar o direito de seu pai de comercializá-la. Sem documentos. Documentos. Não importaria, porque então/lá, onde Dana e Rufus se encontram e conversam, suas posições, estabelecidas pela autoridade dele (e não por uma hierarquia dada), são definidas pela cor de suas peles. Ele é seu proprietário, mesmo que, como parece, Rufus (e seu pai) seja seu antepassado. E se ela tivesse documentos? De que serviriam se Rufus ou seu pai — ou qualquer pessoa branca então/lá — decidisse puni-la, usar o chicote? Pois ela podia não só ser vendida — mesmo sem documentos mostrando serem proprietários dela, Rufus e seu pai podiam espancá-la, como fizeram. E, ainda assim, eles precisavam de documentos, mesmo que fossem falsos. Eles sabiam disso, e também Dana, e suas Escravas. Eles precisavam de documentos para provar que uma pessoa escravizada (corpo-mente) deveria ser despendida como eles (os Proprietários de Escravas) quisessem.[2] O título assegurava isso como direito legal, ou seja, eles tinham *autoridade* para decidir como a pessoa escravizada deveria ser despendida e se deveria viver ou morrer. Justamente por isso, ela "não disse nada". Existindo como uma pessoa negra naquele momento, Dana sabia que, em meados da década de 1830, não ter "nem mesmo papéis para serem rasgados" a torna coisa--nenhuma perante a lei e os costumes de Maryland.

Por que deveria importar se Dana tinha documentos ou não, se ela sabia ler ou não, e até se ela poderia ensinar outra pessoa a ler? O que está em jogo? Com seus documentos em mãos ela poderia fazer tantas coisas: poderia migrar para o norte e ter certeza de não mais estar perto de uma fazenda ou plantação; poderia decidir ficar, encontrar uma companhia livre e tentar sobreviver, como outras tentaram; poderia até mesmo decidir vender seu trabalho para os Weylins. Importava exatamente porque os documentos colocariam Dana em uma posição inaceitável naquela época. Documentos poderiam ser, e costumavam ser, rasgados. Naquele momento, a mulher ou o homem liberta/o poderia ser vendida/o por qualquer pessoa (quer dizer, qualquer pessoa branca) que mostrasse documentos e/ou afirmasse ser seu proprietário.

Não ter documentos não fazia diferença lá, onde/quando existir como uma pessoa negra significava que a pessoa (corpo-mente) de alguém poderia ser reivindicada por qualquer um que aparentasse poder possuí-la. Como se tornaria a lei da terra cerca de duas décadas depois do momento em que Dana se encontrava, ter sido uma escrava tornava uma pessoa negra para sempre sujeita a ser devolvida à posição de cativa. Uma posição sem significado ético em um momento no qual a liberdade e a igualdade surgem como atributos da Humanidade e descritores do Humano, quando os elementos iniciais que entrariam na confecção da analítica da racialidade estavam sendo manufaturados. No entanto, mesmo naquela posição jurídica sem significado ético, a catividade do corpo trabalhador poderia ser provada, verificada e assegurada. Já sua mente, como Dana aprendeu muito bem, disso ninguém jamais teria certeza. Nem no mercado, nem na plantação, mesmo quando seu corpo-mente se despende nos movimentos, nos gestos, em tudo aquilo necessário para transformar o solo, a água, o cavalo ou o arado em cápsulas de algodão; ninguém jamais saberia (nem então/lá, nem aqui/agora). Nem as canções cantadas por ela para aliviar o fardo, o trabalho forçado, expropriado sob o sol do verão ou sob a neve do inverno — nada disso atesta que o Proprietário tenha escravizado com êxito sua mente. E isso Dana sabia, isso tinha tudo a ver com não permitir à Escrava aprender a ler, tinha tudo a ver com aquele momento no qual o valor de uma pessoa estava ligado à sua mente, ao que ela sabia e ao que a orientava enquanto ela seguia por aí existindo no dia a dia. E também aprendeu, enquanto esteve lá/então, que, quando uma negra parece tentar expressar esse valor, o chicote é aplicado com toda a força.

"Nem mesmo pela lei", diz Dana, mas ela sabe que não importava e ainda não importa. O que quer que a lei proteja, o que quer que caia sob esse modo de prover igualdade, não inclui uma pessoa negra. Isso significa, tal como Dana aprende em seu último encontro com Rufus, que o título, o documento atestando a autoridade do Proprietário para dispor da Escrava, era o único documento que importava. Esse é o único documento reconhecido pelas estruturas Jurídicas (Estado e Tribunal) — e essa força acompanhou Dana na sua última volta para casa, ao perder o braço preso na parede. Pensar com essa parede e com a lesão contida nela abre um foro para a leitura da arquitetura política do presente global como o funcionamento do Colonial, do Racial, do Jurídico (Estado e o Patriarca)[3] e do Capital. Uma leitura guiada não por uma questão que conduz à designação de causalidade (buscando a determinação) ou à atribuição de um propósito (visando à interpretação) — porque essas ferramentas do *Eu transparente* (sob a aparência do Sujeito Conhecedor) não podem deixar de manter o impasse de Dana circunscrito pelos meios limitados e limitantes do Sujeito para compreensão.

Começando com o corpo ferido de Dana, com aquilo que atesta tanto a autoridade do Proprietário quanto a ocorrência da cena de violência total (a cena em que matar e/ou estuprar é o objetivo), essa leitura imediatamente localiza o encontro em seu contexto político, onde atenderia às condições jurídicas, econômicas, simbólicas e éticas da ocorrência.

Ao abordar a Escrava na cena da violência total, onde ela perturba a separação entre Humano e Coisa, essa leitura expõe o *Eu transparente* (sob a aparência do sujeito ético e econômico) atuando na impossibilidade de abordar como o Colonial e o Racial trabalham no/como capital global. Pois a Negra, na medida em que é um nome comum para propriedade, uma Coisa na cena econômica do valor, não contava como nada exclusivamente do Humano — sendo este considerado unicamente sob a moralidade (na cena ética do valor). No entanto, essa violência total é mobilizada para garantir a submissão; a Escrava, na medida em que é um Ser Humano, não é como qualquer outra propriedade, ou seja, é uma coisa comercial, mas não natural nem artificial. Tudo o mais, qualquer outra coisa existente, cairia sob o natural ou o artificial e, portanto, não seria contemplada pelos princípios da Humanidade, isto é, liberdade e igualdade. Pois precisamente essa ambiguidade — ela ser um Humano que figura fungibilidade em vez de dignidade — torna concebível a possibilidade então/lá, como aqui/agora, de não haver dúvidas de que, como os cavalos, o solo, a água da chuva e os raios do sol, o corpo da escrava, assim como sua mente, se transformaram em algodão, cana-de-açúcar, tabaco ou qualquer outra *commodity* que seu trabalho trouxe à existência como tal.

"cena da carne feminina desprotegida"

> Um corpo feminino pendurado no galho de árvore ou com o seio sangrando em um dia qualquer dia de trabalho na plantação porque o "capataz", a uma chicotada de distância, arrebentou e arregaçou sua carne, adiciona uma dimensão lexical e viva às narrativas de mulheres na cultura e na sociedade. Essa cena materializada da carne feminina desprotegida — da carne feminina "de(s)generificada" [*ungendered*] — oferece uma práxis e uma teoria, um texto para viver e morrer, e também um método para ler a ambos por meio de suas diversas mediações.
>
> HORTENSE J. SPILLERS, "Bebê da mamãe, talvez do papai"[4]

O que Dana viu ao olhar para seu corpo e perceber um pedaço faltando? O que pensou ao ver sangue no gesso? Talvez a dor fosse demais naquele momento: ela não estava em condições de contemplar o que lhe acabara de acontecer. Vivendo na Califórnia, Los Angeles, em meados da década de 1970, estava familiarizada com esse tipo de lesão, o tipo de violência que se pratica mas pela qual ninguém é considerado culpado, responsável, por estar sempre já autorizada — a violência perpetrada ou permitida pelo Estado. Pois então como agora, sessenta anos depois de finalmente obter do Estado as garantias dos direitos civis básicos, como votar,[5] todas as pessoas negras nos Estados Unidos testemunham seu governo federal lhes contestando o direito de protestar contra a brutalidade policial, de exigir responsabilidade [*accountability*], de tomar as ruas e exigir justiça. Não importa quantas vezes sejam denunciados os assassinatos por policiais de pessoas negras desarmadas, não importa quantos processos criminais e de direitos civis sejam abertos na esteira de tais eventos. Cada denúncia e cada processo legal parece contribuir para o glossário de justificativas. Todo uso autorizado ou não autorizado de violência simbólica (no caso dos empréstimos *subprime*) ou total (chacinas, tiroteios policiais ou prisões) contra pessoas negras e latinas tem uma justificativa que ultrapassa os mecanismos modernos de justiça porque compartilham do mesmo fundamento, a saber, a necessidade.[6]

O que mais pode ser feito? Demolir os símbolos do ódio, exigir o fim da instituição jurídica cuja principal tarefa parece ser mobilizar a violência racial. O que mais? O que resta a dizer sobre o que ninguém pode fingir que não acontece? Quantas explicações, quantos descritores mais devemos usar — perfil racial, estereótipos, códigos raciais? Todo e qualquer descritor para aquilo que explica os (a causa formal ou eficiente dos) tiros disparados por policiais parece acertar, mas nenhum expõe como a necessidade autoriza essas decisões de atirar — esse exercício do direito do Estado de matar —, porque a necessidade também opera por dentro deles. Então, sendo esse o caso, só resta fazer o trabalho de re/de/composição — isto é, simultaneamente desunificar, desfigurar e redesenhar aquilo que a necessidade sustenta. Por onde começar? Ou, de forma mais apropriada, como, mais uma vez, começar? Tanto minha estratégia de leitura quanto minha ferramenta desta vez, a *corpo cativa ferida na cena da subjugação*,[7] ocorreram-me ao rastrear as distinções feitas por Hortense J. Spillers entre "corpo cativo", "cor da pele" e "carne".[8] Quando atento mais aos termos e movimentos do argumento de Spillers do que ao conteúdo,[9] encontro em operação algo que lembra a *luz negra*,[10] pois cada um de seus movimentos desmonta e desorganiza as narrativas/explicações sobre a subjugação racial e cis-heteropatriarcal. Os movimentos de sua argumentação recuperam significações da negridade enterradas em sua constituição como ferramenta sociocientífica (uma construção ontoepistemológica). Ao mesmo tempo, parece-me, cada um de seus termos figura uma dimensão política que mapeio em um dos muitos momentos da arquitetura política pós-iluminista — a saber, o jurídico e o econômico (o corpo cativo) e o ético (a carne) através das operações do simbólico (cor da pele). Moldado pelo método de Spillers, e com a tarefa de tornar o fardo de Dana compreensível e algo a ser levado em conta, a *corpo cativa ferida na cena da subjugação* realiza a tarefa que só a negridade pode: re/des/compor a *intraestrutura* ontoepistemológica e a arquitetura política pós-iluminista, expondo como a primeira trabalha dentro da segunda para apoiar o arranjo do Colonial, do Racial, do Jurídico (Estado e Cis-heteropatriarcado) e do Capital em ação no presente global.[11]

Mirando a circularidade da tese do sociólogo Daniel Moynihan sobre a "Família negra", o argumento em três partes de Spillers — rastreando as operações da cor da pele, recuperando o corpo da cativa na cena de violência total e relembrando o corpo desprotegido e ferido da escrava — expõe como a narrativa dominante sobre a subjugação racial, a dialética racial, opera como um mecanismo de poder racial, ou seja, como transfere e desloca os registros de subjugação racial. O relatório de Moynihan de 1965 é uma articulação típica da dialética racial. Após recordar séculos de escravidão e décadas de segregação, e de registrar como a expropriação (renda, padrões de vida) caracteriza a situação econômica dos estadunidenses negros nos Estados Unidos,[12] ele conclui que o "problema fundamental" é a "estrutura familiar", o fato de ela estar "desmoronando", e argumenta que, "enquanto essa situação persistir, o ciclo de pobreza e desvantagem continuará a se repetir".[13]

A primeira manobra de Spillers é acompanhar o funcionamento simbólico da cor da pele no relatório de Moynihan, ou melhor, como o conceito de etnicidade compreende a situação de homens e mulheres negras enquanto efeito de um arranjo familiar (de chefia feminina) afetável (patológico).[14] Em específico, ela destila como a declaração dele não faz senão ensaiar o círculo lógico característico dos relatos de subjugação racial.

Um aspecto crucial da análise de Spillers sobre etnicidade é remeter seu efeito fixador, que ela chama de "mítico", de volta à sua forma, destacando como isso pressupõe o princípio da identidade e, junto com ele, carrega a força da necessidade. Ao mostrar como a construção sociológica da "Família negra" é um lado de um binarismo dado, Spillers expõe como a força da necessidade explica o efeito violento (produtivo) da significação da etnicidade e dos demais instrumentos sociocientíficos do conhecimento racial que têm sido mobilizados nos últimos cem anos ou mais — tais como a noção de relações raciais.[15] Tal efeito de significação tem implicações éticas, uma vez que o tempo ("mítico") da etnicidade — em sua comparação encenada (tão oculta quanto explícita) de famílias "brancas" (patriarcais) e "negras" (matriarcais), a primeira sendo a medida e a expressão daquilo que é *valorizado* — oculta uma consideração sobre por que o patriarcado nomeia o arranjo familiar *apropriado* e sobre como famílias negras se tornaram chefiadas por mulheres.[16]

Essa ocultação da comparação que expõe a operação da necessidade por meio do princípio da identidade e a desvalorização da negridade figurada no binarismo família branca/ família negra, é ela quem fornece ambos os descritores ontoepistemológicos, a saber, a *formalidade* e a *eficabilidade*, os quais garantiram a efetividade da etnicidade enquanto uma ferramenta da compreensibilidade: (a) *formalidade* como uma estratégia de engolfamento, conceito esse que compreende enquanto produz (taxonomicamente) as categorias dos coletivos humanos e estabelece em si uma comparação intrínseca entre eles; e (b) *eficabilidade* como um conceito sociológico que faz do momento ético (figurado como traços morais ou culturais) o *locus* da causalidade do domínio jurídico e da despossessão econômica. Quando, em meados do século xx, a etnicidade substituiu a raça como conceito próprio na investigação de espaços sociais multirraciais,[17] foi efetivamente excluída qualquer consideração acerca das dimensões jurídicas e econômicas da subjugação racial.[18]

Após esse primeiro e decisivo passo — o curto-circuito do argumento de Moynihan, que é basicamente uma descompactação de como a etnicidade opera enquanto uma ferramenta determinante —, Spillers evita se render de pronto aos limites da episteme interpretativa.[19] Isso é realizado em seu segundo movimento, o qual introduz os termos — corpo cativo, cor da pele e carne ferida —, que tomo emprestado de sua análise.[20] Ao focar nos corpos negros e indígenas e nas condições (jurídico-econômicas) coloniais, ela retorna à cena de violência total, às colônias ("essa ordem, com sua sequência humana escrita em sangue") e à negridade enquanto referente do trabalho escravo.[21] Recordando o "passado" colonial (escravidão e conquista) como cena de violência total e como lugar de produção da Escrava (cativa) e da Nativa, ela provoca um curto-circuito na lógica da etnicidade, de forma que a negridade passa a ser, em vez de um significante de diferença cultural, uma(um) marca(dor) da estrutura jurídico--econômica que produz uma ordem simbólica mapeada no corpo cativo.

A segunda manobra de Spillers abre caminho para que eu recupere aquele referente da negridade cuja remoção permite que a inferência lógica se mantenha, a saber, a forma particular de dominação jurídica e de despossessão econômica da Escravidão. A junção da *cor da pele* com o *corpo cativo* dissipa a circularidade da etnia. E isso ocorre justamente porque Spillers não leva consigo o descritor (social) científico da diferença cultural para o palco do histórico, mas sim procura explicar a situação atual das famílias negras enquanto um efeito da história de expropriação. Ao introduzir corpo cativo e a carne em paralelo com a apreensão simbólica tanto da cor da pele quanto do corpo cativo, Spillers imediatamente evita uma leitura interpretativa da sua narrativa da colonialidade e da escravidão, que faria dela um conto sobre a origem da identidade histórico-cultural dos Estados Unidos ("Uma gramática estadunidense", lê-se no subtítulo). Se fizesse isso, Spillers teria mapeado a circularidade do "tempo mítico" sob a linearidade do tempo histórico — um passo que resultaria no sequestro pela racialidade da significância econômico-jurídica do trabalho cativo, explicando assim a escravidão para longe (na sua retransmissão operada pela universalidade científica). Em suma, a cor da pele sinalizaria o que está sendo explicado, a saber, a "família chefiada por mulheres" enquanto uma configuração familiar específica do/ produtiva do sujeito social negro concebido historicamente, ou seja, interpretativamente. Ao permitir essa remoção do corpo negro do registro do conceito do cultural (tanto na versão antropológica como na histórica) —, que pressupõe mas não examina a escrita do sujeito negro enquanto um efeito de sua disposição orgânica e de suas funções mentais (intelectuais e morais) que significam, Spillers também convida a recordar o contexto violento (jurídico-econômico) da existência da Escrava (corpo cativo).

Deixe-me voltar para seu terceiro termo, *carne ferida*, antes de descrever com que efeito tomo emprestado e reaproveito esses três termos. A justaposição que Spillers faz entre cor da pele, corpo cativo e carne ferida chama a atenção para a violência total, convidando a um pensamento que se move com e através do corpo cativo e da carne (ferida).[22] Uma inversão radical torna-se possível à medida que a apresentação da carne convida a um movimento figuracional, não apenas proposicional. Em particular, nessa proposta descubro que presenciamos a dádiva da carne de uma "práxis e uma teoria, um texto para viver e morrer, bem como um método de leitura", de um "vocabulário" e, especialmente, de um tema apropriado para a consideração ética.[23] A carne é *imageada* através/como/na ferida, a qual fica entre (media) a cor da pele e o corpo cativo. Ou seja, a posição jurídica da catividade (dominação total) autoriza a violência total — que a carne expõe — ao vir à tona através da pele, que significa desproteção; a cor negra da pele, que autoriza o uso da força coercitiva para controlar a "vontade" da escravizada. Essa marca, o sinal da autoridade do Proprietário, impressa na Escrava, assegura-a como uma figura ético-jurídica, ou seja, uma pessoa cuja mente o Proprietário tem a autoridade (direito) de anular violentamente e cujo corpo o Proprietário tem o direito de confinar e matar. Além disso, a proposta de Spillers para que a distinção entre corpo e carne seja sobreposta à posição "cativa" e "liberta" põe o corpo cativo como pessoa, ou seja, uma figura ética cujo referente é não a liberdade, mas a integridade física (da vida e do membro), e, como tal, uma figura que evoca imediatamente como a ameaça de violência está no cerne do programa político moderno.[24]

Dos termos e movimentos da análise de Spillers, recolho uma função — como uma correspondência envolvendo domínios presumivelmente separados, isto é: o simbólico, o jurídico, o ético e o econômico — da *corpo cativa ferida na cena da subjugação*, a qual chamo *negativação*. Explicitamente apresentada como uma ruptura da intraestrutura do pensamento pós-iluminista (o princípio da identidade, a tese da necessidade, bem como os descritores e pilares ontoepistemológicos que estes constituem), sua principal capacidade é expor como a necessidade opera em todos os momentos da arquitetura política do pós-Iluminismo, uma vez que sua principal atuação tem sido apoiar a transparência, descritor ontológico que sustenta a escrita da existência moderna enquanto atualização do princípio ético da liberdade. Em grande parte, minha tarefa neste livro é expor, descrever e desestabilizar esse arranjo, além de articular um convite a uma imagem da existência não apoiada pela força da necessidade ou pelos mecanismos da violência simbólica e total que a sustentam.

Deixe-me voltar aos termos e movimentos de Spillers para tornar explícita a forma como a *corpo cativa ferida na cena da subjugação* opera. O primeiro e mais importante, como já se nota acima, explica os efeitos de significação da etnicidade. O que sua análise da etnicidade evidencia é a mudança crucial, ou devo dizer remoção, registrada pelo termo *negro*, que é a de que *cor da pele* se torna, mais uma vez, o significante privilegiado da diferença cultural (moral). Mais especificamente, no relatório de Moynihan, a negridade torna-se um traço *natural* (empírico) que corresponde a uma *forma moral* (mental e coletiva), e essa é atualizada/expressada enquanto um elevado número de famílias comandadas por mulheres. Agora, isso entra (ou se insere) nos estudos sociocientíficos como *datum* — ou seja, os estudos da etnicidade incorporaram, como pressuposto, a correspondência entre traços morais e cor da pele que foi produzida pelas versões antropológicas do conhecimento racial no século xix. Quando a etnicidade passa a conceito-chave nos estudos das condições sociais dos anos 1960, nos Estados Unidos, ela explica a subjugação negra como um efeito da diferença racial, já que os atributos *morais* correspondentes — capturados pelo conceito de cultural — são interpretados como a causa da despossessão econômica e da dominação jurídica (exclusão, segregação, altas taxas de encarceramento etc.) observadas. Meu ponto é: se a etnicidade explica a situação social (econômica e jurídica) negra, é apenas devido ao fato de a Categoria racial da Negridade já conter a conexão *necessária* (produzida pela análise da racialidade) entre a cor da pele e os atributos morais.[25] Ou, em outras palavras, é a ferramenta determinativa (conforme produzida na antropologia do século xix e na sociologia das relações raciais do século xx), conforme indexada pela cor da pele, que torna compreensível o relato de Moynihan sobre as causas e consequências da "patologia negra". A *Necessidade*, como elaboro no capítulo 2, sustenta essa conexão imediata que protege e esconde a circularidade da explicação porque pressupõe explicações prévias que fazem a ligação e porque as substitui. A conclusão de que tal estrutura familiar consiste em uma condição patológica presume uma inferência lógica:[26] se a branquidade identifica o grupo racial dominante e esse grupo tem famílias chefiadas predominantemente por homens, logo a família chefiada por homens é a norma; assim, se as pessoas negras têm famílias chefiadas por mulheres, seu arranjo familiar se desvia da norma, ou seja, é patológico.[27] O que não se considera é que, antes mesmo que seu arranjo familiar seja denominado como patológico (nos estudos sociológicos), a situação econômica e jurídica das pessoas negras já foi determinada (cientificamente explicada) como patológica — como a expressão e a atualização dos seus atributos de afetabilidade mental (moral e intelectual); isto é, a "cor da pele" negra foi escrita como índice de patologia (moral e intelectual).[28]

Ao repor a negridade enquanto um referente do corpo cativo, Spillers perturba a narrativa/explicação dominante sobre a subjugação racial expondo suas dimensões jurídicas, econômicas e éticas. Esse segundo passo é também crucial porque mira no princípio da identidade, uma vez que opera por dentro desses constructos sociocientíficos. O corpo cativo desaloja o terreno (cor da pele) sobre o qual repousa a dicotomia pura entre a família branca (normal) e a família negra (patológica). Aqui, pressupõe-se que é possível classificar racialmente qualquer corpo humano dado (empiricamente ou enquanto Coisa), que a negridade e a branquidade, referindo-se aos tipos raciais, são categorias (formais ou categoriais) aplicáveis aos corpos que são Humanos (conceito universal, biológico ou histórico) — isto é, cada dualidade, cada distinção, presume um fundamento comum (empírico, formal ou final), ou uma identidade compartilhada entre ambos os termos. Quando o corpo cativo figura a negridade, o aspecto jurídico entra em cena e perturba sua configuração simbólica (histórica e científica). Isso porque evoca tudo o que desapareceu na inferência lógica que explica a subjugação racial.

Deixe-me explicitar a força disruptiva do corpo cativo — isto é, como ele evoca a necessidade (disfarçada de autoridade jurídica) agindo na própria montagem da transparência, o descritor ontológico moderno, que é reproduzido nas ferramentas e formulações simbólicas (sociocientíficas e históricas). Mais especificamente, deixe-me mostrar como se ater a ela perturba o que se tornou a principal narrativa da cena da subjugação: a famosa passagem da dialética entre senhor e servo, em Hegel. Quando o corpo cativo substitui a cor da pele enquanto referente da negridade, a dicotomia pura pressuposta e reproduzida pelas ferramentas da racialidade, tal como a etnicidade, não pode ser mantida. Primeiramente, porque suas posições não postulam *igualdade*, a Escrava e seu Proprietário figuram uma dualidade (Humano e Coisa) que não estabelece uma dialética hegeliana, isto é, um movimento linear (de assunção da — e suprassunção da diferença pela — mesmidade). Nenhuma suprassunção ocorre aqui, uma vez que o "movimento" de reconhecimento de Hegel — não exatamente na "noção pura de reconhecimento" como descrita, mas em como ela aparece para a autoconsciência, isto é, enquanto cena de luta pela vida e morte — estabelece uma dicotomia e hierarquia entre duas autoconsciências inicialmente autossuficientes e iguais: cada uma desfrutando uma *identidade* presumida (a universalidade pura de Kant) dada por sua *liberdade* imediata e *igualdade* postulada — no momento do encontro, no qual um é "apenas reconhecido" e o outro "apenas reconhece" o que permanece em seu rescaldo.²⁹ Não há movimento aqui, por duas razões, as quais expõem a correspondência entre momentos considerados distintos — a saber, o jurídico, o simbólico, o ético e o econômico — e que, ao fazê-lo, expõem também a função política deles. Primeiro, na medida em que eles não são mediados um pelo outro — uma vez que não se encontram como entidades igualmente independentes (livres) —, essa aparente dualidade (Humano e Coisa) é mediada por um terceiro elemento, a *autoridade* do Proprietário de Escravas (dada pelos mecanismos jurídicos da colônia) de usar a força física sobre os recursos (incluindo a capacidade produtiva do corpo, isto é, trabalho) e sobre os residentes de uma terra dominada. Na cena da subjugação racial, encontro em ação, resolvida no momento simbólico, a lógica da obliteração (a representação sociocientífica da necessidade de violência total), a qual, como refigurada na racialidade, exige a aniquilação do "outro" racial (e das ideias e práticas impróprias que ele suscita) para o retorno ao funcionamento apropriado da *polity* liberal.³⁰ Como disse acima, a Escrava e o Proprietário encontram um ao outro fora do momento ético do pós-Iluminismo. No mercado onde a Escrava é comprada, o Proprietário está no mesmo patamar — como indicado pela forma jurídica da propriedade e pela forma econômica do dinheiro — do Mercador (ou antigo Proprietário). Agora de outro modo: na condição de uma relação juridicamente mediada, o par Escrava/Proprietário perturba o pressuposto ontoepistemológico da identidade que assegura as narrativas sociocientíficas e históricas sobre a subjugação racial.

Segundo, a falta de movimento também se refere a um afastamento ético quando a Escrava e o Proprietário são considerados economicamente. Ainda que se encontrem no Mercado, o Proprietário e a Escrava não estão lá em pé de igualdade, como no momento anterior ao encontro na passagem de Hegel, no palco vazio onde atuam como "universalidade pura", ou ser-para-si imediato, no limiar da cena de representação (ou do que Hegel denomina o "movimento de reconhecimento"). Pois é apenas no rescaldo que as duas autoconsciências de Hegel emergem em uma relação ainda-não-ética, em uma hierarquia mediada por coisas, de onde a autoconsciência ruma em direção à Vida Ética, submersa "no espírito do povo", o lugar da "do pensamento puro que os desincorpora e confere ao Si carente-de-espírito — à pessoa singular — o ser-em-si e para-si".[31] Desde o momento em que a pessoa capturada chega — por navio negreiro ou por viagem no tempo, como Dana — ou nasce, ela se vê presa por um contexto jurídico-econômico, no qual ela se torna uma Escrava, ou seja, uma coisa viva e pensante (um corpo-mente) cuja capacidade produtiva (trabalho) deve ser extraída e pode ser permutada. Plenamente revelado na cena de regulação, o momento da "universalidade abstrata", executada juridicamente, e ainda sob o domínio ético do autor e governante divino,[32] a relação Escrava/Proprietário é encenada num contexto político (jurídico, econômico, ético, simbólico), em que a cativa não é uma pessoa moderna (uma coisa ético-jurídica), mas uma propriedade (uma coisa econômico-jurídica).

Em outras palavras, o corpo cativo (um dos referentes da negridade) não entra na cena ética da representação, porque é fundamentalmente uma coisa jurídico-econômica. A Escrava não é o Outro do Proprietário (detentor do título).³³ A Escrava é propriedade dele/dela. Juridicamente, a corpo cativa, definida pelo seu valor de uso, é uma com a terra na qual é forçada a aplicar seu trabalho, ao passo que ocupa a mesma posição jurídica — no caso, um título. (Não por acaso, o discurso abolicionista do século xix focava principalmente em afirmar ou provar a humanidade da Escrava.)³⁴ A Escrava não é encontrada no mesmo terreno ético do Proprietário. Dela não é a "universalidade pura" ("autossuficiência") — da liberdade ou autodeterminação imediata — que a autoconsciência desfruta anteriormente ao momento da vida ética, mas é o terreno ético compartilhado com as coisas a que aplica seu trabalho, sua negação. Na medida em que a Escrava atua não na cena da representação (da moral), mas sim na cena de regulação (do natural ou artificial), a negação não é um descritor adequado de como ela se posiciona diante do Proprietário — porque ela já é sua posse, porque é possuída como um animal ou coisa, ao mesmo tempo que tem uma *vontade* (quando a violência total é exercida, a sua posse dessa característica mental exclusivamente humana é exposta), ou seja, a sua capacidade de recusar (trabalhar, rir, dançar, chorar).

Por isso, considero que, como corpo cativa, sua tarefa é a da *negativação* (em particular no sentido obsoleto, como recusa) e, enquanto referente ético-econômico-jurídico da negridade, ela evoca algo que as interpretações histórica e sociocientífica da negridade tentam consistentemente minar.³⁵ Tanto pessoa (a suposição de que a escravizada tem uma vontade torna aceitável e necessário o direito do Proprietário de mobilizar a violência total) como coisa (um corpo cativo, tal qual o do cavalo, como Marx destaca ao descrever a especificidade do labor escravo), porque ela se refere simultaneamente a ambas, a corpo cativa é capaz de fraturar a distinção entre os momentos simbólico, jurídico, econômico e ético. E, ao fazê-lo, gera uma imagem que mostra os quatro momentos operando, em conjunto, na constituição da arquitetura política pós iluminista.

Grande parte da minha tarefa aqui é descrever sua função e torná-la acessível para o pensamento. Nos capítulos 2 e 3, aciono a capacidade negativa que a corpo cativa dota à negridade, que é trazer à tona o jurídico para desarticular o simbólico e suas construções, tal como Natureza e *mundo*, e para trazer o ético na figuração do econômico que informa nossa crítica ao Estado e ao Capital. Em ambos, minha re/de/composição da dialética racial (capítulo 2) e da equação de valor de Marx (capítulo 3) aciona a corpo cativa para soltar a negridade da sócio-lógica que não cessa de explicar a subjugação racial (econômica e jurídica) como um efeito da diferença racial (moral e intelectual), que consiste em um *datum* (que exige acomodação teórica) ou *residuum* (que sinaliza a modernização incompleta). Embora essa ativação tenha muitas consequências imprevistas, para os meus propósitos aqui basta expor como a compreensão sociocientífica da pessoa negra (através da cor da pele) repousa sobre uma lógica que só pode ser sustentada através da negligência da posição jurídico-econômica que os africanos escravizados e seus descendentes ocupariam nas Américas e no Caribe.

Ao desempenhar essa função, a *corpo cativa ferida na cena da subjugação* viabiliza também a consideração do pensamento sem a necessidade e a intraestrutura que a necessidade sustenta. Spillers oferece um pensamento que principia com a violência, mas que vai além da lembrança da violência praticada. Ao substituir um descritor conceitual (liberdade jurídica) por um material (integridade física) da figura ética do início do liberalismo da pessoa, atender a carne (ou seja, "a concentração da 'etnicidade'") mostra como a cor da pele apoia o domínio da etnicidade na compreensibilidade.[36] Pois o que a cor da pele não faz — por ser um efeito da versão do conhecimento racial do século XIX — e o que a atenção à carne não pode deixar de fazer é registrar a violência total, todo e qualquer ato cotidiano que manteve a cativa e o captor em relação. O que é isso que a carne ferida (pele violada/exposta) faz? Primeiro, desloca bem como expõe a colonialidade enquanto o modo de governança que define a figura da cativa — sendo esta caracterizada pela violência total autorizada; também abriga a capacidade criativa da Escrava, bem como o caráter extrativo e expropriativo da relação jurídica que é a escravização. Segundo, a carne ferida mostra a negridade e seu significado emergindo no contexto de violência total, com isso evocando imediatamente — seguindo aquilo que Frantz Fanon descreve — um contexto ético governado pela autopreservação (no registro do natural), como aparece nos escritos de Locke e Hobbes; ela indica uma divisão entre as pessoas cuja integridade física é protegida pela autoridade jurídica e as pessoas que a tiveram violentada porque seu status jurídico, como as outras coisas naturais, é a propriedade.[37] Em terceiro e último lugar, também faz pensar se o ferimento e a marcação, enquanto inscrições do poder colonial (jurídico-econômico), permanecem nas formações e ferramentas jurídico-econômicas posteriores, tais como empréstimos *subprime*, café, algodão, açúcar e commodities que se tornam dinheiro, mas também no solo, nas águas, nas florestas e no ar, em *elementa* (os mais básicos componentes) transformadas da massa-energia de cada gota de sangue e cada grito de dor.

O que estou sugerindo aqui é que, quando a carne se rompe e mancha o proclamado *transparente* momento ético do pós Iluminismo, quando ela figura o que pode ser violado e o que deve ser protegido, então a cor da pele (e sua capacidade de explicar a liberdade e seus significantes, como direito e propriedade) não é a única vítima. Toda a gramática do pensamento moderno — e não só, mas com certeza também, a "gramática norte-americana" explicada poderosamente por Spillers — e as formas e os fins que a protegem podem não resistir ao ataque violento da materialidade, em particular se esta não se apoiar nas formas do corpo mas em vez disso, tomar, como ponto de partida para o pensamento, a carne pensada como não formada, isto é, o momento *elemental* (em oposição ao físico) da matéria.[38] Pensando com a carne, pode-se contemplar a possibilidade de atravessar os limites espaçotemporais, uma vez que a "transferência" sobre a qual Spillers nos convida a pensar lembra definitivamente que o trabalho escravo existiu, sim, que a transferência de energia potencial (carne, ossos, sangue etc.) do corpo da pessoa escravizada resultou, sim, na criação de valor (valor de uso e valor de troca, como discuto no capítulo 3).[39] Assim, quando finalmente é colocada no início do pensamento, a exigência ética intocada da carne, da corpo cativa ferida, abre um canal, um buraco de minhoca ontoepistemológico, através do qual se pode contemplar uma imagem da existência desprovida da separabilidade, da determinação e da sequencialidade. Em primeiro plano na violência total, a *corpo cativa ferida na cena da subjugação* rastreia como a força da necessidade é o elemento operacional na infraestrutura filosófica e na arquitetura política (jurídica, econômica, ética e simbólica) pós-iluminista. Cada um desses fatores corresponde a um modo de mobilização da *necessidade*, bem como a um modo de abordar o que existe. Juridicamente, por um lado, a *necessidade* sustenta o privilégio moderno da *produção* e a dependência com relação à *extração* para autorizar (por meio da Lei ou do Estado) e justificar (eticamente) certas práticas para com o que se nomeia como *natural*. Cientificamente, por outro lado, também autoriza e justifica práticas e infraestruturas coercitivas e expropriativas que violam as concepções dominantes sobre o que propriamente constitui o *moral* no pensamento pós-iluminista. Várias coisas podem ser ditas com essa distinção. Aqui estou particularmente interessada em como ela expõe que (a) no contexto jurídico-econômico colonial, o *natural* autoriza o uso da força letal em movimentos extrativistas (em direção à terra) e expropriadores (em direção às figuras coloniais [políticas] das Nativas e Escravas), e (b) o *moral*, atuando dentro do aparato político/simbólico Racial, oclui as operações da modalidade jurídica colonial e impede uma apreciação do caráter produtivo daquilo que foi obtido por extração e expropriação — justamente por construir as figuras coloniais da Nativa e da Escrava como improdutivas, de acordo com as leis determinantes (científicas) e dominantes (jurídicas).

Em ambos os casos, a necessidade fornece os fundamentos metafísicos para o pensamento moderno, que sustentam a distinção entre o natural e o moral, na medida em que este último é a qualidade distintiva daqueles existentes capazes de perceber suas operações, enquanto o primeiro é aplicado àqueles cuja existência é controlada por suas operações.

Derivo dois movimentos simultâneos da apresentação que Spillers faz de seu argumento, que desaloja as narrativas então dominantes sobre a subjugação racial e sobre a subjugação patriarcal. Ambos desestabilizam o arranjo epistemológico organizado (estável/fixo) e tornam explícito o arranjo quádruplo que é o momento político (simbólico, jurídico, econômico e ético) pós-iluminista. Por um lado, a *corpo cativa ferida na cena da subjugação* expõe e rompe o movimento de significação (o circuito lógico) que sustenta a construção sociocientífica aparentemente estável/fixa — ou seja, a dialética racial — devidamente confeccionada com os descritores ontoepistemológicos: isto é, um movimento causal, no qual as *formas* corporais (diferença racial) *causam* traços mentais impróprios que, por sua vez, *causam* a dominação jurídica e a expropriação econômica.[40] Mirando em como essa explicação dominante sobre a subjugação racial substitui o ético pelo econômico e jurídico, a *corpo cativa ferida na cena da subjugação* confronta o simbólico com o jurídico e, nublando o momento ético, abre a questão sobre se e como retratar a existência sem transformar algo como o *mundo* ou a Natureza em espelhos (transparentes). Por outro lado, ela expõe e interrompe o movimento de significação (determinação) que sustenta a construção sociocientífica também aparentemente estável/fixa, a saber, a formalização de Marx de sua lei do valor, que permanece no cerne das descrições de esquerda da arquitetura política atual.⁴¹ Tendo como alvo a maneira como esse descritor se apoia em uma distinção ético-jurídica para circunscrever o mecanismo próprio à acumulação de capital, a *corpo cativa ferida na cena da subjugação* confronta o econômico com o ético e corta a membrana simbólica que protege a cena do valor econômico e, ao fazer isso, solta o corpo trabalhador para uma imagem de existência que não presume nem prediz as separações que compõem o próprio valor. Em suma, a exposição de Spillers — o arranjo no qual cor da pele, corpo cativo e carne compõem a ferida, a carne exposta, a pele preta rasgada — vai além de perturbar a gramática da (e que também separa a) subjugação racial e cis-heteropatriarcal (gênero-sexual).

Sem a cooperação da *liberdade* e da *necessidade* nas operações ontoepistemológicas do princípio da *identidade/igualdade*, as quais obtêm a transparência como descritor ontológico, não se manteriam nenhum dos atributos postulados pelo pensamento pós-iluminista ao Humano e à Humanidade, aos projetos científicos que ele sustenta ou à arquitetura política construída em torno dele. Essa é uma dádiva da *corpo cativa ferida na cena da subjugação*; ao permanecer desprotegida, ela expõe as malhas metafísicas e ontoepistemológicas que constituem e separam os muitos momentos através dos quais a racialidade governa a arquitetura política do presente global. Por meio da operação de mecanismos que serão descritos posteriormente, esse elemento crucial para o pensamento crítico permanece incompreensível. Por quê? Porque qualquer consideração de *compreensibilidade* requer, como primeiro passo, uma consideração de como a necessidade, operando através, entre e dentro do *natural* e do *moral*, torna incompreensíveis as condições que geram a dívida impagável de Dana. Aposto que tal consideração, entre outras coisas, tornará a distinção insustentável. E espero que possa até ajudar no projeto mais radical: desmantelar o império da razão transcendental por meio de uma re/de/composição de tudo o que encontra seu fundamento na necessidade.

"presente contínuo de uma recusa comum"

> Este ser coletivo aberto é a negridade — diferença (racial) mobilizada contra a determinação racista que esta conjura, a cada momento do risco contínuo do "ser atual", de sujeitos que supostamente conhecem e possuem. [...] "Consentir em não ser um único ser", que é a constituição anoriginal e anoriginária da negridade como força radical — como totalidade histórica, paraontológica — é, para Robinson, a necessidade existencial e lógica que vira a história do capitalismo racial, isto é, a tradição marxista, do avesso. O que não pode ser compreendido na, ou em função da, privação, que é o contexto de sua gênese, só pode ser entendida como o presente contínuo de uma recusa comum.
>
> FRED MOTEN, "The Subprime and the Beautiful"[42]

Expondo a faixa de proteção da presunção de liberdade, a *corpo cativa ferida na cena da subjugação* lembra como, no pensamento pós-iluminista, as operações da necessidade se tornam evidentes onde os momentos simbólicos e jurídicos são mais propensos a se encontrar, isto é, em enunciados, práticas e decisões que envolvem matar ou deixar morrer.[43]

Meu interesse está na maneira com que isso reflete como a operação política/simbólica do conhecimento racial, quando dedicada a explicar em vez de eliminar a subjugação racial, foi adicionada ao glossário de justificativas para o uso de força letal, isto é, a demonstração de indiferença de outro modo inaceitável por parte dos agentes do estado para com pessoas e populações negras, e a criação e sanção, por parte deles, de mecanismos econômicos que as despojam ainda mais. Em outros termos, muito do trabalho político que a necessidade tem feito no período pós-iluminista — que dá a força do simbólico como um momento político — diz respeito a como ela opera através da racialidade tanto como um chão comum do que é juridicamente ética, jurídica e economicamente *apropriado,* quanto como uma base para decidir o que é juridicamente ética, jurídica e economicamente *apropriado*.

A partir dessa consideração, isto é, ao observar como a necessidade estabelece o que é considerado "válido", "certo", "específico", "real" ou "valioso", é possível traçar suas operações nas versões pós-iluministas do econômico e do ético como cenas de valor no momento da determinação ou do julgamento. Minha proposta não é fazer ainda mais distinções, mas sim observar como esses vários significados do *apropriado* funcionam nesses momentos políticos; isto é, como a necessidade é o que estabelece um enunciado como preciso, resolvido ou verdadeiro (científico), o que torna uma ação digna ou boa ou não (ético), o indesejável que conduz a produção/acumulação (econômico) e o que torna algo certo ou legal (em nível jurídico). Além disso, todos os quatro momentos (ético, econômico, jurídico e científico) são simultaneamente atravessados [*traversed*] pela distinção entre Humano/Humanidade e Coisa,[44] ou seja, o *moral* e o *natural*: (a) o nível científico refere-se ao *natural*, enquanto (b) o momento ético-jurídico refere-se ao *moral*, e (c) o científico e o jurídico são locais de operação de leis e regras (*naturais*) — força dominativa — e o ético é local de operação de princípios (*morais*) — força produtiva — e (d) o econômico refere-se ao trabalho como capacidade física aplicada (*moral*) e também como capacidade material inerente (*natural*) para transformar aquilo ao qual é aplicado (*natural*).

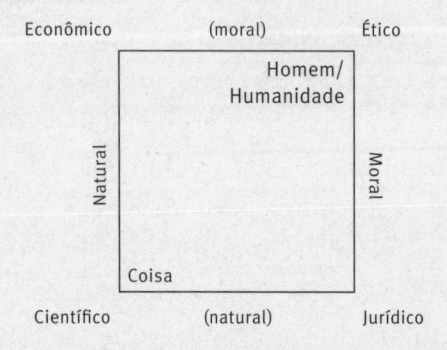

```
      Econômico      (moral)       Ético
                ┌─────────────────┐
                │    Homem/       │
                │   Humanidade    │
         ─      │                 │   ─
         a      │                 │   a
         r      │                 │   r
         u      │                 │   o
         t      │                 │   M
         a      │                 │
         N      │                 │
                │   Coisa         │
                └─────────────────┘
      Científico     (natural)     Jurídico
```

Uma característica do Racial e de seus instrumentos é que eles operam com os/dentro dos e conjugam os dois momentos que estão em lados opostos, a saber: (a) o científico, que corresponde à Coisa (natural), e (b) o ético, que corresponde ao Homem/Humanidade. Embora estejam face a face, a linha metafísica que separa Homem/Humanidade e Coisa torna perturbador considerar ambas em conjunto. Por certo, grande parte da dificuldade de levar em conta a subjugação racial como própria ao desenho e ao modo de habitar da arquitetura política pós-iluminista tem a ver com a maneira como a racialidade desarranja essas correspondências. Isso acontece porque a diferença racial continua operando mesmo depois da virada do início do século xx, que repudiou o científico como o momento apropriado para estabelecer o *quê* e o *porquê* delimitando o Homem e seus sucessores — o Humano (científico), a Humanidade (histórico-transcendental), e a Subjetividade (histórico-fenomenológica). Um gesto que não vai longe o suficiente e resulta na subterrânea e contínua operação da necessidade, ou talvez, melhor, no interior (intraestruturalmente, por assim dizer), ou seja, como condição sine qua non para o científico e como fundamento não mencionado do texto histórico.[45] De lá, das entranhas do pensamento moderno nos regimes epistêmicos clássico e pós-iluminista, vem a base para a atribuição da incompreensibilidade a qualquer coisa que viole a *necessidade* em qualquer um desses momentos ou em qualquer enunciado sobre o Humano ou a Humanidade que não consiga manter separados o científico e o ético.

Não surpreendentemente, então, quando a *corpo cativa ferida na cena da subjugação* confronta a Categoria sociocientífica (determinativa) da Negridade (enquanto cor da pele), ela expõe a necessidade fazendo seu trabalho político através dos momentos éticos, econômicos e jurídicos, já que ela é um referente da conjugação do ético e do científico — não em sua leitura interpretativa, mas como um produto da Ciência do Homem, projeto de conhecimento que costurou a noção moderna da diferença racial. Tal gesto, proponho, provoca o colapso da separação entre esses momentos da arquitetura política pós-iluminista. Não porque ela hospeda algo que ainda não passou pelo escrutínio do conhecimento, mas porque a Negridade (a categoria) é o produto do conhecimento que mais ostensivamente exibe como a necessidade projeta a arquitetura política pós-iluminista. Isso acontece, argumento, porque os próprios enunciados filosóficos que postularam os princípios e descreveram quais seriam as propriedades dos momentos éticos e jurídicos modernos — aqui tenho em mente os enunciados de Kant e Hegel, em particular — tiveram que lidar com o fato de que — diferentemente do caso dos indígenas americanos, os quais eles apostaram e presumiram que desapareceriam — a dependência do capital industrial primitivo do trabalho escravo tornou seu desaparecimento tanto improvável quanto indesejável. Por isso, o máximo que esses filósofos podiam fazer era postular, sem gastar muito tempo com detalhes, a incapacidade do Negro de compreender ou pôr em prática os princípios e procedimentos que distinguem os programas ético e científico modernos. O que eles não fizeram e não podiam fazer — pois fazê-lo sugeriria outra metafísica, outra imagem do Humano e da Coisa — foi proporcionado quando o humano como tal (um existente entre outros) pôde ser seguramente incluído entre os objetos do conhecimento. Isto tornou todos e quaisquer descritores da existência Humana um efeito de necessidade. Incompreensibilidade, então, refere-se a essa retransmissão metafísica (abertura/encerramento para uma outra imagem de existência) que a negritude ativa quando evocada pela *corpo cativa ferida na cena da subjugação*, a saber, uma entidade do político que se refere tanto ao domínio da Coisa quanto ao domínio do Humano/Humanidade e expõe a necessidade (jurídica e econômica) sustentando o domínio (ético) da liberdade. A *separação* fundamental que a Categoria da Negridade foi produzida para distinguir — o

Negro, como Coisa, objeto de nenhum valor de Hegel — nunca poderia ser articulada positivamente sem arriscar o princípio ético que sustenta o programa moderno, isto é, a liberdade. A não ser, é claro, que esta também incluísse uma narrativa de como o sujeito da liberdade teve suas condições de existência como Proprietário garantidas pela mobilização *necessária* (juridicamente autorizada) da violência total sobre pessoas (corpo-mente compostos) concebidas como sem valor (ético e econômico), ou seja, a *corpo cativa ferida na cena da subjugação*. Se esse fosse o caso, se o suporte da necessidade não operasse nas entranhas do pensamento moderno, a própria liberdade se tornaria um atributo de uma coisa — o Homem como ele existe no contexto colonial, isto é, o Conquistador (de terras Nativas), o Colono e o Proprietário (de escravas), e as práticas e os instrumentos de violência total usados para assegurar sua autoridade letal.

Como o nome comum dado aos Humanos que não são nada, objetos sem valor, a Categoria da Negridade sinaliza mas não expressa — por ser ela mesma um produto do pensamento moderno — uma metafísica sem necessidade. Pois, como afirma Fred Moten, "o que não pode ser compreendido através da privação, ou em função dela, que é o contexto de sua gênese, só pode ser entendida como o presente contínuo de uma recusa comum".[46] Outra articulação desse potencial, chave nesse esforço para dissolver as formas que impedem que se desate a disrupção radical que é a negridade, é o que leio na versão de negridade de Moten, que, como na de Spillers, também apresenta uma *negativ(a)tivação* [*negativ(e) activation*] — o "anteanálogo" ou "o projeto antecipatório de celebração" que é tanto antiontológico (como reivindicação) quanto anteontológico, isto é, era contra e (ao mesmo tempo) estava espacialmente posicionado diante (enquanto não-[*non*]).⁴⁷ Pois a negridade, o ante- (posição), que é primeiro e antes de tudo um anti- (disposição), já abriga o tipo de reversão de pensamento necessário para uma renderização do fardo de Dana de tal forma que ela não só está diante (e além) da compreensão, mas também convida (como contra ou antiontológica) a um pensar que pode dissolver o valor, tanto em suas cenas econômicas quanto éticas.

Lendo com a *corpo cativa ferida na cena da subjugação*, é possível delinear o como dessa dissolução, da *negativa* — não da *negação*, por causa dos pares não-hegelianos que essa figura lembra.⁴⁸ Ela mantém o Humano e a Coisa em extrema tensão: Humano, uma pessoa com todos os traços físicos do Homem, mas não aquele dado nas estruturas jurídicas do corpo político, a saber, a liberdade; e Coisa, propriedade que pode ser vendida e comprada para trabalhar em outras coisas, mas apenas devido à ameaça de violência total. Por ser ambas as coisas ao mesmo tempo, a corpo cativa (isto é, a Escrava), como um existente colonial (jurídico-econômico), figura a recusa de resolução; isto é, sua posição econômica prontamente sinaliza o (e perturba a separação do) momento ético e econômico da arquitetura política pós-iluminista. Eticamente, essa tensão sinaliza uma fusão — enquanto Escrava, ela existe como Humana (uma pessoa com vontade e capacidade produtiva que pode ser expropriada ou explorada) e como um instrumento de produção (uma coisa cuja capacidade de trabalho pode ser extraída). Essa tensão ética, tal como discuto no capítulo 2 — que sinaliza como a violência total que mantém a Humanidade e a Coisidade da Escrava nunca está certa de sua efetividade —, sutura a dialética racial e é essencial para seu desvendamento. Juridicamente, essa tensão gera uma inversão: um Humano que é propriedade, que existe como uma coisa (com capacidade produtiva).[49] Essa distinção jurídica, conforme veremos no capítulo 3, é crucial para a construção do capital de Marx como descritor do cenário econômico pós-iluminista, uma vez que é especificado com o argumento de que, na medida em que a trabalhadora não é livre para vender seu trabalho, a relação Proprietário de Escravas/Trabalho Escravo, diferentemente da relação Proprietário dos meios de produção/Trabalho Assalariado, *não é igual perante a lei*. Com certeza, essa tensão diz respeito ao pensamento pós-iluminista pois, no início da ordem clássica, estava estabelecido que a Escrava não figurava entre aqueles que o autor e governante divino criou à sua semelhança. Ou, dito de outra forma, a corpo cativa não participa, como nos lembra Sylvia Wynter, do conjunto ético composto de pessoas que foram salvas, aquelas criadas por Deus.[50]

Através da *corpo cativa ferida na cena da subjugação* e da maneira singular com a qual, enquanto um referente do jurídico, ela apresenta a arquitetura política pós-iluminista, é possível contemplar e apreciar a in/distinção entre as cenas econômicas e éticas de valor. Uma in/distinção, é importante explicitar mais uma vez, que expõe como a suposta separação — apenas por causa do apagamento da linha (moral) que os liga — se baseia naquilo que torna tanto a compreensão quanto a valoração possíveis, e é também aquilo que complementa (porque substitui) o momento jurídico. Estou me referindo aqui ao papel do simbólico na arquitetura política moderna e em particular ao seu papel no arsenal da racialidade, composto quando as ferramentas da razão científica foram aplicadas para produzir a verdade e as condições de existência do Humano, e que, ao fazê-lo, tratou-*o* como Coisa. A in/distinção entre as duas cenas de valor foi articulada em um momento da conversa filosófica que tornou *saber* e *ser* inseparáveis e que, sob o imperativo de que o Humano (como o Homem antes) goza de supremacia ontológica e epistemológica, demandou considerações do *existente* pressupostas na separação fundamental entre o Humano e a Coisa.

Já há séculos, a necessidade (como expressa na armadura da lógica) se mantém como o terreno abominado e celebrado para as alegações do conhecimento moderno. Através das leis da lógica (o princípio da identidade/igualdade, a lei correlata da não-contradição e o princípio do terceiro excluído) e dos descritores ontoepistemológicos e pilares que elas sustentam, a necessidade tem apoiado o domínio do Homem/Humano, incluindo sua escrita como *a* coisa da liberdade.

De Galileu, Descartes e Kant a Deleuze e Badiou, filósofos Europeus reproduziram a necessidade por meio de procedimentos matemáticos que carregam a mesma força de necessidade da ortodoxia aristotélica contra a qual esses autodenominados filósofos modernos se rebelaram, a saber, o silogismo. O que não costuma ser discutido é como os primeiros filósofos modernos, ao reivindicarem as leis da lógica — o princípio da não-contradição (proposições *a* e *não-a* não podem ambas ser verdadeiras), a lei do terceiro excluído (ou *a* é verdadeira, ou *não-a* é verdadeira, não há proposição mediadora entre elas) e o princípio da identidade ($a = a$) — como exclusivas da mente racional, o fizeram no processo de transformar cada existente e cada evento em aparências, como *natureza* (o científico) e *mundo* (o fenomenológico). Além disso, a necessidade, como é derivada dos princípios formais (lógicos), sustenta a formulação dos pilares ontoepistemológicos dos primeiros filósofos modernos (separabilidade, determinabilidade e sequencialidade) e os descritores fundamentais para o que existe (formalidade) e o que acontece no mundo (eficabilidade). Em suma, a necessidade constitui, enquanto o componente mais básico, a intraestrutura do pensamento pós-iluminista.[51]

Como isso acontece se torna evidente quando se traçam as operações da necessidade e das leis da lógica nas versões kantiana e hegeliana da razão transcendental.[52] A chave para esse feito é a força da *necessidade*, isto é, o fato de que os constructos e os enunciados contidos internamente nas leis da lógica não precisam levar em conta do que ela é feita. Posto de forma simples, o que quer que se diga sobre eventos e existentes, de acordo com essas leis, deriva seu status de *verdade* de *como* isso é construído (a priori), e não de sua correspondência ou não ao *que* é isso (a posteriori). Para Kant, esse terreno a priori consiste nas ferramentas transcendentais da mente racional (*formal*); para Hegel, esse terreno consiste na força autoatualizadora transcendental, o espírito (*final*); para ambos, essa ferramenta ou força produtiva é o Pensamento.

Tanto nos descritores (formalidade e eficabilidade) quanto nos pilares (separabilidade, determinabilidade e sequencialidade) que entram na composição dos constructos e enunciados ontoepistemológicos pós-iluministas, a necessidade trabalha intuitivamente, isto é, abstratamente, através de uma imagem da existência como *linearmente* ordenada. Embora a linearidade tenha sido introduzida mais cedo na trajetória da filosofia moderna por filósofos como Galileu e Francis Bacon, sua difusão no pensamento pós-iluminista pode ser atribuída à composição do transcendental de Kant, e permanece, embora modificada, na versão do transcendental de Hegel. Posteriormente, no capítulo 2, desenvolvo este argumento a respeito do programa kantiano. Por enquanto, permita-me fazer dois comentários gerais sobre o significado da linearidade na confecção dos descritores e pilares do pós-iluminismo.

A linearidade opera dentro dos seguintes pressupostos kantianos — com a função de sustentá-los — a respeito dos enunciados do conhecimento sobre os existentes e eventos que carregam a necessidade. Por um lado, ela é a imagem guia para os descritores ontoepistemológicos: (a) *separabilidade* — o que deve ser conhecido é exterior ou interiormente distinto/distinguível de tudo o mais, isto é, espacialmente separável (com localização em uma grade); (b) *determinabilidade* — o conhecimento consiste principalmente em identificar a causa (interior ou exterior) do efeito observável e subsumir fenômenos sob conceitos ou categorias, que podem ser exibidos como uma grade ou tabela; (c) *sequencialidade* — existentes e eventos são temporalmente separáveis com uma posição numa sequência (imageada como uma linha ascendente).[53] Por outro lado, ela é intrínseca aos descritores ontoepistemológicos, formalidade e eficabilidade, que derivam de como o programa kantiano limita o escopo do conhecimento científico à forma (em oposição ao conteúdo ou matéria) das coisas e suas relações. Estes são aspectos que resolveriam as cenas da razão, científica e histórica, para constituir as bases ontoepistemológicas que especificam o pensamento pós-iluminista; eles abrangem as condições mais gerais de compreensibilidade.[54] É relevante aqui como as leis da lógica (em particular, o princípio da identidade/igualdade) que obtêm a necessidade operam através destes pilares e descritores como constructos, enunciados e formulações que descrevem a existência Humana (coletiva) produzidos no regime determinativo do século XIX (na cena da razão científica) e no regime interpretativo do século XX (na cena da razão histórica). Em particular, estou interessada em como eles confeccionam o conceito de social — sob esses regimes distintos da episteme pós-iluminista. Dois aspectos me são de especial interesse: por um lado, como a escrita do social, através das diferentes cenas da razão, gera questões relativas a como reconciliar o natural e o moral, ou seja, como a renderização científica do Humano como *objeto* sob certas *relações* se reconcilia com a noção ética da Humanidade; e por outro lado, como reconciliar dois operadores distintos de *unidade* — o princípio lógico mais importante em termos de identidade (qualitativo) e o mesmo princípio apresentado como igualdade (quantitativo). Ambos produzem o social como uma espécie de *totalidade*, uma unidade ou circunscrição *ordenada* (quantitativa ou qualitativamente), mas a totalidade qualitativa (histórica) abomina a necessidade (por ser o limite da liberdade) enquanto a totalidade quantitativa (científica) não pode se manter sem ela. As coisas se complicam, certamente, quando a tentativa de conciliação envolve construções do Humano — como *objetos* e relações — produzidas sob diferentes regimes.

Quando a *corpo cativa ferida na cena da subjugação*, o objeto sem as cenas de valor ético (porque parcialmente Coisa) e econômico (porque não é um Humano produtivo), é ativada nos capítulos 2 e 3, *ela* expõe e solta os termos e movimentos que facilitaram a reconciliação do moral e do natural (na narrativa sociológica da subjugação racial) e do histórico e do científico (no relato histórico-materialista da acumulação de capital), respectivamente. No capítulo 2, ela desarranja a dialética racial quando, brilhando como figura jurídica, perfura esse constructo científico, que é governado pelo momento ético. No capítulo 3, *ela* implode a formalização de Marx sobre a lei geral do valor quando, brilhando como figura ética, dissolve a membrana externa (histórica) e as suturas internas (científicas) que reúnem o capital como uma totalidade. Encenando como nosso *presente contínuo* retém o que só pode ser enfrentado com uma recusa comum, o movimento da *corpo cativa ferida na cena da subjugação* é o movimento de uma *travessia* [*traversion*]. Não é o itinerário esperado, o desdobramento, o progresso, que é o substrato das narrativas históricas e biográficas, o *dela* é o trabalho negativador necessário para tornar compreensível o cumprimento do fardo de Dana, para que este seja visto como o que poderia ter sido se a linearidade não tivesse prevalecido na imagem moderna de existência. Desviar a atenção dos objetos e relações que explicam e reinstituem a subjugação racial possibilita o gesto desafiador — isto é, a *recusa comum*. Aquilo que ativa a própria impossibilidade do "sujeito negro" — sua incompreensibilidade — permite a contemplação de como a negridade (desatada de seus limites categóricos, ou seja, a negridade com "n" minúsculo, como o nome comum para os existentes que são tanto humanos quanto não humanos) descreve um modo de existir que expõe como o mundo — como nós o conhecemos, isto é, como Natureza e *mundo* — é também, e talvez mais fundamentalmente, um local de operação de violência total ou do teatro da necessidade, aquele no qual os dois conceitos emancipatórios cruciais do século XIX, igualdade e identidade (ambos substitutos éticos para a noção jurídica de liberdade), revelam a perversidade do pensamento moderno.

"A causa é a consequência"

> Quando se apreende o contexto colonial em seu imediatismo, fica patente que o que divide o mundo é antes de mais nada o fato de pertencer a tal espécie, a tal raça. Nas colônias, a infraestrutura econômica é igualmente uma superestrutura. A causa é consequência: a pessoa é rica porque é branca, é branca porque é rica. É por isso que as análises marxistas devem ser sempre ligeiramente flexibilizadas a cada vez que se aborda o problema colonial.
>
> FRANTZ FANON, *Os condenados da terra*[55]

Teorizando a partir dos campos de batalha localizados nas margens opostas do Mediterrâneo (Argélia e sul da Itália, respectivamente), Frantz Fanon e Antonio Gramsci lidaram com o desafio de reescrever o texto histórico-materialista ou, mais precisamente, com o desafio de tornar sua apresentação da unidade determinativa adequada à versão interpretativa da arquitetura política moderna, aquela na qual o par ético-simbólico parece mais relevante do que o jurídico-econômico na montagem de sujeitos políticos. De dentro dos parâmetros da episteme interpretativa, suas versões reescrevem, de maneiras distintas, é claro, o *Eu transparente* como um híbrido de *Homo historicus* e *Homo laborans*.[56] Cada um, de maneira distinta, participou de uma reformulação do texto histórico-materialista que nem avançou uma crítica adequada da sua própria versão do *Homo scientificus*, nem considerou como o último se estabeleceu na composição da arquitetura política global do século XX.⁵⁷ Não surpreendentemente, no entanto, cada versão é consistente com sua posição global: Gramsci identificou o histórico-cultural como terreno para a luta política, enquanto Fanon derivou uma consideração histórico-racial que instituiu uma dialética que, em vez de conduzir a um estágio posterior de desenvolvimento do Humano, conduziria a uma Humanidade ainda não concebida. Como era de esperar, Gramsci desempenharia um papel mais importante que Fanon nas abordagens teóricas e analíticas sobre as relações entre o racial e o capital.⁵⁸

É relevante para minha tarefa aqui, no entanto, como ambos, Fanon e Gramsci, de maneiras distintas, negociaram com o que tem sido uma demanda intratável nas versões do texto histórico-materialista do século XX, a saber, a necessidade de reconciliar sua apresentação determinativa original da unidade com a refiguração interpretativa da arquitetura política liberal moderna e a elevação do *Homo historicus* (no conceito de nação) como um critério para validar reivindicações à soberania (autodeterminação política).⁵⁹ Eles tiveram que lidar com a questão de como adaptar a versão original do materialismo histórico, a qual, como eu discuto no capítulo 3,⁶⁰ formula o trabalho de acordo com as regras kantianas da significação científica, isto é, como a categoria que determina o capital enquanto uma totalidade, uma unidade estabelecida através da articulação do princípio lógico da identidade, tal como é operacionalizado por ferramentas matemáticas (como igualdade). Para Gramsci, o desafio não era acomodar outro conceito científico, mas integrar a versão interpretativa (histórica) do conceito do cultural. Fanon, no entanto, moveu-se no sentido de integrar o conceito do racial, uma vez considerado cientificamente sólido, num momento em que este tinha sido deslocado pelo conceito do cultural como o descritor apropriado do Humano como uma unidade de multiplicidade. Portanto, seu desafio resultou do fato de que, momento interpretativo, a diferença racial é lida como *datum* ou *residuum*, o que significa que ela poderia ser incluída, mas apenas como uma nova dimensão empírica que ajudaria no desenvolvimento posterior da estrutura teórica ou analítica adequada. No entanto, nunca iria adquirir relevância determinativa (analítica ou causal) ou interpretativa, porque o racial não é visto como um conceito político propriamente moderno (jurídico, econômico, simbólico ou ético). Em todo caso, ambos tiveram que lidar com o desafio de manter intacta a montagem de Marx do capital enquanto uma totalidade — enquanto a unidade (determinativa) da multiplicidade projetada como um sistema montado com base na noção matemática de igualdade —, sob um regime epistêmico governado pela versão histórica do *Eu transparente*.[61]

Enquadrando um contexto geo-histórico particular, cada um apresenta o modo capitalista de produção como um todo fraturado (bem, em termos propriamente marxistas, como dualidade) — cada um propõe uma abordagem analítica que considera como o cultural (Gramsci) e o racial (Fanon) entram em sua constituição. O contexto político da Itália no início do século xx demanda que Gramsci retrate partes conflitantes que são divididas geográfica e culturalmente. Ele atende às modalidades de subjugação, identificando dois modos de mobilização de força, uma dominação física e uma apreensão ideológica. Portanto, a resposta para a questão orientadora imposta pela noção de totalidade (uma apresentação da unidade em uma imagem do "social" que põe em primeiro plano uma pluralidade agonística) — a questão de como a unidade é mantida, ou seja, aquela que solicita eficabilidade ou identidade como forma da resposta — é também a chave para a revolução, que conduziria a um tipo diferente de unidade, sustentado pelo princípio particular (ideológico ou cultural) do subalterno. Isto é, o foco da análise é o momento superestrutural. Em Gramsci, a leitora reconhece as operações esperadas de uma configuração social dividida — ao longo das linhas econômicas, culturais e políticas (dominação/subordinação) que são peças do mesmo tecido jurídico-econômico. Por essa razão, a própria possibilidade de dominação ideológica, a configuração apresenta uma totalidade dividida em si mesma, mas ainda autotransparente.

Menos de vinte anos após a morte de Gramsci, Fanon descreveu o contexto colonial como constituído e ordenado violentamente, isto é, como o produto de violência total em suas várias formas — despossessão de terras, expropriação de trabalho, humilhação e repressão policial e militar. A violência total, ele argumenta, mantém sua unidade, e só ela dará um fim a este mundo racialmente dividido e às partes (o colonizador e o colonizado) que o constituem. O que considero frutífero na descrição do contexto colonial feita por Fanon é que ela não produz nem pressupõe um universal (não é imediatamente aplicável a todas as situações coloniais), nem identifica um caso particular entre outros do mesmo tipo (todas as situações coloniais são governadas por violência total) — embora possa se argumentar que ele propõe o colonial como um local que o texto histórico-materialista (uma versão revisada de sua apresentação original, apenas) poderia explicar. Mais significativamente, enquanto a de Gramsci pertence totalmente ao contexto pós-iluminista, a versão de Fanon só é compreensível como descrição do contexto político sob a episteme interpretativa se entendida como fábula da produção de sujeitos políticos patológicos (mentalmente doentes). Caso contrário, torna-se incompreensível, porque, para começar, embora permaneça fiel à versão escatológica de Marx da dialética, Fanon estabelece uma dialética anti-hegeliana que não é adequada ao regime interpretativo ou à significação determinativa (sociocientífica). Por um lado, encena um confronto que, como a versão de Marx da dialética, não tem possibilidade de suprassunção, isto é, não presume que a negação da negação conduzirá a um maior desenvolvimento da autoconsciência. Por outro, por estabelecer um confronto, a narrativa de Fanon a respeito da subjugação colonial/racial se afasta das narrativas sociológicas sobre a subjugação racial, uma vez que não preserva a branquidade como transparência. Em vez disso, como um explícito afastamento da fenomenologia, ao escrever o colonizador e o colonizado como produtos da colonialidade, a narrativa fanoniana anuncia o desaparecimento de ambos (e a transubstanciação concomitante do Colonizador e Nativo em "um homem novo") como resultado do efeito purificador da violência total anticolonial.[62] De fato, a versão de Fanon da dialética racial contém elementos, não explorados por ele, que permitem a dissolução do circuito lógico produzido pelas narrativas sociológicas — embora isso possa explicar por que sua versão não foi tão bem-sucedida nos domínios histórico-

-materialistas dos programas críticos.⁶³ No capítulo 3, elaboro esse argumento de que a versão interpretativa gramsciana do materialismo histórico teve mais adeptos do que a fanoniana. Antes, porém, é necessário olhar mais de perto como o Colonial e o Racial entram nas análises contemporâneas do Capital que reconhecem a importância deles como mecanismos de subjugação global.

Talvez o maior feito da dialética racial tenha sido como ela efetivamente torna as operações do Racial (através da diferença racial e cultural dos outros da Europa) irrelevantes para a análise do Capital, mesmo neste momento quando as práticas de colonialidade e os significados da racialidade desempenham um papel tão crucial no suporte ao Estado-Capital global. Embora se manifestem em diferentes níveis e de várias maneiras, as críticas contemporâneas do capital global lidam com a diferença racial como uma questão já organizada pela separabilidade, uma vez que isso opera com/na sequencialidade e determinabilidade. Por meio de comentários sobre os escritos de Aníbal Quijano e Sylvia Wynter sobre a colonialidade do poder, situarei aqui de modo breve o argumento a ser desenvolvido no capítulo 3. Partindo de uma análise histórico-materialista convencional, abordam a tríade do Colonial, do Racial e do Capital de diferentes perspectivas. Até certo ponto, minha própria abordagem ressoa com ambas: como Quijano, acredito que o Racial refigura o Colonial no nível político-simbólico; como Wynter, acredito que o faz em combinação com a noção do Humano.⁶⁴ As similaridades em nossas análises acabam por aqui, por razões que já devem ser óbvias para a leitora, relacionadas à minha inclusão do Jurídico (o Estado) na equação.

Identifico nas análises críticas de Quijano e Wynter ainda um certo investimento em manter o materialismo histórico intacto (Quijano) como a crítica mais importante do Capital enquanto uma forma econômica e em manter intacto o Humano (Wynter) enquanto conceito ético. Na medida em que a negridade ameaça a própria base que faz com que ambos sejam coerentes, sua ativação não pode deixar de dissipar as formas (garantidas pelas leis da lógica) das quais sua força depende, o que penso ser um passo necessário em direção a um programa ético-jurídico que não reproduza a violência total, a ferocidade, que estão no cerne do pensamento moderno e da arquitetura política (jurídica, econômica, ética e simbólica) que o sustenta. A introdução do argumento apresentado no capítulo 3, vis-à-vis as proposições de Quijano e Wynter, pode dar uma ideia melhor da extensão do desarranjo dos fundamentos críticos posto em cena ao pensar o político por meio da negridade.

O que enquadra a tese de Quijano sobre a relação entre raça (diferença racial), colonialismo e Capital é a clássica separação sociológica (interpretativa) entre estrutura e cultura (ou ideologia), ou o econômico e o social. Isso possibilita a tese de que o racial emerge como um "mecanismo de dominação" colonial, um "princípio de classificação social" que distingue dois tipos de trabalho: o pago (branco/Europeu) e o não-pago (não--branco/não-Europeu). De acordo com Quijano, a raça — ou a colonialidade do poder — opera no capital global ao guiar a distinção entre trabalho pago e não-pago ("raças colonizadas"). Disso resulta uma totalidade heterogênea, isto é, uma "colonialidade capitalista global do poder" constituída por meio de articulações de todas as "formas históricas de controle de trabalho em torno da relação de trabalho assalariado capitalista", que assume a forma de atribuir "todas as formas de trabalho não remunerado às raças colonizadas" e "trabalho pago, à raça colonizadora, os brancos".⁶⁵ Sem violar a noção histórico-materialista clássica, na qual o trabalho assalariado distingue o capital, Quijano introduz um "particularismo" (um tipo de trabalho anormal) para corrigir a teoria do sistema mundial (*world system theory*) com o argumento de que a raça — emergindo sob o colonialismo como um mecanismo para controlar o trabalho assalariado (gerador de mais-valia) — agora organiza o capital global, ao introduzir uma hierarquia na categoria de trabalho que facilita a exploração de pessoas não-brancas/não-europeias em todo o mundo. Ao longo da análise, a raça não figura como uma categoria econômica; continua a ser um *datum* (simbólico), uma questão social (moral), que, quando levada em consideração, permite uma reconceitualização do conceito econômico de capital que pode compreender sua mais nova configuração, ou seja, uma "colonialidade capitalista global do poder".⁶⁶ Isso se dá por meio do reconhecimento da dependência do capital de um tipo de trabalho particular ("impróprio") — do ponto de vista do programa ético pós-iluminista — como um meio para a dominação do trabalho universal (apropriado).⁶⁷

A contribuição de Wynter ao tema da colonialidade do poder, por sua vez, é alicerçada por uma distinção entre ciência e cultura — também uma abordagem interpretativa — que afirma uma separação entre verdade e ideologia. Com a ajuda de uma lista ampla de trabalhos antropológicos, ela introduz um universalismo — a capacidade do Humano de produzir e ocultar de si tanto sua existência coletiva quanto suas narrativas sobre ela, ou os "enunciados descritivos" —; um universalismo que explica e promete transcender as hierarquias culturais modernas. Para Wynter, a colonialidade do poder, ou raça, é o descritor hierárquico que governa as respostas europeias modernas à questão ontológica de quem nós somos, ao mesmo tempo que responde às questões éticas de como devemos viver e agir, de uma forma que torna o modo de ser dos europeus brancos a única apresentação verdadeira do que é, de fato, Humano. Os "enunciados descritivos" europeus modernos, ela argumenta, reproduzem hierarquias anteriores (como o céu perfeito medieval versus a terra caída) e constroem o Homem Europeu de modo a representar tudo o que é verdadeiramente humano. Enquanto isso, os modos de ser e de descrever humanos de outros povos representam "Outros" não-humanos. Localmente significativa (inventado por europeus) e culturalmente específica, "raça [...] portanto deveria ser, efetivamente, o solo não sobrenatural, mas não menos extra-humano (no lugar reocupado dos ancestrais/deuses tradicionais, Deus, solo)", escreve Wynter.[68] Raça, segundo ela, é um "enunciado descritivo" moderno, cujo principal efeito é sustentar "estigmatização sistêmica, inferiorização social e privação material produzida dinamicamente", em particular das populações negras em todo o mundo.[69]

Para Quijano e Wynter, desde a conquista e ocupação das Américas e do Caribe pelos europeus, o papel da diferença racial (como ferramenta simbólica e ideológica) tem sido facilitar a apropriação de trabalho e terra nas Américas e em outras partes do espaço global. A diferença é que, para Quijano, a classificação racial estabelece Trabalho *propriamente dito* (branco/europeu), e para Wynter, estabelece o Humano *propriamente dito* (branco/europeu). Quando se pensa, no entanto, através da relação do Colonial, do Racial e do Capital, essas abordagens pouco têm a oferecer. Com efeito, para ambas, a diferença racial enquanto *datum* opera como um princípio de classificação que cria hierarquias que são *exteriores* (a) economicamente, quanto à produção propriamente capitalista de valor, que necessita de trabalho pago, conforme Quijano; e (b) eticamente, ao pensamento propriamente moderno (universalista ou "transcultural" ou "acultural"), porque se baseia em fundamentos "extra-humanos", conforme Wynter. Por essa razão, não oferecem uma explicação satisfatória para a tríade Colonial, Racial e Capital. Mais importante ainda, a temporalidade linear força um ponto de partida no qual o racial, como um mecanismo colonial, é *anterior* ao Estado-Capital devidamente constituído. Aqui, também, a negridade figurada como cor de pele cumpre seu papel científico-social, que é circunscrever, delimitar e determinar (separar) o que é propriamente moderno do que não é.

Tendo a *corpo cativa ferida na cena da subjugação* como guia, no capítulo 3 volto a uma das apresentações de Marx da equação de valor. Lá *ela* a recompõe, em um movimento que remete à negridade na intersecção dos momentos jurídicos e éticos, de onde perfura por dentro a totalidade que é o Capital, e, ao fazer isso, abandona a anterioridade e a exterioridade. Ignorando os descritores e pilares ontoepistemológicos que sustentam a dialética racial, a qual continua a ser a narrativa dominante sobre a subjugação racial e a narrativa histórico-materialista da produção capitalista, minha tarefa se dedica a duas questões simples: primeiro, como alguém herda tal obrigação? Em segundo lugar, por que ninguém deve pagá-la? Ao levar a sério essas questões como referentes de uma dívida impagável, monto uma figura fractal do Colonial, do Racial, do Jurídico e do Capital — uma figura que, violando a separabilidade, colapsa seus efeitos (anterioridade e exterioridade) tão cruciais na delimitação e determinação do Capital. Agora, esse é apenas um momento de soltura da capacidade negativa da negridade — negativação — dentro da arquitetura política moderna. O segundo movimento, menos aceito, é a dissolução do palco em que se desenrolam as cenas econômica e ética do valor. Pois ele muda a pré-condição para a inteligibilidade do — a imagem da existência que sustenta o — pensamento moderno. Ele descreve a existência não como uma relação, mas como um contexto marcado por singularidade e implicação, no qual tudo retém sua dis/similaridade, isto é, tudo existe tão profundamente implicado em/como/com cada uma das outras coisas existentes.

"era moralmente legal tratar como propriedade"

> 4. Um negro liberto da raça africana, cujos antepassados foram trazidos para este país e vendidos como escravos, não é um "cidadão" no sentido da Constituição dos Estados Unidos.
> 5. Quando a Constituição foi adotada, eles não eram considerados em nenhum dos estados como membros da comunidade que constituía o Estado, e não eram contados entre o "povo" ou os "cidadãos". Consequentemente, as isenções e os direitos especiais garantidos aos cidadãos não se aplicavam a eles. E, não sendo "cidadãos" no sentido da Constituição, eles não tinham o direito de acionar como tal uma corte dos Estados Unidos, e no Circuito Judicial não há jurisdição em tal litígio.
> 6. As duas únicas cláusulas da Constituição que apontam para essa raça, tratam-na como pessoas as quais era moralmente legal tratar como propriedade e manter como escravas.
>
> DRED SCOTT versus SANFORD[70]

Se aquilo que era então/lá "moralmente legal" ainda há de ser retirado da Categoria da Negridade e, de fato, é incessantemente atualizado por ela, a questão crucial se torna como abordar a existência desde a cena de violência total sem reescrever a negridade enquanto, nas palavras de Fred Moten, uma função, ou como soltar a negridade de dentro de seus domínios categoriais onde ela é mais apta a desmantelar a gramática moderna. Essa não é uma tarefa fácil, por diversas razões. Duas delas são evidentes no fardo de Dana, na própria descrição de seu impasse. A primeira razão, que remonta ao que Moten chama de "presente contínuo", tem implicação em como se descrevem as cenas ética e econômica de valor. De um lado, a obrigação de salvar seu Proprietário-ancestral, mesmo que para preservar a sua própria existência, carrega uma particular renderização da materialidade num domínio, o ético, no qual isso não deveria desempenhar um papel. Esqueça por um momento como a obrigação de Dana — tal qual acontece com qualquer coisa tornada um significante do tipo de condição que a negridade identifica — imediatamente desloca os dois grandes itens na gramática ética moderna, isto é, liberdade e igualdade. Esqueça, em outras palavras, que a escravidão é uma relação jurídico-econômica na qual Dana é propriedade (como Dred Scott) e Rufus pode reivindicá-la como sua (quando ela está de volta na Maryland do *antebellum*). Agora tente considerar a obrigação de Dana em termos éticos, meramente em termos de princípios morais — tais quais "Não matarás" e "Aja como se a máxima de tua ação fosse uma lei universal". Não faz nenhum sentido, pois eles se referem, respectivamente, à autoridade (de Deus) ou à universalidade (da Lei Moral); a obrigação de Dana não pertence a esses registros.

Ter de proteger com base em uma relação sanguínea é uma demanda que remonta a um registro ético diferente, um referente da família — de ligações óbvias com o patriarcado —, mas que nesse contexto (da escravidão) se refere ao *elemental*. O corpo dela — ou melhor, o código (DNA) que guia sua constituição — é a única ligação entre Dana e Rufus. Na história da família de Dana, Rufus é um Proprietário que tomou uma Escrava (sendo negra então/lá, Alice é sempre uma Escrava), ancestral de Dana, como amante,⁷¹ e, sem uma declaração da mulher sobre isso ser ou não um elo romântico — porém, mesmo que fosse, porque Rufus é o Proprietário dela, não era uma relação entre iguais, a relação jurídica na forma do título a anula —, não se constata ali o aspecto sentimental que supostamente acompanha as relações familiares. Ademais, não há possibilidade de uma reivindicação baseada em identidade entre Dana e Rufus. (Não importa se o contrário seria verdade entre ela e sua muitas vezes bisavó, pois o fardo de Dana é salvar a vida de Rufus, não a de Alice.)

Meu ponto é relembrar que Dana salva diversas vezes a vida de Rufus não por afeto, inclinação, sentimento, crença ou desejo.⁷² Nenhum dos motivos que Kant rejeita em *Crítica da razão prática* — pois eles são ligados a concepções prévias de moralidade — importa para ela. Nem lhe importa que Rufus seja Humano (enquanto um ser com bem intrínseco, isto é, humanidade), pois ela não teve escolha (no que diz respeito ao autointeresse ou autodeterminação) em viajar ou não no tempo para salvar a vida dele. Nada disso importa, pois, conforme o princípio da liberdade, enquanto Escrava ela não é (eticamente) Humana, mas Coisa (sobre a qual alguém possui uma reivindicação jurídica). Tudo o que os conecta, que é também o *presente contínuo* que Dana partilha com Alice e com as outras Escravas de Rufus, é sua carne, seu órgão, suas células, suas moléculas, seus átomos, seus prótons, seu fônon, seus elétrons, seus núcleons.

Por essa razão, o fardo de Dana nos permite colocar uma questão sem qualquer significância num momento ético governado e concebido pela Humanidade, por seus princípios (liberdade e dignidade) e pelas ferramentas da racialidade: e se descrições éticas tivessem em seu núcleo uma comunalidade não mediada pela identidade (enquanto uma particularidade partilhada que é familial, nacional, histórica) ou pela liberdade (igualdade geral) estabelecidas através da universalidade de ideias (racionais, formais, transcendentais) compartilhadas? E se descritores éticos supusessem não uma comunalidade substantiva ou formal (identidade ou igualdade) figurada como atemporal e aespacial, e ainda assim fundamentalmente imanente? Perguntando diretamente: e se a base de nosso programa ético fosse simplesmente que tudo o que existe, existiu, ou pode vir a existir, é feito da mesma matéria bruta,[73] as *elementa*, as ondas de partícula subatômicas cuja re/de/composição nos permite dizer qualquer coisa sobre sua existência? Se começamos, como eu faço, por concordar com essa questão, tal ponto de partida para pensar perturba a própria noção de valor.

Entretanto, o fardo de Dana — salvar a vida de seu ancestral-Proprietário — expõe uma brecha no teatro do valor, que novamente é ativada pelas viagens de seu corpo através de diferentes momentos (espaço-temporais) de seu presente contínuo. A brecha, sem dúvida, ocorre por conta do rasgo na membrana simbólica que separa as cenas ética e econômica de valor. Esse não é o registo de medidas e princípios. Sem um aspecto econômico que possa ser monetizado, a obrigação de Dana apresenta uma significância econômica que não pode ser calculada (numa extensão para o futuro ou passado), operacionalizada (pela aritmética) ou computada (com algoritmos). A sua obrigação não pode ser formalizada ou traduzida em formatos matemáticos (geometria, álgebra, aritmética, cálculo) através dos quais poderia então ser equacionada na forma de dinheiro. Não obstante, a obrigação moral de Dana é incompreensível, pois é instituída pela escravidão (uma estrutura jurídico-econômica colonial) e assegurada por sua forma e método de governança jurídicos (título e violência total, respectivamente) e pela correlata versão da autoridade. Aqui a correspondência (que sempre trabalha através do tempo) é entre a fisicalidade da relação (não familial) e o fato de que, para proteger a sua própria existência física, Dana teve de proteger a integridade física de alguém que poderia matá-la, estuprá-la, mutilá-la.

Sem documentos que pudessem verificar (mas não proteger) a sua condição enquanto uma pessoa negra liberta ou nascida-livre, Dana ocupa uma posição perturbadora no contexto colonial, uma posição que o revela como um contexto político fundamentalmente cis-heteropatriarcal: uma mulher negra que nunca foi escravizada, negociada ou liberta. Perturbadora mas não incomum, não díspar de outras pessoas negras existindo no mesmo momento espaçotemporal. Sem documentos que pudessem ser rasgados, Dana existe na Maryland do *antebellum* de forma similar ao modo como Dred Scott (e todas as outras pessoas escravizadas) vivia no Missouri. As suas posições jurídicas eram incompreensíveis: no caso de Dana, não há nenhuma pessoa que seja negra sem nunca ter sido propriedade; no caso de Dred Scott, não há nenhuma pessoa que seja negra e não seja mais propriedade. Focando nos "documentos", isto é, na corpo cativa enquanto objeto de um título, eu trato dos vários momentos e modalidades de mobilização de força para revelar como a necessidade funciona, através da cor de pele, com as categorias social-científicas que, como a etnicidade, refiguram a violência total no momento político/simbólico. Trazendo o Jurídico para o primeiro plano, eu começo com o momento da decisao/determinação, no qual o Proprietário de Escravas se refere à autoridade tal qual figurada na Escravidão e no Patriarcado. Por quê? Pense nas ocasiões em que, como na decisão da Suprema Corte estadunidense no caso de Dred Scott versus Sanford, o jurídico é exposto como local de operação da necessidade, e não da liberdade: seja por que for que a frase "moralmente legal" consta do parágrafo 6, pode ser relevante, mas aqui eu foco no que a expressão faz em termos de indicar uma exceção dentro da categoria ético-jurídica de pessoa — as pessoas da raça africana. A chave para essa posição jurídica imprópria é obviamente a equivalência entre negridade e propriedade, que resulta na pessoa negra — mesmo com documentos — ocupando a posição jurídica do Escravo;[74] isto é, a equivalência entre cor da pele e propriedade registra a ausência, a falta de proteção de pessoas negras (daí a expressão "moralmente legal", no mais um oximoro) garantida aos cidadãos pela lei — que é a necessidade que justifica a autoridade jurídica.[75] Ao mesmo tempo, contudo, essa mesma forma jurídica de propriedade detém a chave para desemaranhar a equivalência, já que possuir um título sobre o corpo de uma pessoa não garante por si só o uso das capacidades dela. Pois é a autoridade para mobilizar violência física (incluindo a total) que institui a posição do Proprietário que extrai e expropria trabalho escravo.[76]

O que vem à tona aqui é precisamente o fato de que a função da categoria de propriedade enquanto o retransmissor performa uma mediação jurídica entre as cenas econômica e ética de valor. A análise de Lindon Barrett sobre valor enquanto forma e força toca nessa in/distinção. Valor, ele relembra, assinala uma mediação jurídica em dois momentos: de um lado, como força originária e, de outro, como o momento de forma(lização) que cobre a violência originária. O valor "introduz a si mesmo por meio de uma agência violenta que subsequentemente busca negar", e Barret nomeia esse momento inaugural de violência como "disrupção e alteração forçosa de formas estabelecidas de outro modo".[77] Eu leio esse trecho como a descrição de uma violência que é física, e não somente representacional (simbólica) — ainda que eu esteja convencida de que Barrett se referia a ambas. Lida considerando a decisão de Dred Scott — em outras palavras, ao tratar da mediação jurídica, a propriedade/título que justifica e autoriza o cidadão ("moralmente legal") a empregar violência física (coerciva) contra pessoas —, a negridade, tratada não enquanto cor de pele (significante de diferença racial e cultural) mas enquanto aquilo que identifica o "corpo cativo" (como era evidente para Dred Scott e Dana), também indexa como a possibilidade de negativação reside na necessidade, isto é, no fato de que a necessidade (força e forma) sustenta a liberdade. Liberdade, o princípio ético moderno primordial, direta ou indiretamente figurado como igualdade, só pode render violência aqui: isto é, o fardo de Dana é uma quebra do programa ético, pois assinala que o pressuposto atributo exclusivo ao sujeito econômico propriamente moderno é condicionado pelo seu oposto, isto é, a catividade da Escrava.

Relacionado à ideia de *recusa comum* de Moten está o desafio a qualquer pensamento que falhe em abandonar os pilares e descritores ontoepistemológicos do pós-Iluminismo. É aqui que este livro busca intervir mais diretamente, para registrar o *presente contínuo* da escravidão no/enquanto capital global. O que isso implica, como sabemos, é nada menos do que colapsar as fronteiras formais (categoriais) — que impõem descritores tais quais anterioridade e exterioridade — entre o Capital, o Racial e o Colonial. Quanto à cena ética de valor, o fardo de Dana permite um afastamento dos seus princípios e inspira questões que prefiguram imagens da existência ainda-a-serem-consideradas, sobre o que acontece e o que existe. Com relação à cena econômica de valor, o fardo de Dana tem um efeito mais sutil, mas não menos nocivo: nos permitir imagear a Escrava de ontem coexistindo com as descendentes de hoje. Não tanto suas *elementa*, mas a composição singular em si — um corpo inteiro que viaja pelo tempo/ cruza um caminho e o braço que fica preso na última viagem de volta. Precisamente porque, embora incompreensível, tal viagem é imaginável, ou, mais importante para pensadoras modernas, é visualizável, ela inspira questões de "e se" que miram no núcleo de explicações econômicas, em particular o postulado marxista de que o tempo de trabalho é o fator determinante no valor de troca. Essas questões incluem como os quadros conceituais concebidos para a análise do capital pressupuseram descritores e pilares ontoepistemológicos projetados para tornar impossível que as formas (conceitos e categorias) sustentadas por eles estabeleçam quaisquer conexões entre o Colonial, o Racial e o Capital. Uma parte importante da tarefa aqui é dissipar essas ferramentas simbólicas, tanto para expor seus funcionamentos quanto para descobrir como eles podem ser utilizados para re/compor a narrativa sobre a subjugação racial de maneira a interromper o seu desdobramento.

A trilha paralela assinalada pela *corpo cativa ferida na cena da subjugação* é o que a sua repetição expõe, ou o que a escritora Conceição Evaristo captura bem ao escrever: "A gente combinamos de não morrer".[78] Daqui é impossível evitar o problema de ficar com a violência total sem reproduzir seus efeitos, que resultam das falhas das ferramentas da racialidade (e a dialética inerentemente perversa que elas armam) em compreender, enquanto política, a recusa de consentir com a lógica de obliteração. Tudo o que elas podem fazer é reescrever uma sujeita (negra) "impossível", sob a suposição de que Sujeito/Subjetividade [*Subjecthood/Subjectivity*] é o sine qua non para a existência. Logo, o único movimento possível é suscitar a dissolução das ferramentas da racialidade (atingindo a forma que as constituem), dos pilares e descritores ontoepistemológicos responsáveis por sua inteligibilidade (sua capacidade de compreender) e da metafísica que os sustenta. O fardo de Dana — sua própria submissão a uma obrigação formidável — é em si mesmo uma instância de tal recusa: ela manteve seu pai-Proprietário vivo no passado para garantir a sua própria existência no presente e, ao fazer isso, honrou a recusa a morrer de suas ancestrais Escravas. Mais importante ainda, ela não ter realizado seu fardo incólume é um lembrete da operação contínua de violência total, da ferocidade, que garantiu a expropriação do trabalho (a capacidade de transferência da matéria enquanto energia potencial) de pessoas escravizadas. Não obstante, essa mesma marca de violação física registra o *presente contínuo* da relação jurídica e da violência total que ela autoriza, agora operando pelas ferramentas políticas/simbólicas da racialidade, como as noções de diferença racial e cultural, a Categoria de Negridade, e também por meio de termos e relações jurídico-econômicas, como propriedade ou equidade [equity].[79]

Dois movimentos se tornam necessários para lidar com essas dificuldades. Ambos ocorrem no nível do pensamento; mais particularmente, eles são desenhados para aproveitar a abertura proporcionada por uma contemplação do fardo de Dana à luz da questão de Hortense J. Spillers, que antecipa ambas as frases de Moten: de um lado, a possibilidade de pensar o *presente contínuo* a partir da perspectiva de uma "matéria bruta" (*elemental*), uma perspectiva que se recusa a reduzir a existência às formas e funções do corpo vivo ou "condição social"; e, de outro lado, o reconhecimento de que a violência que caracterizou a escravidão enquanto uma estrutura jurídico-econômica colonial se deparou com uma insistência em não perecer, uma recusa da lógica de obliteração. Notavelmente, essa intervenção mira nas próprias bases de incompreensibilidade do fardo de Dana, por meio de um movimento duplo de dispersão e negativação, ambos desenhados para desmantelar o coração da dialética racial e soltar a negridade para realizar a tarefa (ético-política) crucial que só ela pode realizar, como afirmam C. L. R. James e Cedric Robinson:[80] desmontar, de dentro, o pensamento moderno.

SEM VALOR (NA CENA ÉTICA) apenas por conta de sua capacidade de render valor (na cena econômica), o corpo da pessoa cativa não se refere ao que é excluído do Sujeito (o que dá coerência a) ou ao que é fora constitutivo do Sujeito (o que delimita as fronteiras). Exibindo as marcas da violência que contam a indistinção entre liberdade e propriedade, a *corpo cativa ferida na cena da subjugação* volta a atenção à fisicalidade do sistema e demanda que a questão da violência seja levantada de um novo modo. O que a autoridade de mobilizar violência total para usar essa propriedade peculiar expõe é a operação (da força) da Lei e do Estado nos funcionamentos cotidianos da escravidão — através de mecanismos que preservam/protegem o direito de propriedade do cidadão (Proprietário). Na in/distinção entre proteção e preservação, que é precisamente onde a *necessidade* sustenta e protege a *liberdade*, reside o lugar do jurídico na relação econômica que é a escravidão.

Aqui também se resolve a aparente incompreensibilidade da escravidão na teorização da arquitetura política do pós-Iluminismo. Pois a liberdade é aquilo que se supõe que as estruturas jurídicas da organização política liberal protegem, mas somente ao garantir que os cidadãos preservem sua propriedade. Em outras palavras, a indistinção entre liberdade e propriedade é o núcleo do quadro liberal, responsável pela retransmissão em operação na dialética racial. É também aquilo que pode ser desmontado no movimento de negativação — na medida em que as marcas de violência na carne da cativa expõem que aquilo que define o Proprietário não é a liberdade, mas o *direito* juridicamente protegido de mobilizar violência total para extração (de trabalho) de sua propriedade (Escrava).

Nesse momento, a cena de violência (a luta de vida e morte) não junta duas entidades autodeterminadas desfrutando de liberdade irrestrita numa luta em que um, o mais fraco, emerge como Escrava. Nessa cena juridicamente enquadrada de violência total, o Proprietário tem autoridade irrestrita, dada pela forma jurídica do título que é protegido pelo Estado, e a Escrava (já capturada, vendida, escravizada) é duplamente removida da proteção jurídica: na condição de propriedade de alguém (de um Cidadão), um direito que o Estado tem a obrigação de proteger, e, como tal, a Escrava não tem como reivindicar as proteções disponíveis aos cidadãos. Proprietário e Escrava não adentram a cena como iguais, com atributos que são a *negação* dos atributos similares do outro. Eticamente, cada um entra na cena com posições completamente distintas vis-à-vis a liberdade: um (Proprietário) possui, o outro (Escrava) não possui; juridicamente, também, vis-à-vis a propriedade: um (Escrava) é e o outro (Proprietário) não é. Quando posicionados uma contra o outro, enquanto pessoas (humanos), nós vemos que o predicado da Escrava é não-liberdade e o do Proprietário é liberdade — o último não ocupa a posição da Escrava. Nessa formação jurídico-econômica, a Escrava era a única categoria de pessoas para quem ser propriedade consiste em um predicado. Ademais, liberdade, enquanto um princípio ético, nem mesmo figura na cena mediada pelo título (um princípio jurídico); ela só opera na relação entre o Proprietário e o Estado (pela qual ele é protegido como Cidadão), não na relação entre o proprietário de escravas e a pessoa escravizada ou entre o Estado e a pessoa escravizada. Diante da força jurídica (do título/Estado) e da força física (como propriedade/Proprietário), a Escrava não possui nenhuma posição ética, não existe diante da figura ética da Humanidade. Portanto, ela é solta para se misturar com outros existentes passíveis de serem extraídos e expropriados. Figurada de tal modo, a negridade enquanto a *corpo cativa ferida na cena da subjugação*, um referente para a autoridade jurídica de mobilizar violência total, rompe através da separação categorial e histórica do Colonial, do Racial e Capital, na medida em que ela expõe como o capital global acumula não só por meio da exploração, mas também por meio da expropriação violenta do trabalho Escravo.[81]

2. "a mais perfeita alucinação"

> Sim, talvez o quê? Bem, talvez, se eu não estivesse totalmente louca, se não estivesse no meio da alucinação mais perfeita da qual já tinha ouvido falar, se a criança à minha frente fosse de verdade e estivesse dizendo a verdade, talvez ele fosse um de meus antepassados. Talvez fosse meu tataravô, que permanecia vagamente vivo na lembrança de minha família, porque sua filha tinha comprado uma Bíblia grande numa caixa de madeira entalhada e começado a guardar registros da família dentro dela. Meu tio ainda a tinha. Avó Hagar. Hagar Weylin, nascida em 1831. O nome dela era o primeiro relacionado. E ela escrevera os nomes dos pais dela como sendo Rufus Weylin e Alice Green-Alguma-Coisa Weylin.
> — Rufus, qual é o sobrenome da Alice?
>
> Octavia E. Butler, *Kindred* [1]

Não saber como chegou ali talvez tenha se tornado uma segunda — ou mesmo terceira — preocupação de Dana, quando percebe que está nas profundezas da história de sua família. Ela sabia, com certeza, que o seu "várias vezes" bisavô era o Proprietário de sua "várias vezes" bisavó. Tudo isso era dado pelo nome dele.[2] Um sobrenome que evocava — apenas de modo mais imediato do que o sobrenome de outras pessoas negras, outras descendentes de pessoas escravizadas — que a origem de sua família era definida por algo que difere do que geralmente se entende por relações familiares. E ainda assim lá estava ela falando com seu Proprietário-ancestral, enxergando-o, tocando nele. Lá estava ela. A vida dele nas mãos dela. Sabendo que ela não poderia desprezar o fato de que, se ele tivesse a dela nas mãos dele, isso não tornaria aquele mundo nem um pouco menos perigoso para ela do que se não tivesse descendido dele. Sabendo que o sobrenome de Alice poderia atestar a sua experiência, estabelecê-la como algo que de fato estava acontecendo. Sabendo que o sobrenome de Alice poderia confirmar ou rejeitá-la enquanto uma *realidade* que, ainda que não fosse a alucinação que ela suspeita, seria, como acabou sendo, igualmente improvável.

Faria muita diferença confirmar o sobrenome de Alice? Tornaria menos improvável encontrar seu ancestral-Proprietário? Provavelmente não. No entanto, não faria disso algo para além do reino da possibilidade. Afinal, lá estava a Bíblia e o sobrenome. Quem sabe outras memórias e lembranças estivessem escondidas no armário de alguém em algum lugar. O mais importante é que, de certo modo, ela sempre esteve lá (em/enquanto Alice), enquanto a possível filha da possível filha da possível filha de Alice. Ainda assim, ela não está lá enquanto a "várias vezes" neta de Alice — essa nunca poderia ser a resposta para a questão acerca de onde ela veio ou quem era. Do ponto de vista daquele mundo, isso era impossível: Alice não tinha crianças; por pouco, ela mesma já não era mais uma. Do ponto de vista do mundo de Dana, isso era improvável mas também incompreensível, pois, se tentasse responder à questão de quem ela era, teria de responder de um modo que não desmentisse o fato de nunca ter sido escravizada. Apesar disso, mesmo se pudesse tentar

— como tentou —, descobriria que não importa, então/lá, ela não ser ou não ter sido propriedade de alguém. Existir como uma mulher negra na Maryland do *antebellum* não era seguro, conforme descobriu mais de uma vez. A "verdade", aquele aspecto inconfundível daquela realidade — na qual aquele menino, seu "várias vezes" bisavô, precisava dela para permanecer vivo e a sua "várias vezes" bisavó ainda não tinha crianças —, tornou tanto mais importante, e contudo inútil, saber se ela estava alucinando ou se de fato estava lá/então.

Nada do que Dana aprendera nos livros sobre como era "antigamente" a havia preparado para o tipo de aprendizado de vida que receberia lá/então. A primeira vez, no rio, tinha certeza de que a mãe de Rufus a teria matado (ou mandado matá-la) se ela não tivesse desmaiado; não teria feito nenhuma diferença que Dana estivesse salvando seu filho de cinco anos de se afogar. Dana era uma mulher negra e portanto uma Escrava. Não era uma das Escravas dos Weylin, então devia ser uma fugida. Nada além de uma fugida e, como tal, intrinsecamente perigosa para a gente branca (a Escravidão enquanto uma instituição). Uma ninguém para a gente negra da fazenda. Nada para elas, e também alguém que não saberiam onde situar. Uma pessoa negra de um momento diferente do espaçotempo. De lá/onde a gente negra lê, escreve e não existe sob a ameaça do chicote, ou pior. Não havia nada que Dana pudesse fazer para controlar o quanto outros saberiam a seu respeito. E ela tentou. De vez em quando alguém pegava uma contradição, um gesto inapropriado, um sinal de que ela não entendia o que se esperava dela enquanto uma Escrava. E era enquanto uma Escrava que deveria cumprir o seu fardo, para prevenir a morte de seu ancestral-Proprietário, para que ela própria viesse à vida, existisse.

Entre as várias coisas que Dana, como alguém vivendo em Los Angeles de 1976, sabia e podia saber sobre a Maryland do *antebellum* estava o fato de que sua cor de pele fazia dela uma cativa. Isso não é uma questão de identificação pessoal, ainda que ela de fato existisse como as outras pessoas negras na plantação dos Weylin, tanto as escravizadas quanto as livres. Naquela época/lá, o que importava não era sua abordagem em primeira pessoa àquele mundo, e sim que, naquele mundo (a arquitetura política colonial onde a Escravidão era a principal modalidade econômica), ela ocupava uma posição em terceira pessoa — embora referida enquanto uma ela ou uma dela que possui o status jurídico de um "isso", ou seja, de propriedade. A associação entre cor de pele e status de propriedade era tal que, mesmo se tivesse documentos provando ser uma pessoa negra livre, isso não garantiria que ela não teria de existir como uma Escrava.

Como isso poderia fazer sentido? Por que uma jovem mulher negra seria enviada então/lá para salvar a vida de um menino branco? Uma tarefa impossível: alguém que então/lá estava sempre temendo por seus membros, pela vida, não possuía, não poderia possuir o poder de proteger o filho branco de uma Proprietária de Escravas. Se pertencia àquele lugar ou não, a despeito de estar ou não de fato então/lá, Dana tinha certeza — e seria relembrada de novo e de novo — de que sua posição naquele mundo, o mundo de Rufus e Alice, não era exatamente precária, mas sim plenamente e bem definida. Se ela possuía ou não os documentos ou se o pai de Rufus possuía ou não documentos mostrando que ela era propriedade sua — em suporte de uma alegação de título sobre ela —, Dana era uma Escrava dos Weylin. Que ela também fosse um membro da família é uma dessas coisas possíveis e prováveis que não recebem muita atenção hoje em dia. Atualmente não se dá muita importância nem aos laços biológicos (sangue) nem aos jurídicos (título) que Proprietários e Escravas possuíam naquela época/lá — ainda que ela e seu marido, Kevin, soubessem que tais relações, filiais (sangue) e jurídicas (casamento), naqueles dias, hoje em dia, não eram aceitas por todos. Sabiam também que isso não se dá porque pessoas brancas foram um dia Proprietárias e pessoas negras suas Escravas. A explicação é de que pessoas brancas e negras não combinam, há diferenças demais, história demais. Filiação e relações românticas inter-raciais — especialmente em meados da década de 1970, o aqui/agora de Dana — eram vistas, no melhor dos casos, com suspeita. Quem poderia dizer — Dana poderia conceder — que, assim como a Bíblia dos Weylin permanecera na família negra, os Weylin brancos não herdaram uma parcela dos corpos negros que foram dispendidos no cultivo das terras de seus ancestrais?

Pois isso é tão possível quanto Dana estar naquela época/lá se perguntando se está salvando a vida de seu ancestral-Proprietário. Antes de ela aprender o sobrenome de Alice, a questão sobre o que estava acontecendo — sobre sua experiência, o que estava acontecendo com ela — permaneceria não-determinada [*undetermined*] no nível da *realidade*, mas não no nível da *verdade*. Na medida em que o "várias vezes" bisavô de Dana podia ter sido um Proprietário de Escravas, era *provável* — e saber o sobrenome de Alice asseguraria a verdade disso — que Rufus de fato fosse ele. Porque Rufus (e Alice) já estavam mortos há décadas quando Dana nasceu, não é *possível* que aquela pessoa, na frente dela, Rufus, de fato fosse ele. Não obstante, uma vez determinado que Rufus é seu ancestral-Proprietário, que ela estava salvando a vida *dele*, independentemente de a experiência ser *possível* ou *real* — se era possível que ela estivesse *real*mente (espaçotemporalmente presente) na Maryland de 1836 (e não sonhando ou alucinando) —, o fardo de Dana, apesar de incompreensível, é pensável.

"uma questão não perguntada"

> O conhecimento natural começa pela experiência e permanece *na* experiência. Na orientação teórica que chamamos "natural", o horizonte total de investigações possíveis é, pois, designado com *uma* só palavra: o *mundo*.
>
> EDMUND HUSSERL, *Introdução geral à fenomenologia pur3*[3]

> Entre mim e o outro mundo há um questionamento nunca feito.
>
> W. E. B. DU BOIS, *As almas do povo negro*

Talvez não se possa jamais estabelecer se o mundo que Husserl e Du Bois invocam é um e o mesmo. Cada enunciado, sem dúvida, o aborda de modos distintos: o *mundo* de Husserl, nesse comentário sobre a "atitude natural", engloba os objetos do conhecimento científico; o *outro mundo* de Du Bois pressupõe humanos existindo numa paisagem racialmente configurada. Mais importante ainda, cada enunciado registra um momento do pensamento pós-iluminista no qual é possível identificar ao menos duas orientações que marcam as des/continuidades entre o pensamento dos séculos XIX e XX. Essa mudança estabeleceu a base para compreender a subjugação racial por ter marcado uma remobilização do *Eu transparente* que explicitamente rejeitou mas não desmantelou as construções científicas do século XIX do Humano. A meditação de Du Bois sobre a experiência assinala um espaço crítico com uma linha de interrogação tanto ontológica como sociológica, enquanto a meditação de Husserl abre uma rota ontológica e antropológica. Nessa encruzilhada, encontro elaborações sociocientíficas (sociológicas e antropológicas) que sinalizam operações posteriores da racialidade, isto é, aquilo que se torna evidente quando focamos na intersecção de quatro vias composta pela justaposição de suas meditações. É quase impossível não enxergar ali o ponto cego ontoepistemológico que sustenta cada uma das quatro direções. Esse ponto é aquele no qual o *corpo humano* perturba qualquer sentido estabelecido de *mundo* — em particular, da existência sob condições epistemológicas governadas pela historicidade. Esse ponto cego figura aquilo que a negridade traduzida como *corpo cativa ferida na cena da subjugação* não pode senão expor, isto é, como as ferramentas da racialidade, tais quais a etnicidade, operam de modo tal a transformar (explicar) efeitos da violência total em evidência (dos efeitos) da diferença racial (moral). Aqui encontro o que é talvez o maior impedimento para avançar um programa crítico que aborde as operações conjuntas do Colonial, do Racial, do Jurídico (Estado) e do Capital no presente global. Mais diretamente, o ponto cego composto por esse rearranjo epistemológico inviabiliza questões como se (e, em caso afirmativo, de que modo) a racialidade refigura a colonialidade, dado que por todo o século XX a racialidade tem consistentemente autorizado mobilizações de uma violência total de outra forma inaceitável na *polity* liberal. Uma tal questão, penso, nos faz considerar a interação tanto dos momentos simbólico (científico e histórico) e jurídico (as estruturas do Estado e do cis-heteropatriarcado) quanto dos momentos ético e econômico, dada a significância da transparência na vigente arquitetura política global.

Com relação ao tipo de trabalho exploratório necessário para o exame desse ponto cego, notemos que a tarefa não é descascar de camadas. O ponto cego não é tanto um ponto de encontro, mas sim a marca de uma partida. Um corte. A marca de uma dupla cisão assinalada pela retirada do Humano pela fenomenologia das garras de um cientificismo aparentemente irrestrito (penso aqui no determinismo de Herbert Spencer e no positivismo de Comte),[4] que coincide com o repúdio ao corpo (formas e funções orgânicas) enquanto a causa dos atributos mentais humano (morais e intelectuais) pela antropologia (penso aqui nos estudos de Franz Boas, os quais fundaram a disciplina).[5] O duplo repúdio ao projeto do século XIX de descobrir as leis e formas da natureza responsáveis pela especificidade e variabilidade do Humano visava resgatar o humano (mente-corpo) das determinações da razão científica. O corte é assinalado por uma virada, uma vez que considerações da autoconsciência — agora renomeada como Subjetividade — vão na direção de recuperá-la como algo interior/temporal, acompanhada por enunciados que elaboram sobre a separação — entre a mente autopostulante e o mundo — que sustenta a especificidade Humana.

Esse esforço inaugurou a mudança de um regime determinativo (científico) para um regime interpretativo (histórico) da episteme pós-iluminista. Isso teve várias consequências, todas elas responsáveis pela atual incapacidade de engajar o racial como um conceito político moderno *adequado*. Três delas são significantes aqui: primeiro, o Humano foi unido com o mundo, que não era mais somente o efeito das leis da natureza mas foi abordado (na sociologia e antropologia) como expressões da história e cultura humanas; segundo, a diferença racial que no século xix foi reconfigurada como uma ferramenta científica para a investigação da existência Humana (e que então dividiu com a noção de nação a posição máxima de descritor político) seria transformada, ao longo do século xx, em um *datum* (traço físico) considerado relevante somente na medida em que afeta/produz representações mentais ("significados"); terceiro e mais importante, porque a diferença racial se tornaria relevante no nível do simbólico (cultural ou ideológico) na episteme interpretativa, a "linha de cor" foi abordada como um problema *moral* (social), um resíduo (devido à falta de educação em princípios modernos, uma falha mental) que poderia ser resolvido (com o desaparecimento do racialmente diferente, isto é, o não-branco) ou com a instrução adicional das mentes brancas nas maneiras liberais.

O que saliento aqui é como essa recuperação do mundo (como algo diretamente acessível à autoconsciência) e a ressignificação da diferença racial como um resíduo (um *datum*, uma sobra mental de um passado de trevas a ser estudado e eliminado) institui um abismo entre a refiguração da autoconsciência que prefigura a existência diante do mundo imediatamente acessível descrito por Husserl *e* uma autoconsciência para a qual a existência (porque definida pelo/como *datum*) sempre já prefigura de que modo o mundo (social) percebe seu corpo (racialmente determinado).⁶ Espreitando nesse ponto cego, contudo, o corpo racial — o corpo humano produzido pelas ferramentas da Ciência do Homem — evoca de que modo a branquidade foi reconfigurada para significar aquilo para o qual Husserl retornou (*transparência*) a fim de resgatar o Humano do cientificismo. De um lado, precisamente porque o corpo racial se torna um *datum* na reconstituição da antropologia, com a refiguração de seu objeto e método por meio da historicidade, não foi surpreendente que o projeto de Husserl tenha aparentemente reconciliado suas reivindicações acerca da universalidade do mundo-de-vida europeu com outros modos contemporâneos/contíguos de existência ou experiência humana e seus correspondentes mundos da vida e historicidades.⁷ De outro lado, para Du Bois, que iria mobilizar métodos sociológicos em investigações sobre as "condições do Negro" [*Negro conditions*] nos Estados Unidos do início do século XX, a busca/indagação [*quest(ion)*] por autoconsciência voltou a atenção para as dimensões econômicas (discriminação e exclusão) e jurídicas (leis Jim Crow e linchamento) da existência. Não é de surpreender que, nas duas décadas após a publicação de *As almas do povo negro* — enquanto Du Bois abraçava o materialismo histórico —, Robert E. Park, o organizador da sociologia das relações raciais, toma o enunciado de Du Bois sobre a dupla consciência enquanto um descritor e evidência dos efeitos mentais (morais e intelectuais) danosos (inadequados) das atitudes e dos preconceitos impróprios mantidos por norte-americanos brancos contra seus conterrâneos racialmente diferentes.⁸ Outra indicação dos afastamentos que mencionei antes, isso me convence de que o comentário de Du Bois sobre o "outro mundo" (e o "problema" que ele tem para *incorporar*) sugere que somente um movimento em direção ao figurativo (para longe deste momento ainda interpretativo) permitirá o gesto radical (uma quebra completa com o programa ontoepistemológico pós-iluminista) alojado no ponto cego de onde a fenomenologia, a antropologia e a sociologia partem.

Retornar ao argumento acerca da significância ontoepistemológica da racialidade, ao modo como ela populou o espaço global com uma versão espacialmente constituída (exterior) do Sujeito, não é uma tentativa de corrigir a formulação da autoconsciência (na fenomenologia, assim como na sociologia e na antropologia) que marca esse momento interpretativo. É uma contribuição para a dissolução da Subjetividade (autoconsciência) e *seu* mundo. Pois aquilo que torna o fardo de Dana incompreensível não é sua negridade mas a dívida impagável, o fato de que a existência dela requereu a existência de um outro que possuía a autoridade para decidir sobre sua vida e morte. A obrigação dela é manter vivo alguém que poderia matá-la e estuprá-la a qualquer momento. Saber dessa obrigação de fato altera a "autoconsciência" de Dana, sua "atitude natural" enquanto uma primeira pessoa que postula o mundo (pré-dado) como real. A resposta dela, contudo, não é incluir parênteses, fazer uma suspensão da realidade e contemplar aquilo que resiste ao gesto, isto é, o "puro eu" dela.[9] Essa opção não está disponível para Dana, pois logo cedo, em sua primeira viagem, ela se dá conta de que existir enquanto uma pessoa negra na Maryland do *antebellum* significa ter a sua integridade física sempre em risco. Responder à sua obrigação de manter Rufus vivo significou *retornar* fisicamente a um momento onde/quando o corpo da pessoa negra, o corpo cativo, não tem como reivindicar proteção. Juridicamente determinada enquanto propriedade (bem móvel [*chattel*]), a Escrava está sempre disponível para o deleite do Proprietário, como um objeto de prazer e punição. Aquele mundo — na verdade, ambos os mundos de Dana, seu presente e o passado de sua família — não é postulado, é legado, como assinalado pelo sobrenome de Alice, Greenwood Weylin, pela relíquia da família (a Bíblia dela) e por seu corpo negro. Aquele *mundo* tem um lugar para ela antes de ela adentrá-lo. De fato, o contexto colonial pós-iluminista não era um mas dois mundos, como Fanon descreve,[10] e os habitantes de cada um eram separados pela cor da pele, que atuava como uma marca do status jurídico: Escrava e Proprietário (propriedade e proprietário), Nativa e Colono (habitantes indígenas e conquistadores-colonos). Precisamente esse contexto refigurado na negridade é desaparecido no ponto cego, aquele encobrimento do corte do qual são derivados os modos vigentes de compreender a arquitetura política do presente global, mas também aquilo que indica de que modo neste momento ainda interpretativo a compreensão da subjugação racial tem sido reduzida à inferência simplista de que ela funciona como um estereótipo.

O mais perverso e duradouro aspecto da racialidade e seus operadores — isto é, suas ferramentas de compreensibilidade enquanto estratégias de engolfamento e de particularização —[11] é talvez, como Hortense J. Spillers destaca a respeito da etnicidade, o modo como são capazes de converter as consequências da violência total acumulada (passada e presente) em efeitos da diferença racial (atemporal). Como isso funciona? Um efeito da negridade enquanto uma categoria sociocientífica (uma ferramenta cuja força ou valor explicativo repousa na necessidade) é que ela fecha o circuito da significação, conforme discuto mais adiante neste capítulo. Isso explica as operações de violência total e simbólica contra uma pessoa negra enquanto um efeito das formas e funções orgânicas (internas e externas) do corpo dela. O que resulta de como o conhecimento racial mobiliza a formalidade e a eficabilidade na manufatura de suas estratégias de engolfamento e particularização. A etnicidade, como estratégia de engolfamento, conforme discutido no capítulo anterior "Nem mesmo pela lei daqui", desempenha tal papel nos enunciados que atribuem patologia às famílias chefiadas por mulheres e "famílias pretas" por haver correlação entre esse tipo de formação familiar e a composição do lar de pessoas negras, e a partir dessa correlação o conceito de etnicidade produzir a noção de "família negra". Se é colocada a questão sobre por que a maioria das pessoas negras vive em lares chefiados por mulheres, a resposta se referirá à ausência do pai e a enunciados sobre a sua masculinidade patológica, e incluirá *causas* como discriminação, exclusão e criminalização. Pois quando se pergunta por que homens negros são discriminados, excluídos e criminalizados, a resposta será "Porque eles são negros" — porque, no que diz respeito a emprego, salário e sistema legal, tomadores de decisão brancos mantêm crenças e atitudes impróprias sobre negridade e pessoas negras. A cor da pele (negridade) é o primeiro e o último descritor nessa sequência explicativa. Ao existir em condições sociais criadas pela institucionalização e pela proliferação de significados negativos atribuídos à negridade, explicam os sociólogos, as pessoas negras respondem com ideias e comportamento impróprios que resultam em situações patológicas, como o grande número de famílias negras chefiadas por mulheres. Isso é o mais longe que pode ir o pensamento interpretativo — o qual pressupõe que crenças impróprias geram práticas impróprias que geram ainda mais ideias e práticas impróprias. Não tão longe assim, pois o circuito se fecha logo, uma vez que a negridade é o gatilho tanto da questão quanto da explicação dada na resposta.

Como quebrar essa lógica? Uma opção é tratar desse circuito fechado (o efeito mítico, para retomar o descritor de Spillers) da etnicidade e de outras ferramentas da racialidade quando mobilizadas para dar conta da subjugação racial. Em vez de tomar o caminho interpretativo já batido e focar na significação, sigo a trilha figurativa indicada pela *corpo cativa ferida na cena da subjugação* e trato da composição (forma e conteúdo). Olhando de perto o *quê* (elementos) e o *como* (arranjo) de sua configuração — e sem perguntar *o porquê* (propósito) e por quais meios (a causa eficiente) ela é mobilizada —, procurando localizar *o que* (o próprio movimento que) torna possível a postulação de uma identidade entre *causa* e *efeito* e de mostrar como isso resulta da substituição do moral pelo jurídico-econômico. Lida de tal maneira, é quase impossível não enxergar as operações do arbítrio jurídico na subjugação racial, a qual tanto precede ou segue a autorização à violência total. Expor esse elemento jurídico interno e ainda assim ocluso, proponho, torna possível desnaturalizar a cena da subjugação racial — isto é, recuperar a diferença racial de sua condição de um resíduo ou *datum* e colocá-la no seu palco propriamente simbólico (científico). Um passo muito importante nessa preparação de terreno, que a *corpo cativa ferida na cena da subjugação* performa neste capítulo, é soltar a negridade (e outros significantes da diferença racial) das amarras da compreensão e torná-la disponível para a imaginação e para sua capacidade de contemplar a existência sem o movimento da determinabilidade, o qual é institutivo dos conjuntos jurídico e científico.

Minha segunda guia aqui é *Scenes of Subjection* [Cenas de sujeição], de Saidiya Hartman, no qual encontro, tanto no conteúdo quanto no modo de apresentação de sua análise, a *corpo cativa ferida na cena da subjugação* expondo os contornos Jurídicos do corte que inaugura o momento interpretativo da episteme pós-iluminista.[12] Rastreando repetições de terror nas cenas de prazer e punição (notando o quão indistinguíveis elas são), Hartman sugere um cenário frutífero para a reflexão — a cena da subjugação na qual é possível apreciar a im/possibilidade de empatia diante do "sofrimento materializado pela exposição do corpo torturado ou pelas recitações sem fim do sinistro e do terrível".[13] Esse momento, penso, indica os contornos éticos do ponto cego ontoepistemológico na intersecção das rotas ontológicas e antropológicas de Husserl (para resgatar o humano da ciência) e das linhas de interrogação ontológicas e sociológicas de Du Bois (do mundo racial). Além disso, a análise de Hartman das cenas de subjugação desdobrando-se sob a filosofia moral expositiva prevalente até o fim do século XIX mostra que as tentativas de capturar uma *interioridade* negra na(s encenações da) cena de violência total falham precisamente porque os próprios aspectos da cena que alcançam a Humanidade e Subjetividade — isto é, prazer, desejo e sentimento — são minuciosamente juridicamente pré-formadas.

Um espaço de outro modo impossível (sob o regime interpretativo) para a reflexão se torna disponível por meio de questões que registram como a intersubjetividade — o substrato ético da fenomenologia — não pertence à cena de violência total. Escreve Hartman:

> Pode a testemunha branca do espetáculo de sofrimento afirmar a materialidade da senciência negra somente ao sentir por si mesmo? Será que, além de exacerbar a ideia de que a senciência negra é inconcebível e inimaginável, na própria facilidade de possuir o corpo humilhado e escravizado, isso em última instância não elide uma compreensão e confirmação da dor da escrava? Para além da evidência do crime da escravidão, o que essa exposição do corpo em sofrimento do servo gera? Isso não reforça a qualidade "coisal" da cativa ao reduzir o corpo à evidência no próprio esforço para estabelecer a humanidade da escravizada?[14]

Cada uma dessas questões aceita a resposta de que o reconhecimento da Humanidade da Escrava requer uma substituição corporal, isto é, "que o corpo branco seja posicionado no lugar do corpo negro a fim de tornar esse sofrimento visível e inteligível".[15] Contudo, tal ocupação é tanto possível quanto exigida, porque a *corpo cativa ferida na cena da subjugação* — a qual, como o impasse de Dana lembra e a decisão de Dred Scott estabelece, o corpo negro sempre significa — figura uma forma jurídica que existe ao mesmo tempo como pessoa e propriedade: como pessoa, ela abriga sentimentos, vontade, desejo, já como propriedade ela hospeda a autoridade do proprietário (liberdade expressa como/no direito de mobilizar violência total).

O que leio na análise de Hartman é o enigma que a negridade aduz, que entra na própria constituição da arquitetura política pós-iluminista. Pois aquilo que é ensaiado na cena da subjugação é uma relação jurídica envolvendo dois existentes humanos na qual um possui uma autoridade de vida-ou-morte sobre a outra, derivada não das suas interações prévias enquanto pessoas mas de uma troca mercantil na qual uma comprou o título de propriedade da outra. Essa situação cria dois descritores distintos, cada um ligando a relação jurídica a um momento diferente do político — para a Escrava, fungibilidade (econômica), e para o Proprietário, dignidade (ética). Como elaboro posteriormente neste capítulo, isso coloca um desafio que nem a fenomenologia nem as versões interpretativas (históricas) do projeto sociocientífico (sociológico e antropológico, as quais foram montadas ao mesmo tempo) podem contemplar sem se fragmentarem em pedaços irreconhecíveis. Pois, se é deixado de lado o enquadramento moral utilitarista básico (e sua matiz romântica) que governou o discurso antiescravidão, o que sobra é a apresentação da Subjetividade e da Humanidade enquanto *interioridade*, da qual também compartilha a orientação filosófica interpretativa (científica, histórica e estruturalista) que a fenomenologia presenteou ao século xx. Consistentemente, os projetos sociológicos que ela inspirou re-presentam essa im/possibilidade de uma interioridade negra quando reescrevem a negridade enquanto um significante de instituições sociais (a "família negra" de Moynihan) ou sujeitos sociais (a juventude negra associal do economista Gunnar Myrdal) patológicos cuja existência expressa uma autoconsciência afetável, que por sua vez expressa condições sociais criadas por ideias racistas mantidas por pessoas brancas.¹⁶ Aqui a cor da pele (negridade) se refere a uma interioridade que é de cabo a rabo um receptáculo que detém e transporta a afetabilidade — as patologias sociais, tais quais a família negra de Moynihan —, a qual sociólogos das relações raciais argumentaram ser inerente a configurações sociais informadas pela diferença racial (e cultural).

Nem por meio da consciência natural de Husserl (a primeira pessoa) nem por sua pura consciência (na redução fenomenológica), a Subjetividade evoca imediatamente a figura jurídica da Escrava e a figura científica da sujeita social (de pele) negra. Em vez disso, ela registra de que modo o sujeito branco governa (pela forma legal do título) a condição jurídica da primeira e (por meio de uma *transparência* filosoficamente postulada e cientificamente ressignificada) a construção simbólica (científica) da segunda. Precisamente por essa razão, tanto os estudos sociológicos de Du Bois quanto a filosofia fenomenológica de Husserl também tomariam a diferença racial enquanto um *datum*:¹⁷ o primeiro ao tomar uma orientação histórica de seus estudos sociológicas sobre como a diferença racial configurou os Estados Unidos pós--Emancipação, e o segundo ao tomar como fato a premissa antropológica da correspondência entre traços físicos, lugares de origem e formas de consciências (e a historicidade peculiar de cada mundo da vida). Em suma, a historicidade, o horizonte ontológico da Subjetividade (a remodelagem do século XX do *Eu transparente*), que governa a episteme interpretativa, não se coaduna com a racialidade, como argumentei em outro lugar,¹⁸ por razões que irei elaborar mais adiante neste capítulo.

"Coisas que são iguais"

> Noções comuns:
> 1: As coisas iguais à mesma coisa são também iguais a si.
> 2: E, caso sejam adicionadas coisas iguais a coisas iguais, os todos são iguais.
> 3: E, caso sejam subtraídas iguais, as restantes são iguais.
> 4: E as coisas que se ajustam uma à outra são iguais entre si.
> 5: E o todo [é] maior do que a parte.
>
> <div align="right">Euclides, <i>Os elementos</i>[19]</div>

"Eu sou uma mulher marcada [...]. Se eu não estivesse aqui, eu teria sido inventada", Hortense Spillers escreve no início de "Bebê da mamãe, talvez do papai" ["Mama's Baby, Papa's Maybe"].[20] Qualquer movimento que torne compreensível o fardo de Dana deve incluir uma espécie de trabalho de demolição dessa declaração — a qual segue uma lista de estereótipos para mulheres negras e precede a discussão da mobilização da etnicidade de Moynihan em seu relatório. Esse trabalho, portanto, deve ir além de denunciar ou opor-se à objetificação. Um argumento que expõe desumanização ou uma crítica da objetificação ainda que importante, não é suficiente — pelo menos não um que consista em explicar por que isso é algo ruim. Por quê? Para começar, a mesma episteme interpretativa que abomina estereotipagem pelo roubo da interioridade e da temporalidade deixa intocados os efeitos, as ferramentas e as operações da razão científica que montou as ferramentas das categorias da racialidade em um momento determinativo. Mais importante, talvez a demanda por inclusão — ser visto como Humano e/ou tratado como Subjetividade — não perturbe a gramática que, conforme Spillers lembra, precisa dela, precisa da mulher negra e de todos os seus nomes comuns — os estereótipos (*Sapphire*) e a categoria racial (matriarca negra) — que a mantêm refém como símbolo, com a mesma intensidade com que o chicote manteve o Escravo como trabalhador. E esses nomes comuns que encobrem "os graves crimes contra a carne", como o chicote, não anulam/aniquilam o que a mulher negra pode significar ou querer naquele exato momento em que eles a detêm.

O que exatamente é o estereótipo e o trabalho político/simbólico da categoria racial? Como participam da subjugação no período pós-iluminista? Tanto metafórica quanto metonimicamente, estereótipos funcionam como quaisquer outras abstrações modernas (categorias e conceitos), isto é, ensaiam um modo de significação (de criação e mobilização de sentido e significados) cujos termos e movimentos substituem e antecipam tudo o que possa ser constitutivo ou relacionado à pessoa ou à coisa a que são aplicados. Sem dúvida, o efeito (determinante) de *fixação* do estereótipo e das ferramentas científicas modernas (categorias), em geral, deriva de como a necessidade e os descritores e pilares ontoepistemológicos por meio dos quais ela opera estabelecem esses compósitos, cujas partes desempenham (significam) independentemente do que o alvo faz ou diz. Ou, mais diretamente, a capacidade *objetificadora* dos estereótipos (separando, subsumindo e relacionando) deriva de como estabelecem uma relação entre o que capturam e seu efeito valorativo intrínseco.[21] No entanto, os estereótipos diferem, por exemplo, na valoração que visa à interioridade (o estereotipar fixa os traços mentais aos traços exteriores) e à exterioridade (o categorizar fixa traços exteriores [aparências] a traços interiores [essência]), e também em termos da relação com a verdade: estereótipos são descartados como um equívoco, e as ferramentas científicas modernas abrigam o peso do raciocínio lógico (categórico ou hipotético) que garante a significação determinativa.

Enquanto generalizações tomam a forma de *objetificação* — que é a forma da predicação de qualidade (afirmações sobre ser) da terceira pessoa (ela é) e até mesmo da segunda pessoa (você é) — como na estereotipação, a predicação científica é considerada a marca da *desumanização*. Não no sentido que se refere aos existentes humanos como comparáveis a qualquer outra coisa no mundo — embora seja esse o caso. Sob o regime epistêmico pós-iluminista, a mente humana (não a pessoa, isso é, o composto mente-corpo) conota e denota *especificidade*: esta importa enquanto *Homo historicus*, a coisa interior-temporal, a coisa com individualidade, ou o exemplar singular da máxima generalidade, o único existente com *dignidade*. Tratar uma pessoa com base em um suposto pertencimento a um "grupo" (estereotipagem) ou como um objeto de conhecimento (a papelada ética para estudos sociocientíficos nos lembra disso toda vez) é um ataque à sua *especificidade*, porque expressa descaso pela interioridade. Acima de tudo, no momento epistêmico interpretativo, porque este remove Subjetividade, o gesto rouba da pessoa as qualidades que dizem que o Humano é singular entre outras coisas existentes, ou seja, as qualidades de *liberdade* e *dignidade* que adquire em sua figuração ética como *Eu transparente* (autodeterminado porque autoconsciente). Se, no entanto, a Categoria da Negridade foi construída pela Ciência do Homem e reconstruída pela Sociologia das Relações Raciais para significar o que não está sob alcance dos conceitos éticos de liberdade e dignidade, então, antes de qualquer tentativa de ressignificação, um primeiro passo deve ser examinar a própria composição desse constructo simbólico, que carrega inegável eficabilidade ética.

Para fazer isso, ativo a *corpo cativa ferida na cena da subjugação* de onde ela re/de/compõe aquilo que torna o impasse de Dana incompreensível, a saber, a dialética racial, isto é, o círculo lógico que resolve a causa e o efeito da subjugação racial como diferença racial. Esta seção abrange o primeiro dos três momentos dessa apresentação re/de/composicional. Começando do fim, de certa maneira, primeiro desmonto o "ponto cego" que organiza internamente o momento interpretativo do regime epistêmico pós-iluminista a fim de expor como a *necessidade* sustenta tanto a figura em seu centro, a Subjetividade, quanto aqueles cujos primeiros nomes são incessantemente sobrescritos por *objetificação* (estereótipo ou codificação racial). Nas próximas duas seções, movimentos re/de/composicionais descrevem a *determinabilidade*, que é o movimento de significação sustentado pela *necessidade*, e preparam o terreno para sua travessia através de uma consideração de como ela estabelece as (de)limitações que mantêm o pensamento pós-iluminista.

"mil razões"

> O senhor de escravos tinha um interesse direto em desacreditar a personalidade daqueles que ele mantinha como propriedade. Todo homem que tivesse mil dólares investidos nisso tinha mil razões para pintar o negro como apto apenas

> à escravidão. [...] Os que detinham 200 milhões de dólares na forma de servos humanos [*human chattels*] buscaram os meios de influenciar a imprensa, o púlpito e os políticos e, por meio desses instrumentos, diminuíram nossas virtudes e amplificaram nossos vícios, tornando-nos odiosos aos olhos do mundo.
>
> Frederick Douglass, "A linha de cor"[22]

Por que houve tanta mudança na mobilização da violência total contra pessoas negras desde 1881 e ainda assim nada mudou? Apesar de seguir diferentes procedimentos, aquilo que guia o argumento de Frederick Douglass em "A linha de cor" não é tão diferente assim daquilo que move meu próprio interesse no desemaranhar da dialética racial — isto é, uma elucidação da capacidade da negridade de orquestrar o momento jurídico da arquitetura política pós-iluminista. Não é de surpreender que, assim como Douglass, também escolho confrontar o momento simbólico quando considero a negridade como o aspecto decisivo na subjugação.

Recusando-se a aceitar o argumento de que o "preconceito de raça" é universal, uma reação humana *natural* (instintiva) à diferença racial, Douglass mobiliza um argumento lógico contrário. Ele começa por desmontar analiticamente essa tese com base em sete pontos, com os quais (de acordo com ele) todas podemos concordar.[23] E ele chega à única conclusão possível: "Das profundezas da escravidão é que vieram esse preconceito e essa linha de cor".[24] A linha de cor não é o efeito de um atributo mental (moral e intelectual) *natural* (branco) e a diferença racial não é *expressiva* de atributos mentais (morais e intelectuais) de pessoas negras, ele argumenta. Por quê? Porque, uma vez que desapareçam as "condições indesejadas" que são "emparelhadas" com a cor (negra), "já nenhuma linha de cor será traçada".[25] O que ele oferece então é uma descrição de como a linha de cor faz da negridade uma condensação dos componentes jurídico e econômico da arquitetura política colonial.[26]

Quando a linha de cor foi articulada para figurar a segregação e as leis Jim Crow no fim do século XIX e no século XX, ela foi comumente construída como um emblema de inferioridade (de escravidão ou servidão) ou como a causa de um "sentimento de inferioridade".[27] De fato, ambos os significados se tornaram centrais para os argumentos em prol da igualdade racial e para as obras que pertenciam à versão interpretativa (histórica) das relações raciais. Evidentemente, quando a linha de cor é apresentada como um emblema ou causa de um sentimento, ela se encaixa perfeitamente na episteme interpretativa — e pode ser reconstruída em termos psicológicos, antropológicos ou literários. Nenhum desses conjuntos de formulações ou ferramentas disciplinares pode captar a descrição de Douglass, no entanto, pois ela indica o processo de *transformação* dos mesmos componentes, no qual a negridade parece proporcionar a qualquer um ou a qualquer instituição da era pós-Emancipação (que não seja nomeada/identificada/construída como negra) a *autoridade jurídica* (sobre a qual repousava a liberdade e a dignidade do Proprietário e de outros brancos) de mobilizar violência total. Ao fazer isso, a versão da linha de cor apresentada por Douglass talvez seja o primeiro anúncio do evento racial, isto é, a forma da cena da subjugação negra, aquela que a dialética racial obvia ao fazer da negridade (enquanto diferença racial) a causa e o efeito da subjugação racial.

A ativação da *corpo cativa ferida na cena da subjugação* permite rastrear aquilo que é operativo em toda repetição do evento racial, isto é, a própria forma política que ignora a história. Aquilo que acontece sem o tempo e independentemente do lugar é também sem historicidade (interioridade/temporalidade) e não demanda especulações sobre a Subjetividade, isto é, as bases preferidas da episteme interpretativa, atributos mentais, capacidades, sentimentos, crenças, significados e assim por diante. Sob a orientação da figura que hospeda a negridade enquanto o *presente contínuo* de uma *recusa comum* — para a qual tomo empréstimos de Hortense J. Spillers, Saidiya Hartman e Fred Moten —, eu desempenho três movimentos de re/de/composição. Primeiro, como já comecei a fazer, leio a *corpo cativa ferida na cena da subjugação* na versão de Douglass como desenrolando-se na demarcação da linha de cor, isto é, focando na expropriação *econômica* ("mil razões") e na relação *jurídica* ("propriedade"),[28] e no autointeresse do Proprietário, do qual derivam os argumentos sobre as deficiências mentais (morais e intelectuais) de pessoas negras. Em seguida, neste capítulo leio na análise de Hartman das cenas de violência física de que modo a pessoa cujo corpo cativo está sob tortura é ao mesmo tempo presumida e ainda assim não feita presente enquanto uma coisa *interior*. Pois, como propus antes, esse corpo, o corpo dela, na cena da subjugação, evoca tanto o direito (jurídico) do Proprietário de obter obediência através de violação ou humilhação quanto a habilidade ética do abolicionista branco — o espectador que abomina a cena — em reivindicar a interioridade dela (sentimentos, medos, desejos como disponíveis para si mesmo). Escondido entre essa *au-*

toridade jurídica e a *prerrogativa* ética está algo que poderia ser chamado de Subjetividade, a qual, justamente por ser inacessível, figura ao mesmo tempo excesso (a autoridade estendida do Proprietário para forçar prazer) e opacidade (ninguém poderia saber, isto é, captar o que se passava na mente da cativa quando seu corpo era acorrentado ou espancado ou estuprado ou apenas confinado ao patrimônio do Proprietário).

O que se torna possível quando a *corpo cativa ferida na cena da subjugação*, um raio de luz negra, ilumina o ponto cego que dá suporte à dialética racial?²⁹ Abrem-se muito mais vias para essa questão do que é possível rastrear neste texto, ou em qualquer elaboração textual dessa questão, por sinal. Rastreio três delas neste capítulo. Uma primeira via me leva a considerar como uma figuração jurídica da negridade, que recusa a demanda de se tornar uma coisa interior/temporal, confronta o *Eu transparente* e seu domínio da episteme interpretativa. Uma segunda via se aprofunda um pouco mais e reconsidera o *mundo* e seu *Eu transparente* tendo em vista o modo como a necessidade sustenta o trabalho simbólico da racialidade e sua própria versão do *Eu transparente* — e, assim como outras versões científicas, *o* preserva em *liberdade*. Por fim, uma terceira via de/compõe o *Eu transparente* e o *mundo* em direção à imagem de existência que emerge quando a carne dela, exposta através da pele negra lacerada, perturba o arranjo simbólico (ontoepistemológico) que governa aquilo que Hartman chama de a sobrevida da escravidão.

"a evidência"

> As pessoas de cor deste país [...] trazem em si a evidência que as marca para a perseguição.
>
> FREDERICK DOUGLASS, "A linha de cor"[30]

A construção "entre mim e o outro", de W. E. B. Du Bois, sinaliza uma "primeira pessoa" — uma posição de enunciação que, como propõe Nahum Chandler em *X: The Problem of the Negro as a Problem for Thought*, anuncia um discurso que perturba a própria base da lógica oposicional (hierárquica) e as reivindicações à identidade ou à pureza que ela sustenta, ou seja, a própria "lógica do ser". Seguindo a trajetória do discurso de Du Bois, atentando-se às implicações dele para seu próprio contexto político (os Estados Unidos pós-Reconstrução) e o que o precedeu (Escravidão), Chandler delineia o que chama de uma posição de enunciação africana americana (africanista ou diaspórica) que torna explícita a "questão sobre as formas de existência histórica e os fundamentos da identificação reflexiva" tanto para os africanos americanos quanto para os europeus-americanos.[31] Essa posição — que coloca a questão/o questionamento [*question(ing)*] de um enunciador (de um lado da relação figurada por "entre"), que ele apropriadamente chama de "uma exorbitância" — também requer uma reconsideração do *mundo* que, a meu ver, deve acompanhar qualquer re/de/composição do contexto de significação (o momento político/simbólico) no qual o tema moderno do ser faz sentido.[32]

Como? Como propor a questão do *mundo* sem presumir uma posição de enunciação que está no *mundo* mas não é igual a ele, não é dele? Mais diretamente, não é que cada vez que a palavra é dita — nesse sentido, como referente, aquilo a ser predicado — a posição de enunciação é imediatamente ocupada por algo como um sujeito? De Descartes a Kant e de Hegel a Husserl e Heidegger, aquilo que existe ou acontece (*res extensa*, natureza ou *mundo*) está implicado no delineamento do sujeito da razão (universal, transcendental). No entanto, algo mais acontece, como Chandler descreve de forma enfática, quando Du Bois qualifica *mundo* com o adjetivo *outro*: "entre mim e o outro mundo" sinaliza uma pré-posição, ou seja, não existe algo como *mundo*, mas *um mundo* que é predicado na presença do "outro" e de um suposto "Eu transparente", como dado pela posição de enunciação (pré-posta, ou seja, "mim" [*me*]). Logo, caso se admita a existência de dois mundos — do "mim" e do "outro" —, torna-se possível, ainda que não provável e nunca atual, algo semelhante a, mas não mais *um mundo* sem e além de ambos. Sem dúvida, como Chandler defende, a enunciação pré-posta/pré-posicionada ("mim") questiona qualquer simples emparelhamento oposicional que não questione imediatamente também a autossuficiência de ambos os termos/posições.[33] No entanto, penso que faz mais. Se o emparelhamento de "mim" e "o outro" desafia toda a base da metafísica ocidental, como Chandler argumenta corretamente, isso acontece porque torna ambos os mundos (do "mim" e do "outro") um mundo que a frase de Du Bois diz estar dividido — existem "mim", um espaço (entre) ocupado pela questão (sobre ser um problema) e "o outro mundo". Enquanto tal, quando confrontado com uma *primeira pessoa negra do singular*, o mundo é mapeado, perturbado e complexificado pelo que "o outro" (e seu mundo) entende que a negridade é/significa. Não obstante, a divisão também indica a existência de algo como um *mundo* que excede "mim" e "o outro", que não pode ser trazido ao discurso porque os mundos ("mim" e "outro") só existem por serem pré-posicionados, ou seja, com ele e fora dele/sem ele.

Esse mundo é um mundo futuro e um mundo passado; até mesmo um outro mundo, um mundo virtual, ou não é um mundo de forma nenhuma; é um mundo possível, talvez um entre muitos mundos possíveis e não prováveis — e, como tal, não é nada parecido com *um mundo*, porque não presume, não postula nem produz algo como um sujeito (seja transparente ou afetável). No entanto, por causa das necessidades do momento deste capítulo, porque este requer um contexto (confinante, estruturante), por enquanto vou chamá-lo de *um mundo*, um mundo no qual faz sentido a questão sobre um ser (humano) que é um problema — que, como sabemos, é outra maneira de referir-se à "linha de cor". Uma frase que, aprendemos com Frederick Douglass, evoca a corpo cativa ferida ou morta na cena da subjugação e, junto com ela, as condições jurídicas e econômicas sob as quais ela figura dominação e autointeresse. Por essa razão, a questão (sobre o ser de um ser que é um problema) e a resposta não fazem sentido na episteme interpretativa. Não é que a questão não possa ser respondida (daí a sinalização de uma exorbitância que, argumenta Chandler, "o discurso de Du Bois" exemplifica); é que ela não pode ser formulada se o questionador e o questionado existirem no mundo da consciência natural ou consciência pura de Husserl, ou do Dasein de Heidegger.

Permita-me elaborar sobre essa impossibilidade de propor a questão recordando dois enunciados que marcam a mudança ocorrida no início do século xx na episteme pós-iluminista do momento determinativo para o interpretativo, ou seja, o repúdio do projeto da Ciência do Homem para a confecção da antropologia cultural e a elaboração da fenomenologia. Cada uma delas, como sabemos, tomou um caminho diferente: em um, Franz Boas construiria uma abordagem científica da cultura; no outro, Edmund Husserl reivindicou a tarefa de elaborar propriamente uma filosofia científica. Para compreender o primeiro enunciado precisa-se atender simultaneamente a duas obras de Boas: o estudo de 1912 que desafiou as declarações dos cientistas do Homem sobre os tipos raciais ao mostrar mudanças físicas em crianças imigrantes de segunda geração nos Estados Unidos, e o livro *A mente do ser humano primitivo* (1911), que apresenta um método científico para o estudo dos fenômenos mentais (morais e intelectuais) focando no conteúdo mental, e não nas formas corporais. O que viria a ser conhecido como antropologia cultural, como argumentei em *Homo modernus*, reteve as categorias da diferença racial, as quais perderam o status de indicador científico das condições mentais, mas não o papel de marcadores *naturais* (*datum*) da diferença humana, resultante de intercruzamentos, em situação de isolamento, nos seus locais de origem. Não surpreende que o segundo enunciado, *Introdução geral à fenomenologia pura*, de Husserl, publicado um ano após o estudo de Boas em 1912, repete o mesmo gesto de repúdio — visando à psicologia — dos projetos da episteme determinativa do século xix, ao revelar as leis ou formas que explicam a condição humana. Enquanto ambas lidaram com os pressupostos e métodos aplicados nas tentativas do século anterior de determinar a mente humana (através de formas corporais ou processos de pensamento), tratando-a como qualquer outra coisa do mundo, nem a antropologia cultural nem a fenomenologia consideraram como essas tentativas — seus conceitos, categorias e formulações — se tornariam parte de como o mundo (em particular os seres humanos existentes nele) seria descrito.

Nenhum dos projetos segue o caminho crítico indicado por Douglass, aquele que recusa a *naturalização* da diferença racial (enquanto *datum*) ao desafiar a *determinação* científica do preconceito racial (um conteúdo mental) — como um traço natural das populações brancas (formas físicas). Se Husserl tivesse seguido o caminho de Douglass, sua figuração do Eu transparente (atitude natural, consciência pura ou mesmo consciência histórica [mundo da vida]) seria insustentável. Se tivesse levado em conta como a racialidade povoa o mundo com diferentes tipos de seres humanos, Husserl não teria postulado uma atitude natural, "a primeira pessoa do singular", aquela que, ao "ver, tocar, ouvir etc., e nos diferentes modos da percepção sensível, [tem] coisas físicas corpóreas numa ou noutra distribuição espacial [que] estão *simplesmente aí para mim, 'à mão',* no sentido literal ou figurado".[34] Com certeza, atentar para como o mundo — em particular enquanto compartilhado com outros humanos — havia sido mapeado pelo conhecimento determinativo não impossibilitaria o resgate do *Eu transparente* (refigurado como consciência pura) ao reposicioná-lo em um "a priori" kantiano.[35] Talvez esse tenha sido o movimento mais importante e necessário à medida que o *Homo historicus* começou a afirmar seu jugo sob a episteme interpretativa. Pois o gesto de Husserl, o qual resgata o *Eu transparente* da posição de ser como qualquer outra coisa no mundo descrita pelas ferramentas da razão científica, não abandonou o mundo sob o microscópio do conhecimento determinativo. Pois, para Husserl, a realidade — "a realidade da coisa física tomada isoladamente e a realidade do mundo inteiro" — é "apenas intencional, apenas um objeto da consciência".[36] Recomposto com a essência (o em-si que Kant disse não interessar ao conhecimento científico) na fenomenologia, o mundo é inteiramente o domínio do Eu transparente, e torna-se o *mundo circundante*, cuja eliminação não acarretaria a destruição do "ser da consciência".[37] Essa reafirmação da separabilidade — entre o humano e o mundo e entre outros existentes e eventos — delimita o que na episteme pós-iluminista se torna a base da singularidade humana. Com a diferença de que aqui, além da exterioridade (espacialidade), os existentes e acontecimentos não-Humanos adquirem também uma essência (uma interioridade formal) em virtude da qual estão imediatamente disponíveis à consciência fenomenológica (pura).

Isso definitivamente não capta as descrições de Du Bois e Douglass da existência, nas quais "a linha de cor" figura a posição política (jurídico-econômica) que a categoria de negridade apreende, isto é, aquela na qual tudo existe "entre" — onde a "atitude natural" diante do ou no *mundo* não é autodeterminação (agora renomeada intencionalidade), mas sim afetabilidade, pois nele todo e cada "eu" (preto e branco) emerge pré-posicionado. A partir daí, o que quer que seja (d)o *mundo* jamais pode ser excluído, porque a *primeira pessoa negra do singular* já é antecipada (não por estereótipos, os quais surgem eventualmente) como um referente da relação *jurídica* (título/propriedade) e apreendida por uma categoria *científica* que torna essa consciência (esse Eu) particular um efeito de formas corporais que posicionam uma enunciação que expõe o mundo como habitado por seres *modernos* sempre em uma dada arquitetura política (jurídica, simbólica, ética e econômica).[38]

No momento interpretativo do regime epistêmico pós--iluminista, projetos sociológicos e antropológicos povoam o *mundo* descrito a partir da posição da *primeira pessoa negra do singular*. Mantendo a orientação determinativa do século XIX, a qual eles substituíram mas não deslocaram, esses projetos de conhecimento abordam tal pessoa como um *ser* (social) duplamente determinado (afetado) — como um objeto (físico) de práticas e ideias discriminatórias e como um objeto (mental) cujo estudo revelaria de que modo a mente de pessoas brancas (conteúdo mental) constitui (por intencionalidade) o *mundo* social (moral). Embora as dimensões jurídica e econômica da subjugação racial tenham sido descritas e investigadas, como apontamos no capítulo anterior, elas são secundárias ao que é apresentado como origem da subjugação racial, a saber, a resposta (preconceito, crenças, ideologias, estereótipos) mental (moral e intelectual) negativa de pessoas brancas a traços físicos de pessoas negras (e outras pessoas não-brancas). A diferença racial, entretanto, é considerada um *datum* (indicador de diferença cultural [mental e moral]) ou um *residuum* — uma sobra do passado pré-moderno (moral) da Europa. De qualquer modo, no caso da *primeira pessoa negra*, a cor da pele, como registrou Douglass, está no início e no fim da explicação ou justificativa das decisões e ações que prejudicam ou beneficiam pessoas negras. Por essa razão, escolhi não seguir o caminho interpretativo e fornecer uma narrativa do ser negro sem objetificação, com o intento de humanizar e/ou delimitar uma Subjetividade negra. Em vez disso, ativo a *corpo cativa ferida na cena da subjugação*, a qual recompõe a episteme interpretativa ao confrontar como a cor da pele faz o trabalho que faz. Tal movimento me leva de volta ao programa kantiano, isto é, à intervenção filosófica que tem sustentado tanto o momento determinativo quanto o interpretativo da episteme pós-iluminista, a qual estabeleceu as condições para a construção da Ciência do Homem e do projeto da fenomenologia.

"objetos da experiência possível"

> Agora, a síntese do diverso na imaginação só é denominada transcendental se, independentemente das intuições, não diz respeito a nada, *a priori*, senão à ligação do diverso; e a unidade dessa síntese se denomina transcendental quando é representada como *a priori* necessária em relação à unidade originária da apercepção. E, como esta última constitui o fundamento da possibilidade de todos os conhecimentos, a unidade transcendental da síntese da imaginação é então a forma pura de todo conhecimento possível, através da qual, portanto, têm de ser representados *a priori* todos os objetos da experiência possível.
> IMMANUEL KANT, *Crítica da razão pura*[39]

Se o *provável* e o *possível* pertencem a registros diferentes — ou seja, usando a linguagem de Kant, ao Entendimento e à Imaginação, respectivamente —, o que é *real* (como oposto ao imaginado) e o que é *verdade* (como oposto daquilo que é um erro) não coincidem necessariamente. Alucinações, devaneios e sonhos podem incluir conteúdos que sejam verdadeiros — em termos de haver ou não evidência de que assim sejam —, mas não reais — se se define a *realidade* em termos da "existência atual [no espaçotempo]" de uma coisa. Embora em ambos os casos seja uma questão de julgamento — três diferentes enunciados, para ser precisa —, eles não são necessariamente do mesmo tipo. Ou melhor, na episteme pós-iluminista, eles não operam no mesmo nível. Pois se o que é ou não *provável*, ou a atribuição da verdade, refere-se à *validade* do enunciado, o enunciado de se algo é possível (como oposto de impossível) refere-se à *forma* do enunciado, e o enunciado da *realidade* refere-se à *coisa* sendo julgada.

O que torna o fardo de Dana concebível é precisamente aquilo que o faz *provável*: o fato, confirmado pela descoberta do sobrenome de Alice, de que um de seus antepassados era um Proprietário. Agora isso é dado pelo sobrenome como índice de uma relação jurídica — enquanto descendente de Escravas, Dana indica duas relações possíveis no *antebellum* norte-americano, a de título (relação de propriedade) e a de casamento (relação familiar). De modo similar, a negridade de Dana goza da mesma validade — basta lembrarmos que, independentemente de portar documentos que provem a sua condição de mulher negra liberta, como Dred Scott, ela ainda seria submetida à autoridade de qualquer pessoa branca, caso fosse pega sem a proteção de Rufus — como evidência de sua condição jurídica de propriedade. Além disso, esse status se estende para além da Escravidão, pois o evento racial é materializado nos muitos casos de tiros disparados por policiais contra pessoas negras e na omissão da acusação por parte de promotores; a dialética racial apoia o fracasso consistente dos tribunais em entregar vereditos de culpa em tais casos. A Categoria da Negridade passou a adquirir a mesma validade que sobrenomes e títulos têm no estabelecimento de uma relação jurídica por conta de sua construção enquanto categoria científica. O que precisa ser mais aprofundado é sua relação, já há séculos, com a forma como a cor de pele preta indexa a posição jurídica da Escrava.

Quase duas décadas após a abolição da escravidão, Frederick Douglass demonstra como as condições jurídicas e econômicas das pessoas negras mostram que a escravidão se estendeu até a década de 1880. Empregando um procedimento lógico para desenvolver seu argumento contra as explicações das Ciências do Homem sobre o preconceito racial enquanto um efeito das diferenças físicas,[40] Douglass desafia o modo como a diferença racial foi mobilizada como *causa* das condições nos Estados Unidos pós-Emancipação que mantinham na prática a população negra sob despossessão *econômica* — situação que diferia pouco daquela vivida sob o regime da escravidão. Não obstante, a mesma construção simbólica (científica) moderna da diferença racial desafiada por Douglass — "um atributo natural, instintivo e invencível da raça branca, que não pode ser erradicado; [acima ou além do qual] sequer a própria evolução pode nos colocar",[41] isto é, que explica o "preconceito de raça" entre brancos — é reposicionada pela sociologia das relações raciais e é um componente da dialética racial, sem abordar como esse enunciado determinativo foi herdado da própria Ciência do Homem que ela deplorava. Isso ocorre porque a necessidade é o fundamento que o argumento de Douglass, os achados das Ciências do Homem e ambas as versões da sociologia das relações raciais compartilham.⁴² Ainda retornarei a esse argumento. Dando um passo para trás — uma vez que já forneci um esboço das mudanças filosóficas que deram início à episteme interpretativa —, esboço a seguir o programa kantiano, aquele que sustenta a episteme determinativa e o qual forneceu tanto o ponto de partida para a versão de Hegel da cena da história como o esboço da fenomenologia de Husserl.

Talvez o domínio que o programa kantiano tem tido sobre o pensamento pós-iluminista resulte da forma como sua interiorização do conhecimento é uma concessão (um reconhecimento dos limites do pensamento racional) que funciona como uma vitória inquestionável. O programa em si é baseado no poder determinativo do Entendimento, nas condições formais de possibilidade para conhecer com certeza, e seu poder (o que é responsável por sua vitória) reside no postulado que vincula essa possibilidade a algo da ordem do especulativo, o qual é um princípio final ou proposital da Razão. Aqui estou me referindo àquilo que Kant, na *Crítica da faculdade de julgar*, chama de "lei da especificação da natureza", a qual é um "princípio *a priori*" que guia o poder de julgamento (tanto determinativo quanto reflexivo). Esse princípio, postula Kant, "admite em nome de uma *ordem [da natureza]* que seja cognoscível para o nosso entendimento na divisão que ela faz de suas leis universais quando quer subordinar a estas uma diversidade de leis particulares".⁴³ Como obtenção desse princípio, a linearidade pode ser apresentada em termos de *mathesis* e *taxonomia*: por um lado, as espécies podem ser dispostas ao longo de uma linha que representaria os gêneros, e apresentadas como gradações com ou sem hierarquia; por outro, elas podem ser dispostas em uma grade, com o gêneros designando a tábua e as espécies distribuídas nos compartimentos que a compõem.⁴⁴

Por ser um elemento subjetivo, o princípio de Kant poderia ser chamado de uma precondição para o conhecimento científico. Chamo-o de imagem da existência, a qual é pressuposta em ambos os momentos — determinativo e interpretativo — da episteme pós-iluminista.

Sobre esse princípio repousa o edifício conceitual kantiano, pois sem o princípio não se sustentariam nem a representação formal do sujeito cognoscente e seu objeto — a noção mesma de *objeto* que o apreende sob/em *relação* com outros — enquanto Natureza, nem a constituição de existentes e eventos enquanto sempre-já determinável, isto é, enquanto fenômeno. As consequências da articulação de Kant do transcendental são numerosas. No momento, porém, estou interessada antes de tudo em apontar como essa imagem da existência (a *ordem da natureza*) favorece a preservação da necessidade sob a reinscrição do enunciado inaugural cartesiano, que obtém a separabilidade fundamental (entre *res extensa* e *res cogitans*), agora em termos de separação entre um mundo natural (*dos objetos*) e o mundo moral (do *Eu Penso*). Já livre do silogismo — por exemplo, na recuperação de Galileu da matematização de Euclides do princípio de identidade em termos do princípio de igualdade — no programa kantiano, a necessidade é conduzida ao cerne do conhecimento, ou seja, para além de sua aplicação na mecânica. O primeiro e mais importante passo, na *Crítica da razão pura*, é precisamente a concessão, isto é, o abandono de qualquer pretensão de conhecer a essência (e com isso a causa final) de existentes e eventos — ambas captadas por Kant pelo termo a Coisa (*das Ding*) — expressa no postulado de que o conhecimento científico se preocupa com suas aparências, com o modo como elas afetam a mente, mediada pelas intuições formais (puras) do Espaço e Tempo. Essa concessão torna tudo no mundo acessível à mente racional porque esta já modifica as coisas em sua apresentação mesma — isto é, na medida em que são de interesse para o conhecimento, elas são objetos. Quando considerada em conexão com a lei de especificação da natureza que, por sua vez, repousa no princípio da finalidade da natureza, ambos mantidos subjetivamente, a formalização da sensação (o momento em que coisas afetam o sujeito do conhecimento) completa aquilo que podemos chamar de ocupação da existência com o *Eu penso*. Em suma, a interiorização das condições para a possibilidade de conhecer facilita a expansão da necessidade entre as descrições matemáticas abstratas dos eventos (movimentos) terrestres e celestiais também (e talvez só), porque mobiliza a própria linearidade que amparou a recuperação da matemática por Galileu contra o ortodoxia aristotélica, a qual é posta em operação nos descritores ontoepistemológicos (formalidade e eficabilidade) e nos pilares (separabilidade, determinabilidade e sequencialidade) que caracterizam o pensamento pós-iluminista.

Três movimentos que desdobram a resposta de Kant ao questionamento de Hume sobre a capacidade da mente de compreender o universal nos dão uma noção de como isso foi realizado. Primeiro, é o enunciado radical de que, embora o conhecimento científico exija a experiência, o conhecimento "independente de qualquer experiência" é possível — ou seja, o que Kant identifica como aquilo que garante a certeza de um julgamento, nomeadamente a necessidade e a universalidade estrita (ou absoluta). A significância da necessidade é apresentada de imediato: "Se em primeiro lugar, pois, uma proposição é pensada juntamente com sua necessidade, ela é um juízo [julgamento] a priori; se, além disso, ela não é deduzida de nenhuma proposição a não ser daquela que, por seu turno, valha ela mesma como proposição necessária, então ela é absolutamente a priori".[45] A universalidade estrita resulta de um julgamento obtido pela comparação (via indução) de algo que admite exceções com algo que não admite exceção. Tanto a necessidade quanto a universalidade estrita são peculiares à *formalidade* (o modo de apresentação dos objetos e argumentos próprio do raciocínio matemático) e à *eficabilidade* (como o fenômeno observado é descrito em termos de sua relação com a causa e o efeito).[46] Para além da observação, a eficabilidade também opera formalmente ao nível do Entendimento, porque, para Kant, a tarefa do conhecimento científico (sintético) é subsumir "o diverso dos fenômenos" já "ordenado em certas relações" (pelas intuições puras do tempo e espaço), ou seja, já enquanto forma.[47] A eficabilidade refere-se a esse movimento de subsunção que consiste na "terceira coisa necessária à cognição", isto é, enquanto "conceitos puros do entendimento" — categorias que correspondem às funções lógicas do julgamento (quantidade, qualidade, relação e modalidade). É por meio delas que "certas intuições são determinadas em relação à unidade sintética da sua consciência, tal como contida sob essas funções".[48] Ambos os descritores ontoepistemológicos que asseguram a *necessidade* regeriam a episteme pós-iluminista. Por um lado, a formalidade é articulada aqui enquanto pertencente às condições de possibilidade do conhecimento em geral em termos das intuições (através das quais um objeto é dado como fenômeno) e das concepções (as funções lógicas reguladoras sob as quais são subsumidas) através das quais o que existe e o que acontece, sob o conhecimento científico, torna-se Natureza. Por outro lado, e o mais importante, a eficabilidade torna-se um atributo da cognição desde o momento mesmo da apreensão (da Coisa enquanto fenômeno), isto é, como ela aparece no espaçotempo, via síntese produzida pela imaginação, até a unidade dada pelas leis ou categorias do Entendimento.

Sem dúvida esses são aspectos distintos do pensamento pós-iluminista; no entanto, eles operam totalmente sob a proposição mais geral de Kant, que obtém a linearidade na própria descrição do momento produtivo, que é contingente tanto na separabilidade, conforme já articulada no enunciado inaugural cartesiano, quanto no privilégio próprio de Kant dado à intuição pura do tempo em sua descrição do momento produtivo (determinativo) do conhecimento. Seguindo a *separabilidade*, pois ela fornece um aspecto da imagem da existência de Kant (uma ordem com diferentes níveis de abstração) que se coaduna com a ideia de que uma coisa afeta a outra (corpo e alma enquanto substâncias diferentes) e com a ideia de que o que causa um acontecimento é diferente do mesmo (a alma comanda o corpo), a *determinabilidade* é produzida pela visão de que a atividade do Entendimento (conhecimento científico), que é conhecimento sintético (produtivo), é subsumir impressões (reunidas pela intuição) linearmente (sucessivamente) — após elas serem sintetizadas pela Imaginação — sob funções lógicas ou categorias. "A própria experiência, portanto, i. e., o conhecimento empírico da mesma, só é possível porque nós subordinamos a sucessão dos fenômenos, portanto toda modificação, à lei da causalidade; mesmo eles, portanto, só são possíveis, como objetos da experiência, segundo essa mesma lei.."[49] Consiste nisso a possibilidade de *determinabilidade* — em outras palavras, a visão de que o conhecimento produtivo opera linearmente, tal como a causa em relação ao efeito. No programa kantiano, logo, a formalidade decorre da análise das condições para o conhecimento com "validade objetiva" — isto é, a eficabilidade, cujos critérios são a necessidade e a universalidade estrita dos enunciados, torna-se a descrição geral do processo de produção da cognição.[50] Esse também é o momento do conhecimento em que a mente lida com suas próprias criações, ou seja, as "impressões" recolhidas pela sensação que são já mediadas pelas "intuições" formais (a priori) do espaço e do tempo e as concepções (ou categorias ou regras) do Entendimento. Essas são as condições de possibilidade a priori para a experiência em geral, na medida em que são fenômenos, isto é, aquilo que é percebido no espaço e no tempo.[51] A eficabilidade integra a própria concepção das ferramentas e dos procedimentos kantianos, a saber, as categorias ou funções lógicas do entendimento. Kant os modela a partir dos diferentes tipos de juízo (qualidade, quantidade, relação e modalidade), indicando que o Entendimento desempenha uma tarefa *jurídica*, isto é, de determinação/decisão — ou a subsunção das impressões (recolhidas pela Intuição) e a síntese (operada pela Imaginação) às regras (categorias ou concepções) sob as quais o Entendimento as reúne em concepções.

Muito decorre de como a necessidade opera intraestruturalmente no pensamento moderno. Algo disso será discutido na próxima seção e no próximo capítulo. Antes de prosseguir, deixe-me mapear como o programa kantiano tece a necessidade na intraestrutura do pensamento moderno: (a) por meio da visão de que o conhecimento está preocupado com (e produz) a natureza (conforme a lei dos fenômenos no espaço e no tempo), a qual é sempre-já um efeito das categorias (as regras das leis do pensamento) que, por serem a priori, têm os atributos de necessidade estrita e universalidade absoluta, e, portanto, validade objetiva; (b) reduzindo o conhecer à determinação (julgamento, decisão e subsunção), isto é, enquanto tendo sua própria eficabilidade, na escrita do juízo está o ato de subsumir intuições e concepções sob as regras (categorias) do entendimento, isto é, de decidir como a necessidade opera (com força de lei) nas relações entre um sujeito e um predicado. Com isso, Kant, o último dos filósofos clássicos, disponibiliza à fase seguinte da episteme moderna, o regime pós-iluminista, um programa para o conhecimento que preserva a necessidade (matemática) enquanto base para o conhecimento, depende de como a *formalidade* se torna um atributo distintivo das ferramentas do conhecimento moderno e dos objetos produzidos por elas e presume a *eficabilidade* tanto como descritor do que acontece quanto como efeito do conhecimento em si, isto é, enquanto *determinabilidade*.

Necessitas

> Um garoto de cor é encontrado em sua cama amarrado, mutilado e sangrando, e, pondo-se imediatamente de lado toda experiência comum, presume-se que ele é o culpado, tendo perpetrado a injúria contra si mesmo. [...] e todo esforço é feito para embaralhar o pobre-diabo nas malhas dos testemunhos de especialistas (a evidência menos confiável). [...] Se um negro desarmado é alvejado e cai morto, um júri, sob a influência desse espírito, não hesitará em declarar o morto culpado e o assassino, inocente.
>
> FREDERICK DOUGLASS, "A linha da cor"[52]

Pensar com o impasse de Dana, ou seja, com a probabilidade que uma pessoa negra pudesse retornar a um ponto do passado para salvar a vida de um antepassado — a viagem no tempo tornando-se possível faria disso também algo real — permite-nos questionar acerca dos caminhos pelos quais as ferramentas da racialidade, como a Categoria da Negridade, operam quando empregadas na explicação ou justificação daquilo que acontece, aconteceu ou está para acontecer. De que modo um júri expressa fielmente o "espírito" que Douglass menciona acima, a "influência insidiosa", encontrada em todos os lugares pelo "homem de cor", que "deixou de ser o escravo de um indivíduo, mas se tornou, de certo modo, o escravo da sociedade".[53] A esse respeito, estou particularmente interessada em como a negridade (enquanto uma ferramenta determinativa pós-iluminista) executa esse trabalho — a autorização para mobilizar a violência total —, por exemplo, nas explicações ou justificações de casos de policiais que atiram em pessoas negras desarmadas. Em casos em que, mesmo quando a evidência não apresenta ameaça atual (espaçotemporalmente registrada), o argumento da autodefesa, a qual chamei de autopreservação, é consistentemente validado pela força da necessidade.[54]

Semelhante aos achados de Douglass em 1881, um padrão lógico é posto em operação virtualmente toda vez que a explicação ou justificação para mobilizar a violência total, de outro modo inaceitável, torna a pessoa morta a *causa* de seu próprio assassinato, seja porque ela parecia estar segurando uma arma (que na verdade era uma carteira, como no caso de Amadou Diallo) seja porque ela se moveu de modo visto como ameaçador (mesmo depois de baleado, como no caso de Michael Brown). Precisamos nos perguntar: de onde a negridade deriva uma conexão tão profunda com a verdade, tão forte a ponto de sustentar sozinha a validade de uma explicação/justificação (pelo policial ou pessoa não-negra) contra qualquer evidência contrária? Meu argumento aqui é que essa força reside no modo particular através do qual a dialética racial transubstancia o que é politicamente constituído (pela estrutura jurídico-econômica colonial da escravidão) em expressões de um déficit moral organicamente determinado (no caso do disparo policial) produzido pela visão da cor de pele preta (uma expressão do déficit moral e intelectual).[55]

Examinarei na próxima seção como a negridade opera esse deslocamento. Na medida em que esse movimento é ativado pela noção de universalidade — que, por figurar nelas, as formas jurídicas e científicas tanto tomam como premissa quanto pressupõem — é crucial voltarmos, ainda que brevemente, a uma consideração da *necessitas* em si. Aqui minha tarefa é descrever como a necessidade opera no pensamento, em particular quando as ferramentas da racialidade estão em jogo, sem retornar aos argumentos que desenvolvi a esse respeito quando descrevi as condições de produção da analítica da racialidade.[56] O que faço, em vez disso, é rastrear como a necessidade opera por dentro das ferramentas determinativas que entram na composição da dialética racial, que é produtiva do momento interpretativo (histórico) da analítica da racialidade. Indiretamente, rastreio sua operação através da intraestrutura que sustenta (desde dentro) a reformulação do *Eu transparente* como Subjetividade. Ou seja, rastreio a emergência do *mundo* enquanto tema que a acompanha, ou o regime ontoepistemológico no qual levar em conta algo como uma Subjetividade negra evoca tanto uma exorbitância (que perturba o sujeito do pensamento, conforme sugere Chandler) como uma ausência (que solta a existência das garras do *mundo*, conforme afirmo).

"necessidade impessoal"

> Quando uma proposição científica é julgada verdadeira, ela assume uma validade retroativa. Ela deixa de fazer parte do fluxo interminável de sonhos esquecidos, projetos descartados, procedimentos fracassados e conclusões errôneas — coisas pelas quais, em suma, alguém deve assumir a responsabilidade. A eliminação do falso pela verdade — isto é, o verificado — parece, uma vez realizada, ser um efeito quase mecânico do inelutável, da necessidade impessoal. Importar tais normas do julgamento para o domínio histórico é, consequentemente, uma fonte inevitável de mal-entendidos. O efeito retroativo da verdade influencia até mesmo a avaliação das respectivas contribuições de vários pesquisadores acerca de uma descoberta científica (uma apreciação que só um especialista competente pode efetuar), porque a tendência é que se veja a história do sujeito sob a luz da verdade do dia de hoje, que facilmente se confunde com a verdade eterna.
>
> GEORGES CANGUILHEM, "The Various Models"[57]

Historicizar a verdade a fim de torná-la contingente a "conteúdos" (culturais) que escapam ao seu pressuposto: seria esse o movimento correto caso seguíssemos com o argumento de Canguilhem, com os postulados de Foucault e os de outros filósofos interpretativos. Isso, porém, não seria o movimento mais generativo, caso se esteja interessado em como, sob a historicidade dominante, nada demais ocorreu com os "procedimentos fracassados e conclusões errôneas" da(s verdades produzidas pela) Ciência do Homem. Por que a racialidade falha de modo tão eficaz em cumprir o destino de outros conceitos do século XIX? Como o atestado de rejeição desses procedimentos não dissipa suas "conclusões errôneas"?[58] Como aquilo que Douglass viu em 1881 prevalece ainda em 1991 (espancamento de Rodney King) e em 1999 (tiros no Amadou Diallo) — assim como em 2014 (tiros no Michael Brown) e 2020 (tiros na Breonna Taylor e linchamento do George Floyd)? Como é que, quando uma pessoa negra desarmada é baleada, sempre se encontra uma maneira de culpá-la por isso? Como a maioria (das pessoas não-negras) acha aceitável considerar tais assassinatos um atestado de culpa, motivado pelo risco de morte do policial? Em todos esses casos, a decisão de atirar, de não indiciar, ou ainda de absolver, todas essas decisões são baseadas em uma decisão de quais relatos transmitem a "realidade objetiva" do caso, ou seja, são uma tentativa de "separar o fato da ficção".[59] Aqui opera aquilo que chamo de dialética racial, uma lógica viciada e circular que torna a negridade a *causa* e o *efeito* da subjugação, isto é, a pessoa negra é tida como única responsável pela violência (total ou simbólica) praticada contra ela. Em todas essas instâncias de mobilização da violência total, encontro a Negridade, a categoria, como a abstração moderna que resolve cada um desses eventos como se fosse uma instanciação da lei divina (natural) de autopreservação, aquele aspecto do momento jurídico moderno que sinaliza *necessidade*.[60] A forma como a necessidade opera pela Categoria da Negridade pode ser percebida quando se atenta à forma como a necessidade e seus descritores e pilares ontoepistemológicos entram na composição da explicação predominante para a subjugação racial, ou seja, a dialética racial.

Impregnada toda de necessidade, a diferença racial, a ferramenta da racialidade produzida nos séculos XIX e XX, opera no núcleo da narrativa sobre a subjugação racial concebida na episteme interpretativa do século xx. Por quê? Porque, apesar de composta segundo regras e procedimentos que prevalecem na investigação científica do momento determinativo, ela não recebeu a atenção negativa que se esperaria após a fenomenologia ter repudiado esse momento. Não por ter sido ignorada, mas porque as diferenças racial e cultural foram reconfiguradas no momento interpretativo enquanto *matéria-prima* — isto é, enquanto um *datum* (traço natural que atrai representações impróprias) e/ou um *residuum* (de arranjos sociais historicamente superados que atraem representações e comportamentos não-modernos). Assim, prosseguindo sem um tratamento crítico, a diferença racial continuaria a operar no *mundo* da Subjetividade — não importe (ou talvez por conta de) quantas vezes tenhamos gritado que se trata de uma construção social. Precisamente, seu reaproveitamento enquanto construção sociológica — como pela "família Negra" de Moynihan — produz uma cadeia de eficabilidade (causalidade eficiente) que, embora constitutiva do "outro mundo", o qual Du Bois menciona, só parece envolver a *realidade* de pessoas negras.

A fim de deter tal circuito, esse exercício de re/de/composição rastreia a eficabilidade nos arranjos de enunciados determinantes para expor a *necessidade* operando através deles. Após a recuperação e o reaproveitamento desses componentes através da ativação da *corpo cativa ferida na cena da subjugação*, torna-se possível re/compor a arquitetura política do presente global registrando como a negridade, enquanto construção científica, só funciona no nível simbólico por ser inseparável do ético, jurídico e econômico. A cada prova da *cena da natureza*,[61] a cada afirmação de que a negridade sinaliza uma situação de risco de morte e resposta de violência total, registra-se uma ocorrência daquilo que Douglass escreveu há décadas, e que se repete a cada vez que Dana retorna à fazenda dos Weylin. Cada uma dessas instâncias do *evento racial*, daquilo que acontece sem o/fora do tempo, expõe como a historicidade — o horizonte ontológico da episteme interpretativa — proporciona uma visão limitada da arquitetura política global nesse início de século XXI.

"de uma natureza ideológica"

> Você sabe, a existência na França de uma forte corrente contra muçulmanos é o resultado de muitos fatores. O primeiro é o colonialismo. Em um passado não muito distante, nós tivemos a Guerra da Argélia, uma guerra colonial contra o povo argelino. Então, a primeira causa do racismo contra árabes e muçulmanos é de natureza ideológica. É um racismo que pode ser rastreado desde o colonialismo, esse sentimento de superioridade do mundo ocidental.
>
> ALAIN BADIOU[62]

Quando li pela primeira vez esses comentários de Alain Badiou em uma entrevista de 2015, fiquei surpresa. Não tanto pela forma como o filósofo do evento usou a eficabilidade de modo tão natural, mas pela forma como o filósofo de esquerda contemporâneo que postula que "matemática é ontologia" não pôde deixar de pensar interpretativamente sobre as questões Coloniais e Raciais.[63] Nada além de uma versão histórica (interpretativa) da sociologia das relações raciais, ao que parece, orienta sua atribuição do racismo a um colonialismo persistente[64] — e sua definição de racismo como um *residuum* ideológico hierárquico ("sentimento de superioridade do mundo ocidental") do que já deveria ser uma mentalidade não-moderna ultrapassada, mas que o republicanismo acabará por dissipar. Badiou não é o primeiro nem o último filósofo francês a considerar a diferença racial e cultural como *datum natural*, *residuum histórico* ou ambos. Coerentemente, seu reenquadramento do *Eu transparente* como uma figura do *evento* parece visar a algo semelhante ao que Husserl buscava com sua introdução geral à fenomenologia. E assim como Husserl mirava a psicologia científica em seu desafio à episteme determinativa, Badiou identificou duas construções sociocientíficas — diferença cultural e identidade cultural — como produtos da episteme interpretativa por meio dos quais desencadear um ataque formalista.[65]

O modo como a *formalidade* justifica o reenquadramento do *Eu transparente* por Badiou sem despojá-lo de sua historicidade nos lembra, como a leitora já deve ter notado, que a filosofia moderna tem poucos truques na cartola e por isso precisa trocar as coisas de lugar de vez em quando. Após um século de movimentos interpretativos e rejeições firmes de procedimentos e instrumentos determinativos, faz sentido que um retorno ao tema do Sujeito reescreva mais uma vez sua relação com o *mundo* de uma forma que mantenha a autodeterminação *dele* intacta (como liberdade e transparência). Sem surpresas, isso tem sido acompanhado por reescritas do *objeto* (e das coisas) que lhes estendem algo que se lê como autodeterminação (hegeliana).[66] Sem atribuir causalidade, é possível ver como a *formalidade* foi lembrada em outros afastamentos interpretativos da fenomenologia — principalmente na última metade do século xx — como, por exemplo, as de Michel Foucault ou Jacques Derrida, que forneceram instrumentos para a análise crítica da subjugação racial e de outras modalidades de subjugação social. A noção de formação discursiva de Foucault e a desconstrução de Derrida tanto descentralizam quanto refiguram a interioridade/temporalidade, os descritores ontológicos da versão interpretativa do *Eu transparente* e sua relação com a significação (formal), de tal forma que a Subjetividade se torna um efeito deste último (do discurso ou do texto).

Embora esse gesto seja precisamente o que torna seus aparatos críticos relevantes para a crítica racial, porque eles permanecem nos confins da narrativa histórica (interpretativa) sobre a subjugação racial, Foucault e Derrida oferecem muito pouco a uma abordagem anticolonial e feminista negra radical. Até onde sei, os únicos comentários de Derrida sobre a subjugação racial aparecem no breve texto "Le Dernier Mot du racisme" [A última palavra do racismo], escrito em 1983 para uma exposição contra o apartheid. No início do texto, ele afirma que o racismo é textual — "não há racismo sem uma linguagem" —[67] e passa alguns parágrafos descrevendo o movimento de significação do racismo. A maior parte do texto (e de seu argumento), no entanto, afasta-se da tarefa que Derrida atribuiu à desconstrução. Em vez disso, de modo semelhante ao que fez Badiou, o gesto de Derrida expõe como o racismo desempenha a tarefa de uma ferramenta ideológica adequada — na medida em que ele observa como o "'discurso' sobre o conceito de raça" coexiste e inflexiona estruturas liberais, injetando segregação e discriminação onde não deveriam ter lugar.[68] De forma similar, Foucault engaja o

Racial fora de sua própria estrutura interpretativa. Ele não aborda o conceito sociológico ou político de raça em termos de subjugação ou sujeição — que é como ele descreve os efeitos produtivos do poder/conhecimento. Em vez disso, traça a emergência e a trajetória do que chama de "o discurso sobre raça" (ou "guerra racial" ou "luta racial") da Idade Média. Designando-o como um "discurso histórico-político", uma contra-história que retrata a sociedade em uma "estrutura binária", mas não hierárquica, ele argumenta que esse discurso constitui uma contra-história do Império (romano e católico) e que, como tal, vai na contramão da filosofia moderna europeia e da teoria da soberania, quer dizer, da "teoria jurídico-filosófica" do poder.[69]

Deixe-me ficar mais tempo com Foucault, porque sua reescrita do conceito de raça ("de volta" ao "discurso das raças" pré-iluminista) tem implicações mais amplas e profundas do que a desculpa liberal de Derrida e a rejeição republicana de Badiou. O que observo na abordagem de Foucault é um desvio resultante do duplo movimento de seu engajamento com "o discurso sobre a raça". Por um lado, ele se recusa a considerar o conhecimento racial em sua análise da episteme moderna. Em contrapartida, aqui ele localiza o que chama de transcrição biológica, a "teoria das raças no sentido histórico-biológico do termo" — "que copia seu discurso, com todos os seus elementos, seus conceitos, seu vocabulário, de uma anatomofisiologia materialista".[70] Nessa transcrição, que explica a emergência do "racismo de Estado", encontro algo próximo a uma noção de ideologia: ele descreve um "racismo biológico-social" como "a ideia — que é absolutamente nova e que vai fazer o discurso funcionar de modo muito diferente — de que a outra raça, no fundo, não é aquela que veio de outro lugar, não é aquela que, por uns tempos, triunfou e dominou, mas é aquela que, de forma permanente e contínua, se infiltra no corpo social, ou melhor, se recria permanentemente no tecido social e a partir dele".[71] Por outro lado, ele identifica uma dissociação, como o tema da luta no início do século XIX "que [tende] a apagar todos os vestígios do conflito de raça para definir-se como uma luta de classe", acrescentando "que [corresponde] a uma retomada da análise dessas lutas na forma da dialética e a uma retomada do tema dos enfrentamentos das raças na teoria do evolucionismo e da luta pela vida".[72] Uma mudança importante aqui, argumenta, é a do papel do Estado, o qual, em vez de ser ativado na guerra de uma raça contra a outra, torna-se "o protetor da integridade, da superioridade e da pureza da raça. A ideia da pureza da raça, com tudo o que comporta a um só tempo de monístico, de estatal e de biológico, será aquela que vai substituir a ideia da luta das raças". Também ocorre em sua análise uma inversão que resulta da cisão entre raça e luta, na qual a luta é ligada à categoria de classe e a raça — como o "discurso da raça" e não das "raças" — é apropriada pela soberania na forma de racismo de Estado.[73] Certamente, ambas fazem todo o sentido. Entretanto, "o discurso da raça", além dos elementos biopolíticos do "racismo de Estado" — "um racismo interno, o da purificação permanente, que será uma das dimensões fundamentais da normalização social" —[74] também manteve um aspecto ético-jurídico que lembra o poder disciplinar.

Meu ponto é: o conhecimento racial tem produzido sujeitos sociais (morais) que se apresentam de modo diferente diante dos descritores éticos (liberdade, dignidade e igualdade) da arquitetura capitalista democrática liberal pós-iluminista. Se tivesse atendido ao conhecimento racial, Foucault poderia ter acompanhado como o desvio que ele identificou no início do século XIX foi, no século XX, retraído pelos sociólogos das relações raciais, que basearam suas descrições de subjugação racial no modelo de "luta de classes" e, ao fazê-lo, produziram uma versão da dialética que, ao contrário da de Hegel e de Marx, não reproduz o movimento linear (horizontal) do tempo histórico, mas que, em vez disso, como mostra Spillers, lembra a circularidade atribuída ao "tempo mítico". Entretanto, por ser um pensador interpretativo, Foucault limita sua abordagem do "discurso da raça" ao rastreamento de um instrumento "ideológico-mítico" do Estado (em seu proclamado papel de protetor da pureza racial) e não atenta como, na arquitetura política do século XX, a racialidade trabalha na quina ético-jurídica onde o tema principal não é a *pureza*, mas a *autoridade*.

"pessoas distinguidas por marcas de descendência racial"

> Relações raciais, como o termo é definido no uso e no costume [*wont*] nos Estados Unidos, são as relações existentes entre os povos distinguidos por marcas de descendência racial, particularmente quando essas diferenças raciais adentram a consciência de indivíduos e grupos assim distinguidos e ao fazê-lo determinam, em cada caso, a concepção que o indivíduo tem de si mesmo, assim como seu status na comunidade. [...] A consciência racial, portanto, deve ser considerada como um fenômeno, como a consciência de classe ou de casta, que impõe

> distâncias sociais. As relações raciais, nesse sentido, não são tanto as relações que existem entre indivíduos de raças diferentes, mas sim entre indivíduos conscientes dessas diferenças.
> ROBERT E. PARK, "The Nature of Race Relations"[75]

> Por relações raciais não queremos dizer todo contato social entre pessoas de "raças" diferentes, mas apenas aqueles contatos cujas características sociais são determinadas por uma consciência das diferenças "raciais".
> OLIVER C. COX, *Caste, Class, and Race*[76]

Talvez a posição de Michel Foucault como um pensador interpretativo o tenha levado a propor que a versão moderna do "discurso da raça" ganha sua significância política ao reconfigurar a versão biológica (determinativa) do conhecimento racial sob a forma do racismo de Estado, ou talvez tenha sido sua falta de interesse na forma como o conhecimento sociocientífico no século XX produziu uma versão interpretativa da versão biológica anterior. Quaisquer que sejam as razões ou condições que levaram a essa escolha, sua tese das "transcrições" do "discurso da raça" medieval deixa passar o importante fator de que, no momento interpretativo, a diferença racial torna-se um descritor de um tipo particular de relação que tanto privilegia o *subjetivo* quanto lhe atribui um papel que viola os princípios tidos como constituintes das configurações sociais (morais) modernas.[77] As versões históricas (interpretativas) diferem de muitas maneiras — as quais não retomarei aqui. O mais significativo é o foco nas dimensões *subjetivas* (como preconceito, crenças ou ideologia) e, como Robert E. Park e Oliver C. Cox indicam nas citações acima, o foco em como um fenômeno *natural* (diferença racial) explica o fenômeno (consciência racial) *social* (moral), que por sua vez explica como as pessoas estão situadas em uma dada configuração política (jurídica, econômica, simbólica, ética).[78] Não surpreende então que, enquanto o conceito de etnicidade, uma ferramenta interpretativa, corresponde quase que totalmente à noção de consciência racial, um documento da Unesco — que declarou de uma vez por todas a rejeição do mundo pós-guerra ao que Foucault chama de racismo de Estado — tenha exigido que a etnicidade substituísse a noção de raça.[79] Por quê? A vantagem ética da etnicidade deriva de como ela não parece ter o efeito *objetificante* (*des-humanizante*) que a noção de raça tem quando abordada como *datum* (fenômeno) e como *conceptum* (um significante científico). Embora a etnicidade não tenha tal efeito quando empregada nos estudos de descendentes de migrantes brancos/europeus — caso em que faz o tipo de objetivação atribuída ao conhecimento sociocientífico em geral —, quando adotada nos estudos de pessoas negras (ou outras não-europeias), como descreve Spillers, a etnicidade institui um circuito fechado, um círculo lógico. Isso ocorre justamente porque, embora seja um conceito desenhado para capturar o funcionamento da diferença histórica (cultural), ele não dissipa os efeitos de significação do conceito científico (antropológico e sociológico) do Racial (tanto pelo quanto ele compartilha com o conceito como porque não foi desenhado para fazer esse tipo de trabalho crítico).

Isso, argumento, resulta de como a diferença racial, a ferramenta determinativa, permanece operativa nas versões históricas (interpretativas) da sociologia das relações raciais e, mais importante, é a própria base para explicar a subjugação racial que as versões históricas confeccionaram. Como observei anteriormente, a dialética racial consiste em um circuito fechado, que resulta na maneira particular pela qual a construção da consciência racial como fenômeno combina o *natural* e o *moral* na investigação das condições sociais (*morais*). Mais precisamente, no momento interpretativo, a predicação da Ciência do Homem de que corpo negro (*natural*) = mente negra (*moral*), ou seja, de que certos atributos físicos correspondem a atributos mentais (morais e intelectuais), adquire significância interpretativa como aquilo que gera ideias inaceitáveis. O que a dialética racial performa é a narrativa sobre a subjugação racial montada pela sociologia das relações raciais no século xx, na qual a diferença racial entra como *datum natural* e/ou *residuum histórico*.

O modo como a dialética racial opera se torna evidente uma vez que se atenda ao modo como a significação sociocientífica modela o programa kantiano, em particular como ela mobilizou descritores e pilares ontoepistemológicos. Embora se trate de uma estrutura interpretativa, os descritores epistemológicos modernos fornecem os efeitos necessários para garantir uma reivindicação de significação científica (social). Porque a diferença racial entra no projeto sociológico como um referente de um tipo particular de relação social, ela funciona como um *datum* que fornece a base para a formalização de uma *eficabilidade* que é dada empírica e analiticamente. Isto é, o que está implícito na noção de relação social é uma correlação entre *ideias* (subjetivas) e *ações* (objetivas), e entre essas *ações* e a estrutura (objetiva) *social* (jurídica, econômica etc.). Assim, a necessidade opera aqui através da formalidade e da eficabilidade na própria definição do objeto de estudo, a saber, a causa (eficabilidade) para certas circunstâncias econômicas e jurídicas (relações raciais) e o fenômeno mental (*consciência racial*) que expressa e atualiza. O que distingue esse tipo de relações sociais, assume-se, é que se trata de um problema social que resulta de como a diferença racial gera *ideias* inaceitáveis (preconceito, crença ou ideologia) e *ações* — individuais ou coletivas ou institucionais — (discriminação, segregação, hierarquização) que expressam princípios pré-modernos.

Quebrar o círculo criado por tal explicação da subjugação racial requer três passos: o primeiro, preparatório, permanece no texto da sociologia das relações raciais e rastreia a delimitação de seu campo; o segundo, exploratório, rastreia as operações das ferramentas determinativas da racialidade (as noções de diferença racial e cultural e as categorias que elas produzem) na versão interpretativa do conhecimento racial montada no século xx; e, por fim, o terceiro, especulativo, ativa a *corpo cativa ferida na cena da subjugação*, na qual ela conturba a suposta transparência do sujeito propriamente social (*moral*) ao expor a cena violenta que permite que ele surja como tal.

Deixe-me começar mapeando o enunciado que apresenta a consciência racial — a consciência da diferença racial — como um problema. Voltando às definições de relações raciais de Park e Cox, indicadas pelas epígrafes desta seção, vou me concentrar na distinção implícita entre relações sociais *não-problemáticas* e *problemáticas*. O que faço primeiro é decompor o enunciado de que, na ausência de *consciência* da diferença racial, as relações sociais se desdobram *de forma não-problemática* isto é, ideias universalistas (liberdade, igualdade) informam ações (livres e igualitárias) que constituem uma sociedade livre e igualitária, e que a presença de pessoas racialmente diferentes — no caso dos Estados Unidos, pessoas negras, asiáticas, latinas ou indígenas — causam ideias, ações e sociedades particularistas (discriminatórias). Quando apresentados separadamente, esses argumentos se assemelham a isto:

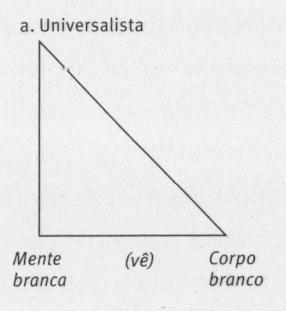

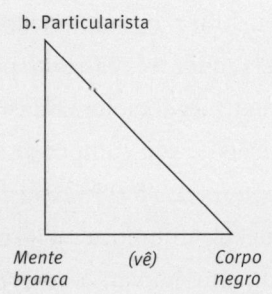

a. Universalista

Mente branca   (vê)   Corpo branco

b. Particularista

Mente branca   (vê)   Corpo negro

Essas figuras captam o seguinte: (a) uma pessoa branca (presumivelmente já portando ideias universais) vê uma pessoa branca e suas ideias permanecem universalistas; e (b) uma pessoa branca (presumivelmente já abrigando ideias universais) vê uma pessoa negra e suas ideias universalistas são imediatamente substituídas por ideias particularistas (que podiam ou não estar presentes de antemão; o importante é que sejam ativadas pela visão de uma pessoa negra). Outra maneira de descrever essas figuras — o que fica explícito nas definições de Park e Cox — é que a "atitude natural" da pessoa branca muda diante da visão da negridade, dando origem ao que a versão inicial da sociologia das relações raciais chamava de "atitudes raciais". Qualquer que seja a relação entre esse conceito sociológico e o de Husserl, não há dúvida de que a descrição da existência (como *mundo*) da fenomenologia — tal como a da sociologia — não leva em conta que o conhecimento determinativo povoou *o mundo* com uma variedade de fenômenos Humanos determinados (classificados) de acordo com os traços físicos (orgânicos e fenotípicos) e os atributos mentais (morais e intelectuais) supostamente expressos por eles.

Meu ponto é que a versão interpretativa das relações raciais — que continua sendo a versão básica em abordagens posteriores da subjugação racial (como a sócio-histórica) — presume fenomenologicamente (o que pode ser rastreado até as versões de Kant, Hegel e as do século XX) que o *Eu transparente* (como Subjetividade) produz (tal qual representa) o *mundo* (o mundo imediato da interação, mas NÃO o mundo representado da investigação e da especulação!). Daí surge uma dialética racial na qual, como Spillers encontra na Categoria da Família Negra de Moynihan, a negridade (melhor dizendo, os *significados* que lhe são atribuídos pelos brancos) explica a subjugação social de pessoas negras. Em suma, na mobilização das ferramentas da racialidade no estudo das condições sociais das pessoas e populações negras, um circuito fechado (a dialética racial) é alcançado porque sempre a negridade já substitui a pessoa branca.

Ou então a negridade provoca ideias particularistas (inadequadas) na mente da pessoa branca (preconceito, crença, ideologia), o que leva a ações (discriminação e violência) que produzem as condições sociais inadequadas nas quais as pessoas negras existem.

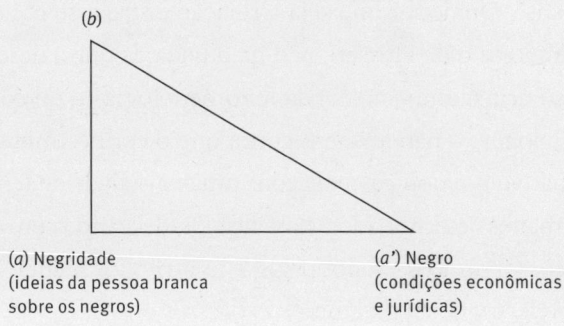

c. Particularista
(preconceito racial, crenças e ideologia da pessoa branca)
(b)

(a) Negridade
(ideias da pessoa branca
sobre os negros)

(a') Negro
(condições econômicas
e jurídicas)

Essas figuras traduzem como — tanto em construções anteriores quanto em construções mais recentes como "família negra" e "criminalidade negra" — as representações sociais (morais) se tornam a explicação para as condições (jurídicas e econômicas) das pessoas negras. Essa mobilização da *eficabilidade* implica que a etnicidade funcione "mitologicamente", conforme alega Spillers sobre o relatório de Moynihan — ao retirar a família negra do tempo linear (a forma de historicidade), ele "incorpora nada mais do que um modo de tempo memorial".[80] Quando achatada, isto é, quando a eficabilidade é imageada linearmente (a → b → a' ou *a* causa *b* que causa *a'*), é mais fácil perceber como a necessidade sustenta a significação racial (sociocientífica): a negridade (ideias particularistas de brancos que ela causa) → condições sociais impróprias (despossessão econômica) → negridade (conteúdos mentais impróprios, a consciência patológica de Myrdal, a consciência associal de gueto e o "emaranhado de patologias" de Moynihan). Entretanto, como a explicação retorna a negritude como causa, trata-se de uma dialética

($a \times b$) sem deslocamento linear (afirmação-negação-negação da negação), ou seja, é um círculo vicioso: (a) a diferença racial explica a subjugação negra (*dominação jurídica e despossessão econômica*) como um efeito das (b) representações impróprias da negridade e das práticas particularistas (déficit moral) a elas relacionadas, que resultam na (a') manutenção ou piora das condições sociais (déficit moral) negras (subjetivas) que levam a mais déficit (jurídico-econômico).

Não surpreende, apesar da gigantesca biblioteca de estudos sobre como a racialidade configura o contexto global pós--iluminista, que a despossessão econômica e a subjugação jurídica de pessoas e populações negras sejam explicadas em termos de atributos *subjetivos* (morais), e não (para prosseguir com a dicotomia em operação) em termos de condições *objetivas* (econômicas e jurídicas) de existência. Em outro texto[81] destaquei como essa explicação para a subjugação racial, que também atua como justificativa para a violência racial nos tribunais e na negação de demandas por justiça racial, torna-a duplamente exterior (como *residuum*) à arquitetura política pós-iluminista, em particular ao seu momento simbólico, pois, mesmo quando é descrita como operando ideologicamente, diz-se que o faz apelando para representações pré-modernas, irracionais ou errôneas. Por essa razão, as ferramentas críticas existentes, que são montagens da episteme interpretativa, são inúteis para desenhar uma intervenção que descreva como a racialidade opera na representação moderna. Gostaria de elaborar esse argumento com uma exploração que rastreie como as ferramentas determinativas do racial operam dentro da estrutura interpretativa na produção do círculo lógico.

Esse gesto requer primeiro que eu faça um desvio e discuta as construções do político nas quais a subjugação racial falha em fazer sentido.

"o outro não mais que ele mesmo"

> Portanto, a relação das duas consciências-de-si é determinada de tal modo que elas se *provam* a si mesmas e uma a outra através de uma luta de vida ou morte. [...] Só mediante o pôr a vida em risco, a liberdade [se comprova]; e se prova que a essência da consciência-de-si não é [apenas] o *ser*, nem o modo *imediato* como ela surge, nem o seu submergir-se na expansão da vida; mas que nada há na consciência-de-si que não seja para ela momento evanescente; que ela é somente puro *ser-para-si*. O indivíduo que não arriscou a vida pode bem ser reconhecido como *pessoa*; mas não alcançou a verdade desse reconhecimento como uma consciência-de-si independente. [...] Sua essência se lhe apresenta como um Outro, está fora dele; deve suprassumir seu ser-fora-de-si.
>
> HEGEL, *Fenomenologia do espírito*[82]

Quando Foucault pergunta: "O fato da guerra pode e deve ser efetivamente considerado primeiro em comparação a outras relações (as relações de desigualdade, as dissimetrias, as divisões de trabalho, as relações de exploração etc.)?", ele o faz no contexto de uma abordagem do poder que se concentra nas "relações" e "técnicas" de dominação e na produção de sujeitos, que já são endereçados por uma relação de poder.[83] No entanto, ele afirma, o que está em jogo é "a fabricação dos sujeitos" e não "a gênese do soberano", isto é, a figura do poder jurídico.⁸⁴ Sendo esse o caso, torna-se ainda mais surpreendente que Foucault tenha optado por manter a subjugação racial como parte de sua análise da soberania — racismo de Estado e sua tarefa de preservar a pureza racial —, em vez de examinar o biológico como um local de produção de sujeitos.⁸⁵ Assim, ele expõe (os limites de) sua crítica da soberania como os limites de sua análise da episteme moderna. Em outras palavras, o que ele chama de poder jurídico(-político) desempenha um papel mais importante na arquitetura política pós-iluminista do que Foucault (e Agamben) deseja admitir.⁸⁶ Não apenas por causa do papel que o Estado (o soberano moderno) tem desempenhado na garantia da "sociedade" por meio de estratégias de gestão desenhadas para atender às necessidades do capital, em diferentes momentos. Mais importante ainda, o poder jurídico permaneceu operativo através da transição da ordem clássica para a episteme moderna, uma "passagem" — em seu momento (sociocientífico) simbólico — que foi facilitada pelo transcendental de Kant, que fundamenta a autoridade (em conhecimento mantido por uma noção de universalidade) na necessidade.

Com isso quero dizer é que a narrativa do século XX sobre a subjugação racial (a dialética racial) figura um circuito fechado precisamente porque os termos herdados do século XIX carregam uma *autoridade fundamentada na necessidade*. Como descrito anteriormente, esse círculo torna-se evidente quando se percebe que a explicação começa com a negridade (*a*) e termina com a negridade (*a'*) porque a *causa* da subjugação racial é um constructo *interpretativo* (preconceito, crença, ideologia ou discurso de pessoas brancas). Além disso, na medida em que essas "causas" são *subjetivas*, elas não expressam uma Subjetividade que atualize o *Eu transparente*. Em vez disso, elas são construídas como respostas não-racionais (*naturais*) à diferença racial (*natural*). Como romper essa lógica? Para isso, penso, seria necessário o estilhaçamento da transparência. Pois se a forma que suporta as versões crítica e radical do texto político moderno não pode compreender a subjugação racial porque sua atribuição de causalidade torna o *Eu transparente* um espelho que retorna a negridade como *causa* e efeito, é necessária uma figuração do político que não reescreva o texto como relações na forma de uma dialética, a qual constitui nada mais do que uma imagem do desdobramento da necessidade — teleológica (Hegel) e escatológica (Marx) — no/como tempo.[87]

Chave para essa re/de/composição do texto político moderno é como a *corpo cativa ferida na cena da subjugação* — ao mesmo tempo Humana e Coisa — fratura a cena do valor ético pós-iluminista justamente porque ela indexa negridade e branquidade como posições *jurídicas* estabelecidas pelo título. Juridicamente delineada, sua silhueta expõe o ponto cego que a historicidade (interioridade/temporalidade), em suas versões fenomenológicas e sociocientíficas, instituiu no pensamento crítico do século xx. Através desse corte, ou seja, negridade lida como um referente de cativeiro (e de *entertainer* forçada e trabalhadora forçada), a violência total característica do modo colonial de dominação desrompe o composto interpretativo. Perturbando, assim, a aparente tranquilidade desfrutada pela Humanidade enquanto um descritor ético e pela Subjetividade enquanto um descritor suficiente do sujeito social (*moral*) pós-iluminista.

Deixe-me elaborar como a *corpo cativa ferida na cena da subjugação* expõe e sutura esse corte, seguindo a análise de Saidiya Hartman em *Scenes of Subjection* de como e por que a *subjetividade negra* não é recuperável nos registros históricos de performances das cenas de violência total da escravidão. Em particular, nos comentários que visam angariar empatia para com a pessoa cativa (negra), os quais necessariamente a substituem pela pessoa livre (branca), desta maneira recusando ao corpo cativo qualquer conexão imediata com uma autoconsciência e seu *mundo*.[88] Em outras palavras, a Escrava não tem o compromisso de servir como significante histórico nas narrativas sobre a trajetória dos Estados Unidos como *sociedade* (Estado-nação) e dos estadunidenses negros como sujeitos *sociais*, ou seja, constituindo um grupo racial. Uma expressão pungente dessa quebra é como a in/distinção entre a cena do prazer (do teatro da representação) e a cena da punição (dos atos de violação), especialmente nos relatos oferecidos como gestos humanizadores benevolentes (destinados a gerar empatia), constituiu a distinção entre fungibilidade (tal qual outro qualquer) e dignidade (maior que tudo).

Os dois conjuntos de comentários convidam a considerar os elementos jurídicos e éticos pressupostos e sustentados pelo descritor ontológico Subjetividade, e por seu correlato ético Humanidade, que viria a governar o pensamento do século xx. Em primeiro lugar, Hartman mostra que os gestos *humanizadores*, aqueles que buscam gerar empatia acentuando sofrimento, apoiam-se em uma equação presumida entre branquidade e Humanidade, e ela estipula que só esta última pode mobilizar com sucesso sentimentos (de simpatia) através do reconhecimento de uma adversidade comum. O que também está em jogo ali — como Hartman registra ao argumentar que essa articulação do sofrimento negro também realiza o trabalho da dominação racial — é o que torna a Escrava (a pessoa inteira) disponível para *apropriação*: a autoridade desfrutada pelo Proprietário, já que o título sobre a Escrava lhe permite a decisão de como usar sua propriedade. Dessa perspectiva, não há nada como uma Subjetividade (mesmo que branca/europeia/transparente) emergindo nessa cena, uma autoconsciência não mediada por outra autoconsciência (o que parece ser o ponto em mobilizações da passagem senhor-e-escravo de Hegel em considerações sobre a escravidão). De fato, isso é um efeito de sua posição jurídica, onde se apoia a autoridade para utilizar a pessoa cativa inteira (corpo-mente).[89] O que encontro aqui é uma interrogação das figuras que iriam governar o momento interpretativo, Subjetividade (ontológica) e Humanidade (ética). Tal interrogação, então, necessariamente confronta o *mundo* da autoconsciência de Husserl (a primeira pessoa [o *Eu transparente*] em suas modalidades natural e pura) com a corpo cativa ferida na qual sua autoridade está inscrita.

Sua carne ferida, essa marca de *autoridade*, interrompe o movimento de substituição (o circuito lógico) precisamente porque coloca a questão: o que fundamenta a autoridade para violar o mandato — o mandato divino de Locke para autopreservação, essa demanda do corpo político pela proteção da vida e dos membros [*limb*][90] — sobre o qual repousam todas as outras formas éticas e jurídicas modernas, incluindo liberdade e soberania? Retraçando, como observado no capítulo anterior, os movimentos do desemaranhamento de Spillers do que ela chama de uma "gramática norte-americana", sigo a sugestão de Hartman de desvincular a corpo cativa de qualquer coisa que possa ser chamada de Subjetividade. (Tenho em mente, não apenas mas definitivamente, as versões sociológicas e antropológicas do *subjectum*, quando esses projetos de conhecimento tratam de explicar/interpretar, respectivamente, um *mundo social* negro e *mundos da vida* africanos.) O que encontro nos argumentos de Hartman, entretanto, é a exposição de como a transformação da diferença racial — de uma ferramenta determinativa em *datum* (natural) e/ou *residuum* (histórico/moral) a ser estudada por meio de um aparato interpretativo — teve dois efeitos reprodutivos. Por um lado, ao manter a conexão determinativa anterior entre traços corporais, formas e funções orgânicas e atributos mentais (morais e intelectuais), os métodos interpretativos da antropologia e da sociologia do século xx ocluíram como a determinabilidade (necessidade como esta funciona na universalidade científica) já operava (digamos, como/na percepção da diferença racial). Por outro lado, e por meio do mesmo movimento, esses métodos interpretativos ocluem como, na medida em que a negridade é um referente histórico (da escravidão), ela também sinaliza como, na arquitetura política colonial, a *autoridade* do sujeito da liberdade era mantida pela força da necessidade (tal como ela opera na universalidade jurídica).[91]

Das muitas consequências que podemos depreender, destaco como a relação jurídica que a *corpo cativa ferida na cena da subjugação* não pode deixar de evocar coloca a própria noção de Humanidade sob escrutínio. Pois essa relação nos lembra de não dar por certo que a Humanidade encontra-se sozinha. Desde sua concepção no fim do século xix, a Humanidade requereu a articulação de uma visão da diferença racial que impediria que ela minasse os mecanismos extrativistas e expropriativos que sustentavam os confortos da Europa pós--iluminista. Dois movimentos de localização são inevitáveis. Primeiro, é necessário perguntar como a noção jurídica de *liberdade* e sua correspondente ética *dignidade* permanecem como descritores basilares mesmo que as condições humanas de existência descritas por eles dependessem da catividade e da fungibilidade da Escrava. Segundo, é importante atentar para como as ferramentas da racialidade abarcaram e transfiguraram o mecanismo jurídico colonial de forma a reter a natureza contraditória da reivindicação por *dignidade*. Os dois movimentos, proponho, inevitavelmente exporão a necessidade trabalhando no subterrâneo/pano de fundo, assegurando que a contradição observada — isto é, a liberdade sendo possibilitada por uma relação jurídica (do tipo mais violento) — permaneça velada na retransmissão, isto é, através de circuitos de substituições do jurídico pelo *moral* (ético) e do econômico pelo *natural* (científico).

O que se repete nesse círculo é o retorno da *causa* e do *efeito* da violência à pessoa negra, como observou Douglass em 1881, pois coloca a *causa* de sua ocorrência no corpo dela. Na medida em que suas condições jurídicas de possibilidade são deslocadas pela capacidade do princípio (lógico) de identidade de ocluir a mediação, a retransmissão entre o científico e o ético (que dá a operação conjunta do simbólico e do ético) é propiciada pela construção do duplo significado de evidência. Isso ocorre por meio de uma substituição facilitada pela versão da *igualdade* no formato da *identidade,* em que o sinal = (igual ou equivalente) controla o retorno ao transformar *igual* em *mesmo* ou *igualdade* (equivalência) em *identidade*. Em ambos os casos, é importante lembrar que a "verdade" (validade) da afirmação tanto da identidade quanto da diferença repousa na força (da necessidade) que sustenta movimentos analíticos, ou seja, o fato de que eles se sustentam em si mesmos, apoiados em seus elementos internos, sem necessidade de provas ou evidências externas.

Isso ocorre precisamente porque os atributos éticos específicos do Homem e da Humanidade, *liberdade* e *dignidade*, respectivamente, têm sido articulados para sinalizar sua diferença com relação ao Negro (a pessoa também como Mercadoria) — e não, como se poderia supor, em seu afastamento das formas éticas do feudalismo; a compra e venda de pessoas não era um aspecto distintivo do feudalismo. Mesmo uma revisão superficial de enunciados filosóficos que desprezam o Negro mostrará como tudo o que eles declaram é uma ausência, uma falta de capacidades intelectuais para hospedar os princípios éticos (universais) que figuram a Humanidade. Nesse contexto, o Negro (a mercadoria) não é apresentado como a *negação* (tendo atributos que competem com os brancos e os ameaçam), mas como o *negativo*, ou seja, um existente Humano, uma pessoa que carece do que é específico (*único*) à pessoa branca (o Proprietário, comerciante ou capataz). Assim, o Negro é descrito como Humano sem nenhum dos traços específicos àqueles que encarnam as constructos éticos modernos, isto é, Homem/Humanidade. Em menos de cem anos, os cientistas do Homem já se ocuparam da tarefa de procurar encontrar maneiras de consertar isso (de determinar essa diferença com as ferramentas da Ciência da Vida) por meio da montagem de um objeto científico, a saber, o corpo humano (orgânico), cujas formas e funções eram responsáveis pelos atributos mentais (morais e intelectuais) que distinguem o humano. Somente após o corpo Humano, enquanto existência orgânica, ser posto sob o escrutínio da razão transcendental, a negridade (como atributo do Negro) — como um *objeto*, isto é, sob os instrumentos da razão científica — seria aparentemente desatada do nó de significação que compartilhava com a branquidade.[92] Mesmo essa construção, no entanto, não domesticou a negridade, pois o movimento de substituição que aquela permitiu pode ser interrompido a qualquer momento, e o *negativo* pode ser desatado para brilhar como *luz negra* nos limites das narrativas éticas que ela sustenta, as quais tanto significa como mantém.

Essa capacidade se manifesta quando a figura *jurídica* da *corpo cativa ferida na cena da subjugação* evoca a distinção entre as cenas econômica e ética do valor através das noções de fungibilidade e dignidade — qualidades atribuídas à Coisa (como Mercadoria) e ao Humano, respectivamente. Pois o que ela faz — na condição de Negro, de um existente que não é nem Coisa nem Humana e que, ao mesmo tempo, é ambas — é permitir a apreciação simultânea desses dois sentidos de valor: por um lado, como se refere à equivalência, sua fungibilidade (ser mercadoria) evoca a cena econômica de valor; por outro lado, como (negativamente) se refere à excelência (incomensurabilidade), sua falta de dignidade evoca a cena ética do valor.[93] Explorar a lacuna entre esses quatro termos (fungibilidade/equivalência e dignidade/excelência) retorna a atenção para o trabalho da racialidade enquanto ferramenta simbólica política, para sua função primária, ou seja, produzir uma diferença irredutível e insublimável entre coletivos humanos.[94] Não há dúvida de que a Negridade, enquanto uma categoria, figura a pessoa como um objeto, ou seja, que enquanto uma categoria de conhecimento ela não pode deixar de produzir objetos ou indexar existentes e eventos como expressões particulares do funcionamento das "leis da natureza", isto é, de determinantes exteriores. Meu interesse aqui, porém, não é se esse efeito de objetificação (Mercadoria ou Objeto) pode ou não ser superado — ou, dito de outra forma, se o que é fungível pode se tornar nobre ou o que é articulado como equivalente pode se tornar excelente. O que essa dupla me permite destacar é como a fungibilidade, uma dádiva da *corpo cativa ferida na cena da subjugação*, torna a negridade um referente de outros conjuntos de leis, as leis jurídicas da *polity*, cuja importância reside nessa correspondência entre fungibilidade e propriedade, que Hartman nos lembra.

Fungibilidade (o significado econômico), um atributo da Escrava, abriga um potencial disruptivo que a dignidade (o significado ético) não pode minar: o colapso da separação de suas respectivas cenas de valor — o econômico e o ético. Uma possibilidade perturbadora na arquitetura política pós-iluminista, ela ameaça tornar-se atual quando examinamos como a racialidade apenas realiza a tarefa que desempenha para o conhecimento interpretativo porque suas ferramentas, como o conceito de etnicidade, mantêm a necessidade da maneira que esta opera na significação científica. Explorar isso requer mapear o subterrâneo do campo de conhecimento que produziu as ferramentas envolvidas na preparação de nomes tais como etnicidade e estereótipo — para nomear os dois que Spillers mobiliza em sua análise da significação sociocientífica. Esse movimento, no entanto, deve ser mais do que uma descrição. Ele deve virar todo e cada pedaço do avesso e de cabeça para baixo, começando pelo que sustentou a reivindicação da Humanidade à especificidade (transparência, dignidade etc.) vis-à-vis tudo o mais no *mundo* ou na Natureza, a saber, a temporalidade linear ou a sequencialidade como operam dentro da historicidade.

Qual figuração da subjugação racial evita as limitações da explicação sociológica, bem como as do momento interpretativo em geral? Minha escolha é uma re/de/composição da dialética racial, um reaproveitamento do efeito espelho (descrito anteriormente) que torna a negridade a causa (natural) e o efeito (déficit moral) de condições de existência que expressam expropriação econômica (escravidão, segregação, encarceramento) e dominação jurídica (chicotadas, linchamento, brutalidade policial). Aqui está a mesma imagem da seção anterior, mas agora substituí a cor da pele (preta) pela corpo cativa.

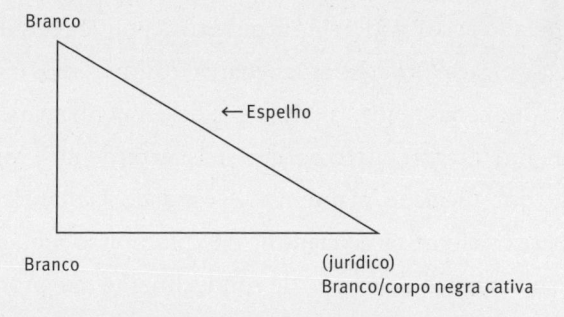

```
       Branco
         |\
         | \
         |  \
         |   \  ←Espelho
         |    \
         |     \
         |      \
         |_____\
       Branco    (jurídico)
                 Branco/corpo negra cativa
```

Recordemos como, ao re/compor a triangulação racial-dialética acrescentando a chave das explicações sociológicas — ou seja, o elemento branco subjetivo que é também sempre apresentado como fora de lugar, um *residuum* ou um erro —, torna-se evidente que a explicação sociológica/fenomenológica dessa "atitude natural" particular estabelece o círculo — ou seja, a negridade se torna a causa da negridade — porque de alguma forma a negridade funciona como um espelho que retorna a branquidade para si mesma, mas distorcida. Mesmo aqueles que noutras situações exibiriam crenças universalistas diante da negridade tornam-se "racistas" (particularistas), conforme a explicação. Essa distorção, no entanto, não é acidental. Pois indica que a *corpo cativa ferida na cena da subjugação* é deixada de fora da versão sociológica da cena da subjugação (a dialética racial).

Deixe-me agora mapear a corpo cativa ferida na arquitetura política onde, como um incidente de luz negra brilhando na quina ética, ela distorce o espelho, fratura a transparência. Tal ativação exige uma mudança na ordem de apresentação, a qual envolve dois movimentos. O primeiro é simples, mas tem um impacto significativo. Requer que se comece com a negridade, mas, em vez de reproduzir o triângulo, a corpo cativa o duplica.

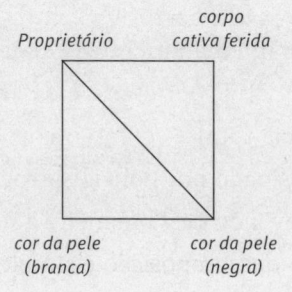

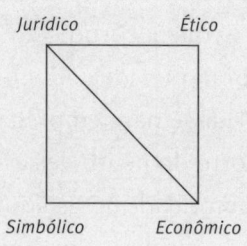

Proprietário	corpo cativa ferida	Jurídico	Ético
cor da pele (branca)	cor da pele (negra)	Simbólico	Econômico

O segundo movimento não é direto: brilhando como luz negra na quina ética, a corpo cativa ferida não mais espelha as ideias e ações impróprias da pessoa branca; em vez disso, ela estilhaça o espelho para expor os momentos jurídicos e econômicos da "relação racial" e também como o espelhamento é apenas um efeito do simbólico. O que se figura aqui é a *corpo cativa ferida na cena da subjugação* jurídica, ou seja, fora mas endereçando à cena interpretativa da representação — e muito próximo a como Hartman descreve na cena da subjugação —, ela sinaliza exorbitância (o excesso de violência dado pela forma título) e ausência (a opacidade de uma interioridade/temporalidade que permanece indisponível). Essa *corpo cativa ferida* — enquanto excesso — não é o mesmo que o corpo branco, não por causa da diferença racial e do que apoia a significação científica, mas porque eles ocupam posições diferentes na cena jurídica da subjugação. Negridade também retorna branquidade nesse registro, mas a devolve enquanto violência autorizada. Essa mente cativa — opaca — não é a mesma que a mente branca, não devido à diferença racial (déficit moral) mas porque, na cena jurídica da subjugação, a interioridade (como jogo do desejo) da escrava é irrelevante. A violência total é ameaçada ou mobilizada para conter a vontade dela (o momento da expressão), para forçá-la a performar seu papel, para forçá-la a expressar obediência.[95]

O que a corpo cativa ferida faz imediatamente é evocar a branquidade como um referente do Proprietário e da autoridade para empregar a violência total — como o corpo morto do negro desarmado assassinado por policiais evoca a autoridade do Estado — reinscrevendo dessa maneira a relação jurídico-econômica. Essa re/de/composição é simples e imediata, porque a *corpo cativa ferida na cena da subjugação* evoca História sem historicidade. Como um referente histórico da Mercadoria, ela lembra uma característica jurídico-econômica (Escravidão) da arquitetura política moderna; no entanto, não se refere à Subjetividade (porque suas condições jurídico-econômicas se referem ao que antecedeu sua ascensão ontológica). Na medida em que o corpo dela é um corpo cientificamente inscrito, mesmo no século xix — bem como marcado por investimentos simbólicos, como nota Spillers — isso acontece apenas no momento da justificação da dominação jurídica (escravização), portanto também como uma entidade jurídica.[96]

"perturbações edificantes"

> Meu argumento começa com a realidade histórica de mercadorias que falaram — de trabalhadores/as que eram mercadorias antes, por assim dizer, da abstração da força de trabalho de seus corpos e que continuam a transmitir essa herança material além da divisão que separa escravidão e "liberdade". Mas estou interessado, finalmente, nas implicações da quebra [*the breaking*] de tal discurso, nas perturbações edificantes do verbal que levam o rico conteúdo da auralidade do objeto/mercadoria para fora dos confins do significado precisamente por meio desse traço material.
>
> Fred Moten, *In the Break*[97]

O título legal garantia ao Proprietário a autoridade para espancar a Escrava até a morte, para destruir seu corpo, mas nunca lhe assegurou a capacidade de se apropriar totalmente de sua mente, tampouco a certeza de controlá-la. Toda e qualquer chicotada atingindo a pele dela tem a intensidade peculiar que vem de saber não haver limite para as consequências do espancamento, mas haver limite para o que o espancamento pode alcançar. O que aconteceu com isso? Para onde foram todas essas feridas expressas como dor tornadas som, carne transduzida?[98] Para lugar nenhum, se considerada de uma perspectiva cósmica; essa dor transformada em grito — tátil tornado sônico — continua a reverberar como som, mas também como *elementa* (onda de partículas/energia da matéria) na alta frequência da luz negra e no agudo do trompete. Transduzir também descreve, é o que proponho, como a *corpo cativa ferida na cena da subjugação* distorce a transparência — do espelho do sujeito. Afinal, de que outra forma descrever o processo e a operação do que Fred Moten chama de negridade, ou "o movimento prolongado de um levante específico, uma irrupção contínua que organiza cada linha", ponto, átomo, quark, fóton, nêutron e assim por diante. Transdução retrata a "resistência do objeto" — o grito transduzido em carne que se transduziu em luz negra — na duplicação do triângulo que distorce o efeito interpretativo das ferramentas determinantes que o montaram. Essa é, pois, a ativação da negridade, "a materialidade fônica de tal esforço propriativo" em direção à dissolução da dialética racial, de seus termos, e do *mundo* que esta reproduz.[99]

A *corpo cativa ferida na cena da subjugação* devolve luz negra, uma transdução, isto é, uma expressão da carne enquanto dor irrepresentável tornada radiação, pois evoca a acumulação intensiva e extensiva de fônons e fótons — mais de quinhentos anos de extração de terras e expropriação de corpos (a carne e o sangue) que compõem o capital global. Talvez seja evidente agora que a descrição da arquitetura política do presente global que estou reunindo aqui não pressupõe ou privilegia relações. Nem retorna ao tema da soberania — pois isso basicamente permaneceria no terreno do *Eu transparente*, isto é, a figuração pós-iluminista da autoconsciência *transparente* como a única coisa autodeterminante. A *corpo cativa ferida na cena da subjugação* reflete o impasse de Dana tanto no presente de Rufus quanto no dela. Seu corpo ferido (marcado e estuprado), assim como seus gritos — e o amor e terror que ela pode sentir e sente — ecoam desde fora da cena sociológica, mas também — como *elementa* — desde dentro de cada partícula minúscula (de significação e troca) que constitui o mundo ao qual é aplicável, o mundo no qual a dialética racial faz sentido.

A esta altura talvez esteja evidente como a dialética racial torna Dana e as tomadoras de empréstimo "subprime" proprietárias de uma dívida que não cabe a elas pagar, da mesma forma que torna a pessoa negra desarmada assassinada responsável por seu próprio assassinato. Pois produz uma figuração de relações *sociais* nas quais a posição ética do Outro, como na passagem de Hegel, emerge em violência. Não, porém, na apresentação da cena da subjugação enquanto luta de vida e morte do senhor-e-escravo. Ambas as posições são quatro vezes delimitadas politicamente — *cientificamente* (diferença racial/natural), *eticamente* (princípios não universais tais como preconceito, crenças, ideologia), *juridicamente* (Proprietário e Escrava) e *economicamente* (Proprietário de Escravas e Trabalho Escravo) —, já que pessoas negras são descendentes de Escravas, como indicado pelo sobrenome e pela cor de pele. Portanto, elas não figuram o *Eu transparente*: a figura da outra autoconsciência (e no contexto do texto de Hegel, ambas autoconsciências são outras) não constitui puro ser, pois ambas são determinadas racialmente (cientificamente). Meu ponto é: diferentemente da dialética de Hegel, na qual duas autoconsciências se confrontam em bases puramente especulativas, aqui ambas as posições são estabelecidas de forma política (simbólica, ética, jurídica e economicamente). Isso é algo que se torna evidente depois de mostrar a triangulação que tanto esconde quanto abriga o círculo — $a \to b \to a'$ — ao seu redor. É importante lembrar aqui que *b* está oculto justamente porque não é da ordem da explicação científica — mas do argumento ético de que as ideias das pessoas brancas permanecem subjetivas, interiorizadas, e o máximo que se pode esperar é educá-las para além dessas ideias. Em qualquer caso, a chave para esse desemaranhamento é lembrar como a imagem do Outro (de alteridade) fabricada pelo conhecimento racial é um efeito de uma violência dupla, a saber, a violência jurídica (total) que garante a expropriação colonial (de terras e pessoas) e a violência científica produtiva das ferramentas do conhecimento moderno que transubstanciam a expropriação colonial em um déficit natural/moral (na formulação kantiana da Natureza como conformável às leis de funcionamento do entendimento), isto é, em um déficit racial.

Foucault e outros críticos do regime interpretativo não trataram disso talvez porque intuitivamente sabem como a subjugação racial ameaça sua condição de possibilidade, ou seja, a própria possibilidade de uma autoconsciência pura (e ainda assim histórica) capaz de submeter o *mundo* (como um todo, incluindo outros humanos nele) à redução fenomenológica, seja ela enquadrada substancial ou formalmente. Antes que o evento racial possa reunir os fragmentos do pensamento interpretativo espalhados com a ativação dela, a *corpo cativa ferida na cena da subjugação* retorna a intensidade correspondente à possibilidade de ser enquadrada sob violência total. Quer dizer, ela lança uma luz negra sobre o excesso que a instituiu, estilhaçando seus componentes mais fundamentais.

"totalmente louca"

> Ah, é? Então talvez... — Parei de falar enquanto meus pensamentos se apressavam em unir os fatos. O estado era o mesmo, a época, o nome incomum, a garota, Alice.
> — Talvez o quê? — perguntou Rufus.
> Sim, talvez o quê? Bem, talvez, se eu não estivesse totalmente louca [*completely out of my mind*].
>
> OCTAVIA E. BUTLER, *Kindred*[100]

Percepção avariada, ou o ver, tocar, cheirar, provar ou ouvir algo que não é real; não está lá ou aqui? Óbvio que Dana pensou estar alucinando. Como sua pessoa (mente-corpo) poderia se mover instantaneamente da Los Angeles de meados dos anos 1970 para a fazenda dos Weylins na Maryland rural do *antebellum*? Mas ela o fez. E porque ela o fez, não foi uma alucinação ou um sonho. Seus ancestrais Rufus (pai-Proprietário) e Alice (mãe Negra Livre) estavam lá no mesmo lugar, ao mesmo tempo. Dana podia falar com eles, cheirá-los, tocá-los, ouvi-los. Eles eram reais. Ela era real. E isso viola as leis do pensamento — ou não? É evidente que sim. E ao mesmo tempo não, obviamente. Pois a suposta contradição, na impossibilidade de uma pessoa encontrar seus ancestrais atravessando o espaçotempo, só se mantém porque pensamos o corpo como uma coisa extensa sólida (orgânica); o *objeto* da física clássica prevalece em nossa imaginação. Isso torna a viagem de Dana pelo espaçotempo, se não uma alucinação ou um sonho, incompreensível. Mas, se pensarmos em Dana como uma pessoa, uma mulher negra cis-hétero que, tendo acabado de se mudar para sua nova casa em meados dos anos 1970 em Los Angeles, sendo arrancada daquele momento (tempo-lugar) para salvar a vida de seu ancestral-Proprietário, podemos ter uma pista para apreender como a dialética racial é sustentada e também como pode ser desemaranhada.

Deixe-me começar com a maneira como a *corpo cativa ferida na cena da subjugação* figura a *existência* sem as formas do Espaço ou do Tempo. Como ela torna possível considerar o que aconteceu não como algo que retrocede, que fica para trás, na linha do tempo, mas sim como algo operando virtualmente, como possibilidade antes de ocorrer e também como realidade, algo que ocorreu e é e permanece acessível como tal (algo que não está por vir no espaçotempo). Para que isso seja contemplado, é necessário expandir nossa *imagem da existência* para além dos limites impostos pela Natureza de Galileu, de Newton e de Kant, assim como pelo *mundo* de Husserl e Heidegger. Isto é, como algo que é mais do que apenas uma questão de condições para o conhecimento que tem certeza ou validade objetiva, mas também algo para além da ideia kantiana de Natureza enquanto conformabilidade com as leis da lógica. Tal *imagem da existência* atende ao cósmico e ao quântico, por exemplo, de uma só vez em termos de atemporalidade (cosmicamente, isto é, tudo o que aconteceu no momento do Big Bang continua a acontecer nas bordas externas do espaçotempo) e de aespacialidade (quanticamente, isto é, pois os componentes básicos de tudo o que existiu, existe e existirá são as mesmas partículas formadas no momento inicial do Big Bang).

Quando consideradas de uma perspectiva cósmica e quântica, as viagens de Dana no espaçotempo não são mais impossíveis, pois não há razão para pensar que os componentes quânticos de seu corpo na Los Angeles dos anos 1970 não pudessem ser imediata e instantaneamente ligados aos (pois eles são exatamente o mesmo que os) componentes quânticos do corpo da mulher que reapareceu e repetidamente salvou a vida de Rufus, e vice-versa.[101] Se as "leis do pensamento" forem, assim, suspensas para que seja possível contemplar as viagens de Dana enquanto cósmicas e quânticas, toda uma gama de possibilidades torna-se disponível para o pensamento. Quando o que acontece e o que existe são abordados como matéria (materialidade bruta), a distinção entre a, b e a' perde o sentido, e com ela a primazia do princípio de identidade/igualdade (e seu correlato, a lei da não contradição). De uma perspectiva cósmica, a Maryland do *antebellum* e a Los Angeles dos anos 1970 existem no mesmo instante cósmico, e essa indistinção possibilita que Dana coexista em ambos os momentos simultaneamente e se mova de um para outro instantaneamente.

Disso resultaria, entre outras coisas, uma violação do mapeamento da Qualidade de Kant — como uma espécie de Julgamento (Afirmação, Negação, Infinito) e uma Categoria (Realidade, Negação, Limitação) —, isto é, tornando irrelevante a distinção entre Afirmação e Negação e entre Realidade e Negação, porque isso (o distinguir, ou seja, o gesto determinativo) não poderia contar com a pressuposição de separabilidade e sequencialidade. Dito de outra forma, afirmando que Dana existe simultaneamente (como re/de/composição de partículas) tanto no passado quanto no presente (na Los Angeles de 1970 e na Maryland de 1830), não se pode afirmar que ela exista apenas no passado ou apenas no presente, e também não se pode negar que ela existe apenas em Maryland no passado ou apenas em Los Angeles no presente. Tudo o que pode ser dito é que Dana (como possibilidade) existe nos dois momentos (passado e presente). Pois, se a sequencialidade e a separabilidade se mantêm, isso é uma violação do princípio da não contradição, o qual sustenta a distinção *A é* (realidade) e *A não é* (negação) e o enunciado de que *A é* algo (afirmação) e *A não é* algo (negação). No entanto, mesmo que a separabilidade e a sequencialidade permaneçam, a existência de Dana em ambos momentos do espaçotempo não viola a distinção de que *A é* somente algo (Limitação) e *A não é* algo (Infinito). Isso é assim porque, segundo Kant, os terceiros elementos — tais como Infinito e Limitação no que concerne à Qualidade — são aplicações das combinações do primeiro e do segundo, os quais não são meramente derivados, mas pedem "uma função particular do entendimento" porque eles não acompanham todas as instâncias de combinação.[102]

Para concluir, não se trata de determinar se Dana existe ou não, mas de fazer uma declaração sobre a possibilidade de sua existência. Portanto, a forma qualitativa do julgamento é relevante — isto é, quando digo que *A* é um não-algo [*non--something*], ou se digo que Dana é não-existente [*nonexistent*] na

Los Angeles dos anos 1970 ou que é não-existente na Maryland do *antebellum*, não faço nenhuma afirmação positiva sobre onde Dana é um existente. Não há correspondente de onde ela existe ou não existe; ela é apenas uma não-existente nesses dois momentos do espaçotempo; mais importante, não estou afirmando ou negando que existam existentes nesses lugares e tempos e que Dana possa ser um existente em outros lugares e tempos. Dana e quem quer que exista permanecem não-determinados [*undetermined*]; tudo o que direi é que Dana é aquela que não existe, a *negativa* (não-existente [*non-existent*] na Maryland do *antebellum*), mas não *negação*, ou seja, não digo que Dana NÃO seja aquela que existe na Maryland do *antebellum*.

O QUE TORNA IRREAIS as viagens imediatas e instantâneas de Dana ao Passado e à Costa Leste é o fato de violarem a sequencialidade (a linha do tempo, a ideia de que este flui e que o que aconteceu precede o que está acontecendo ou o que acontecerá) e a separabilidade do espaço (que dois corpos ou eventos não podem ocorrer simultaneamente no mesmo local). Sem dúvida as viagens de Dana violam a linearidade (como sequencialidade e separabilidade): de um segundo para o outro, ela vai de sua casa na Los Angeles dos anos 1970 para a cozinha dos Weylins na Maryland dos anos de 1830. Suas viagens violam a lei mais básica da lógica, que é o princípio da identidade ("*A* é *A*" e "*A* não é *A*" não podem ser ambos verdadeiros ao mesmo tempo): com relação ao tempo, a violação é que cada viagem ao passado fez deste último o futuro dela, ou seja, as viagens violam a sequencialidade; e em relação ao espaço, a violação é que o imediatismo da mudança de Maryland para Los Angeles sugere que esses lugares coexistem dentro dos limites de sua casa, o que viola a separabilidade. Nada disso é possível: a escravidão aconteceu no passado ou aconteceu no futuro, e sua casa é em Los Angeles ou em Maryland. Ambos não podem ser verdadeiros, reais. É improvável.

A não ser que, alternativamente, ignorem-se as leis da lógica por um momento e contemple-se a possibilidade de que a viagem de Dana não seja espaçotemporal, mas material. Isso violaria a definição kantiana do Tempo como uma intuição formal (pura) — "nem por isso ele é menos objetivo, e de modo necessário, no que diz respeito a todos os fenômenos, portanto também a todas as coisas que se nos podem apresentar na experiência" —, mas não sua afirmação: "Se fazemos abstração do nosso modo de intuir a nós mesmos internamente e, por meio desta intuição, abarcar também as intuições externas […] se portanto tomarmos os objetos tal como poderiam ser em si mesmos, então o tempo não é nada".[103] Tal movimento exigiria dois afastamentos adicionais em relação ao programa kantiano: primeiro, e acima de tudo, exigiria a soltura da *existência* com relação ao conhecimento, e o abordar os humanos como existentes, isto é, como coisas *do* mundo e não como coisas que experienciam o mundo, assim também como abandonar qualquer preocupação com o em-si (que ele diz não concernir ao conhecimento) de qualquer coisa, incluindo humanos; e, segundo, exigiria a soltura da matéria com relação à forma, que para Kant é o que está em jogo no conhecimento. Liberada da preocupação dos filósofos modernos em evitar ter que se perguntar sobre a relação entre *determinabilidade* e *finalidade*, bem como da confiança deles na *formalidade* e na *eficabilidade* a matéria não precisa ser submetida às leis ou às formas da lógica. Caso se concorde com Kant, a matéria (se for qualquer outra coisa além de fenômenos já compreendidos pelas intuições puras do espaço e do tempo) não interessa ao (e, portanto, também não depende do) pensamento determinativo (e acrescento interpretativo) e suas condições de possibilidade, em particular o *Eu penso*.

3. "uma outra língua"

— Para que dizer tudo isso? E como você pode ser casada com ele?

— Rufe, você gostaria se as pessoas o chamassem de lixo branco quando falassem com você?

— O quê? — Ele se movimentou, irritado [...]. — Não sou lixo! sussurrou. — Sua preta maldita...

— Calma, Rufe. — Apoiei a mão no ombro dele para acalmá-lo. [...] — Eu não disse que você era um lixo. Perguntei como se sentiria se fosse chamado assim. Percebi que você não gosta. Eu também não gosto de ser chamada de preta [*nigger*].

Ele ficou em silêncio, franzindo a testa para mim como se eu estivesse falando outra língua. Talvez estivesse.

— De onde viemos — falei —, é feio e ofensivo da parte dos brancos chamar os negros de pretos. Além disso, de onde viemos, brancos e negros podem se casar.

— Mas é contra a lei.

— É aqui. Mas não é de onde viemos.

— De onde vocês vieram?

OCTAVIA E. BUTLER, *Kindred*[1]

OS INSULTOS NUNCA ACABARAM. Ainda que agora isso seja chamado de estereótipo e perfil racial [*racial profiling*], caso seja explícito. Se não é explícito, quando o que é usado como insulto consiste em descrição do efeito da injúria — em frases como *"welfare queen"*,[2] "bandido" [*gangbanger*], "pai caloteiro" [*deadbeat dad*] —, isso é chamado de "código racial". Dana poderia ter contado a Rufus como as coisas são diferentes de onde/quando ela vem, mas ela sabe que não são tão diferentes assim. Não é algo simples de dizer, mas acontece, no entanto, que a negridade funciona como um indicador de uma situação jurídica e econômica. Uma grande porcentagem de moradores negros em um bairro indica que o valor da moradia será menor ali do que em uma região com poucas ou nenhuma família negra. As altas taxas de encarceramento funcionam da mesma maneira, mas em outra direção; uma população negra apresentará uma maior porcentagem de pessoas encarceradas quando se consideram indicadores tais como localização, faixa etária, renda ou nível de escolaridade. Dana se perguntou se a língua que ela falava era realmente estrangeira; mesmo que fosse, isso não tornava menos surpreendente que nenhuma pessoa branca parecesse notar que a forma como as coisas eram para os negros, em meados da década de 1970, tinha a ver com como as coisas eram então/lá no Sul dos Estados Unidos na década de 1830.

Quão diferente era? Ela se pergunta. Talvez faça alguma diferença ela saber que pode dizer a Rufus para não usar a palavra com P. Mais o quê? Escravidão, encarceramento — qual é a diferença? A quantidade de evidências da extensão do controle que o sistema de justiça criminal tem sobre a população negra nos Estados Unidos é esmagadora.[3] Em 2019 a taxa de desemprego entre os negros americanos (6,2%) era quase o dobro da média nacional (3,6%).[4] Estatísticas contam apenas metade da história e, ao fazê-lo, passam a ser parte do problema. Como correlacionar o número de chicotadas que um ancestral de uma pessoa recebeu há 190 anos com a probabilidade de que ela fique desempregada em julho de 2024? Ou de estar no sistema de justiça criminal? Ou de morrer de covid-19? A diferença, como Dana sabe, é que então/lá Rufus e outros Proprietários prefeririam não exercer seu direito de matar ou deixar uma Escrava morrer; era preferível tê-la trabalhando no campo a deixarem-na imobilizada por excesso de chicotadas — embora às vezes valesse a pena que uma delas perdesse alguns dias de trabalho para não deixar impune uma violação evidente. A diferença: um policial não pensa duas vezes antes de atirar para matar uma pessoa negra, ao passo que então/lá o capataz tinha que levar em conta as necessidades econômicas do Proprietário antes de mutilar um escravo.

Com a abolição da escravidão, deixou de ser legal comprar, vender ou manter uma pessoa negra enquanto propriedade [*chattel*]; no entanto, talvez Dana tenha até mesmo se questionado se isso significava que o Proprietário tinha passado aos Estados Unidos (a seus governos estaduais e municipais) a autoridade dele/dela de empregar a violência total enquanto um dos mecanismos de subjugação. Aqui/agora o Estado não tem interesse em reparar a despossessão econômica gerada pela escravidão, nem parece ter necessidade de que seus cidadãos negros apoiem sua autoridade[5] — pois nem o interesse próprio nem a legitimidade desempenham um papel no que diz respeito à posição das pessoas negras diante do Estado. Se a *autoridade* definida racialmente é sobre a vida e a morte — a liberdade (direito) de comprar uma pessoa e matá-la — e se ela só opera em combinação com uma demanda econômica ou ética, e se ainda a demanda ética é definida racialmente, então tudo o que resta é o interesse econômico. Se o Estado não encontra utilidade econômica para a pessoa negra — a não ser como mão de obra encarcerada — então não há realmente razão para manter vivas aquelas que ainda não foram pegas pelo sistema de justiça criminal, ou há? Se pensasse assim, Dana provavelmente não teria gostado. Tantas pessoas negras estavam pensando assim na Califórnia em 1976.

O que o dr. King escreveu sobre a "solução para a pobreza"? "Renda garantida"? Estava em seu livro *Para onde vamos a partir daqui: Caos ou comunidade?*, publicado em 1967, um ano antes de ser assassinado. Isso foi depois dos levantes em Watts e Detroit, depois que se tornou óbvio que a liberdade por si só não era suficiente, que a liberdade — como as pessoas negras sabiam há cerca de cem anos — nunca poderia ser suficiente. Talvez Dana também tivesse se questionado se Malcolm X estaria de acordo com sua interpretação. Ele também clamara por liberdade. Não a liberdade que lhe foi dada — para ele a liberdade dada não é liberdade alguma. Talvez como Stokely Carmichael (depois Kwame Ture) e Charles Hamilton, ele também sabia que não há liberdade real sem autodeterminação econômica.[6] O Partido dos Panteras Negras para Autodefesa declarou: "Queremos liberdade," mas também "queremos um fim aos roubos capitalistas de nossa comunidade negra", e "queremos um fim imediato à brutalidade policial e ao assassinato de pessoas negras".[7] Isso também foi em 1967. Talvez agora, em 1976, Dana compreenda como a polícia e os capitalistas estão ligados. Ela não compreendia nove anos antes. Existindo então/ali com Rufus, enquanto sua propriedade, sendo tratada como uma escrava, Dana vislumbrou as razões pelas quais a polícia era o novo capataz e a prisão, a nova plantação. Se a negridade = catividade, se o único ato legal da cativa é criar valor para seu captor, recusar-se a produzir riqueza ou não mais produzi-la só pode ser um crime: ser negra e livre é roubar a riqueza que os brancos podem extrair de você.

É essa a razão pela qual Dana se viu de volta a então/lá? Ela nasceu cativa ainda que seu ano de nascimento tenha sido 1951, a menos de duas décadas do centenário do *Juneteenth*?[8] Ou foi por que ela e Kevin se mudaram para uma casa, sua casa, seu primeiro bem valioso? Se nos Estados Unidos dos anos 1970 existir como uma pessoa negra é existir ainda como uma propriedade — e a brutalidade policial é só a mais dramática (porque definitiva) lembrança de que sua vida pertence a outra pessoa —, então não é mais o Proprietário, mas sim o Estado, que agora reivindica autoridade sobre a vida-e--morte de pessoas negras. Se nem mesmo o direito ao voto garante a proteção das vidas negras pelo Estado, o que dizer da aquisição de propriedade? Qual é a herança de Dana? O que significa ter Rufus e Alice como seus ancestrais? O que eles deixaram? O que ela deve a eles? Rufus deixou-lhe a impossibilidade de ignorar a probabilidade da pobreza. Alice deixou-lhe a certeza de que a riqueza que a cerca, incluindo a casa para a qual acabara de se mudar, havia sido possível graças ao trabalho extraído dos escravizados então/lá. Que mais? É possível existir no mundo sem ser constantemente lembrada dessa dupla herança — aquela que tirou tudo e aquela que permanece em tudo o que foi tirado?

Seja como for que essas perguntas sejam respondidas, independentemente de como elas sejam formuladas, Dana, assim como outras descendentes de Escravas, conhece-as bem demais, talvez porque nunca lhe foi permitido esquecer que tal dupla herança não é um paradoxo. Isso não é *nonsense*. Ter tudo tirado e ainda assim permanecer em tudo o que foi tirado é um modo extenso de dizer que essa é uma dívida impagável. O "trabalho escravo" é a carne e o sangue do capital porque o trabalho nada mais é do que a transferência daquilo que compõe a carne e o sangue, os componentes elementares de tudo, todo e qualquer existente possível e atual. Até que nossas descrições da existência tomem isso como ponto de partida, os descritores críticos da arquitetura política global presumirão que tudo e o que importa se originou na e reflete a Europa branca pós-iluminista. Já que tudo pode ser rastreado desde lá, esses descritores serão incapazes de explicar o quanto aquilo que importa só importa porque é a materialização do que foi extraído de todos os outros lugares.

"capitalismo racial"

> Como uma força material, pois, era de esperar que o racialismo inevitavelmente permeasse as estruturas sociais emergentes do capitalismo. Tenho usado o termo "capitalismo racial" para me referir a esse desenvolvimento e sua subsequente estrutura enquanto agência histórica.
>
> CEDRIC J. ROBINSON, *Black Marxism*[9]

O racismo não é, então, apenas um problema para os negros que são obrigados a sofrê-lo. Nem é um problema apenas

> para aqueles setores da classe trabalhadora branca e demais
> organizações contaminadas por essa mácula. Tampouco pode
> ser superado como um vírus geral no corpo social, por uma
> dose cavalar de inoculação liberal. O capital reproduz a classe,
> incluindo suas contradições internas, como um todo — es-
> truturada pela raça. Ele domina a classe dividida, em parte,
> por meio daquelas divisões internas que têm o racismo como
> um de seus efeitos. Ele contém e desabilita as instituições re-
> presentativas de classe, neutralizando-as — confinando-as a
> estratégias e lutas específicas à raça, que não ultrapassam seus
> limites, suas barreiras.
>
> STUART HALL, "Race, Articulation,
> and Societies Structured in Dominance"[10]

Se a negridade opera enquanto um indicador econômico, não é apenas porque evoca a autoridade jurídica — como na decisão do Estado de segregar, de excluir, de permitir a expropriação e de encarcerar, embora tudo isso tenha consequências econômicas. Se a negridade rende despossessão econômica, é porque ela se refere à colonialidade e à escravidão enquanto contextos jurídico-econômicos. E, sendo esse o caso, o Colonial (enquanto o cenário político para a Escrava assim como para a Nativa) deve ser relevante para compreender o que a operação dessa ferramenta do racial nos diz sobre o funcionamento do Estado-Capital no presente global. Que a maioria das críticas ao Capital não leva em conta essa operação da negridade, como já indiquei, sinaliza algo semelhante ao ponto cego, ao ponto de ruptura discutido no capítulo anterior. Se o ponto cego deixado por um afastamento de quatro pontas passou virtualmente despercebido no substrato *ético* da figura da Subjetividade, encontro-o inscrito no arranjo *simbólico* (sociocientífico) do Capital como uma totalidade (unidade internamente ordenada) que exige tanto os procedimentos determinativos esperados (operados pelo Trabalho enquanto Categoria), mas também os enunciados delimitadores (historicamente apresentados) que produzem, respectivamente, camadas internas e externas do Capital. Grande parte da dificuldade em abordar a subjugação racial resulta precisamente de como Marx montou seu conceito de capital sob a episteme do século XIX. Permita-me destacar dois aspectos. Por um lado, assim como as versões interpretativas da analítica da racialidade, que negavam sua herança determinativa mas mantinham (sem crítica) seu principal produto (diferença racial) como *datum* ou *residuum*, também as versões interpretativas do materialismo histórico negam as abordagens determinativas (científicas). No entanto, por outro lado, as versões interpretativas do materialismo histórico mantêm a Categoria do Trabalho enquanto ferramenta determinativa, que garante unidade ao conceito de capital, sem considerar como sua ascensão ao papel de ferramenta científica pode estar relacionada a aspectos extracientíficos, tais como os jurídicos e os éticos. Antes de traçar esse último e mais significativo aspecto da apresentação original do texto materialista-histórico como um arsenal simbólico (sociocientífico), situo-o em relação a como essa demanda inerente por unidade perturba os esforços interpretativos do materialismo--histórico para abordar a subjugação racial — que resulta na escrita do Racial (e seus referentes) como anterior e/ou exterior às condições de existência abrangidas pelo Capital.

O porquê de ser tão difícil para o texto materialista histórico comportar a subjugação racial enquanto objeto de análise pode se tornar menos elusivo se abordado em um momento metafísico, isto é, em termos da demanda por unidade estabelecida pela função explicativa geral do Trabalho. Para fazer isso, volto a discussões iniciadas nos anos 1960 e 1970 que lidam diretamente com a forma como a subjugação racial tornou a unidade uma demanda especialmente difícil de identificar porque se trata de um requisito dado para as abordagens determinativas e as versões interpretativas do materialismo histórico. Abordo essa discussão através dos engajamentos clássicos de Stuart Hall e Cedric Robinson com a capacidade (crítica) limitada do materialismo histórico de lidar com a subjugação racial. Embora possamos dizer que a posição de Hall, diferentemente da de Robinson, é esperançosa por apostar na possibilidade de conciliar as demandas do regime interpretativo, suas abordagens compartilham algumas características cruciais. Por um lado, ambos apresentam uma crítica à incapacidade do marxismo de compreender a subjugação racial, seja como uma crítica a seu funcionamento ideológico, seja como um descritor de coletivos politicamente situados (culturalmente diferenciados). Eles concordam também que a subjugação racial é intrínseca à e operativa na arquitetura capitalista liberal moderna, mas que não se encaixa bem em seu quadro, devido a aspectos interiores ou constitutivos do texto materialista-histórico. Ao considerar esses fatores, ambos evocam a presunção de *unidade*, que, confrontada com a demanda de enfrentamento ao Racial, torna-se um problema. Cada um, no entanto, delineia o problema em um domínio distinto: a abordagem "formal" de

Hall emerge no seu mapeamento da literatura relevante, que ele distingue entre dois modos de descrever o social (estruturas e categorias); já a abordagem "historial" de Robinson aparece ao rastrear as trajetórias separadas de duas tradições emancipatórias, a saber, a da Europa Ocidental e a afro-americana.[11] Evidentemente, ambas as abordagens descrevem com sucesso o problema dentro dos limites de suas escolhas, com suas respectivas consequências: para Hall, essa incapacidade decorre do fato de que cada conceito, o Capital e o Racial, corresponde a uma modalidade distinta de subjugação que se torna um problema (sob a demanda de unidade) para a investigação de contextos políticos pós-coloniais onde operam ambas as modalidades; Robinson a interpreta enquanto efeito do papel determinativo científico da Categoria do Trabalho (e todo o quadro que ela sustenta) e do fato de que o alcance crítico do materialismo histórico não abrange suas próprias condições culturais de emergência. Em resumo, para Hall, reconciliar o Racial e o Capital enquanto conceitos só se torna um problema em condições sociais pós-coloniais, o que é solucionável com um arcabouço analítico que produza uma certa totalidade híbrida; em Robinson, a unidade analítica realizada pela tarefa limitada (determinativa) do Trabalho fornece uma descrição parcial das condições sociais capitalistas. O que me interessa, contudo, é que, ao elaborar esses argumentos, ambos os pensadores interpretativos expõem como a dificuldade de abordar a subjugação racial e colonial tem a ver com a própria constituição do materialismo histórico enquanto um arsenal político/simbólico (social-científico) — que só admite esses modos de subjugação como anteriores ou exteriores ao capital.

Em *Black Marxism* [*Marxismo negro*], Robinson enfrenta a problemática do reducionismo econômico e argumenta que o marxismo não leva em conta o funcionamento do "racialismo" porque este constitui suas condições de emergência. O clássico estudo oferece uma poderosa mobilização da abordagem sócio-histórica para a compreensão da autoconsciência (histórica). Para Robinson, o relevante aqui é o fato ignorado de que a influência do racialismo na consciência da Europa Ocidental, desde os tempos feudais, permaneceu operante nos arranjos econômicos do capitalismo e nas celebrações do "racionalismo" e "cientificismo". Assim, Robinson concebe a consciência como o elemento (histórico) crucial para as condições de emergência e operações do marxismo (como uma teoria social radical) e para como o "racialismo" (como um princípio organizador social) opera dentro dele.

Ao avançar este argumento, Robinson elabora dois conjuntos de correções. De um lado, há as limitações do privilégio do econômico, e o problema relacionado da rejeição da cultura, assim como o significado da "consciência histórica" para a "consciência de classe", que se torna mais evidente nas primeiras obras de Marx e Engels (mas posteriormente também em Lênin e Luxemburgo) que tratam da questão nacional. Dessa perspectiva interpretativa, Robinson elabora dois argumentos relevantes para qualquer consideração acerca de como o racial e o colonial funcionam com/no capital. Primeiro, há a questão do século XX sobre a possibilidade da revolução em geral, e fora da Europa ou da América do Norte em particular. Enfrentando-a como um problema posto pelo núcleo determinativo do materialismo histórico e colocando o problema da unidade ao nível da construção teórica e da separabilidade (entre o que se enquadra no econômico e o que se enquadra no simbólico), Robinson nota que os marxistas perderam de vista o fato de que "as consequências da hegemonia capitalista, ou seja, as reações sociais e políticas ao capitalismo raramente se apegaram àquelas restringidas por uma lógica atrelada às "leis do capital".[12] Segundo, além de chamar a atenção para a significância do histórico (cultural), que é crucial para sua crítica racial do materialismo histórico, essa perspectiva também sustenta a identificação por Robinson de outra tradição radical fora da Europa, bem como uma Tradição Negra Radical que é coetânea com a escravidão e o colonialismo. Sua proposição interpretativa identifica consistentemente as fundações dessa Tradição Negra Radical na cultura africana, não na escravidão ou nas condições sociais do pós-abolição.[13] A historicidade também explica como o Racial figura sob o Capital, pois ele argumenta que uma das consequência das operações do racialismo nas "concepções ocidentais de sociedade" era que "tanto como ideologia quanto como realidade [afetaria] a consciência da classe trabalhadora na Inglaterra".[14] Esse aspecto cultural/ideológico tem consequências analíticas em relação à montagem do conceito de capital.

De outro lado, Robinson destaca o erro crasso de restringir o "trabalho escravo" ao momento da "acumulação primitiva", isto é, a algum "estágio da história 'pré-capitalista'" que, consequentemente, não faz parte dos processos autoconstitutivos do capital.[15] O equívoco da interpretação materialista da história (como "uma dialética das lutas de classes capitalistas") foi, segundo Robinson, a autoconcepção da Europa, uma ficção histórica que ignorou os determinantes geográficos (a expropriação colonial do trabalho e das terras) e históricos (o feudalismo) do capitalismo.[16] A abordagem interpretativa típica de Robinson concentra-se em elementos históricos (culturais), o que conduz rápido demais a considerações de anterioridade e exterioridade.[17] Por exemplo, o argumento de Robinson a respeito da anterioridade do racialismo baseia-se no fato de se tratar de uma "ideia ordenadora", um princípio organizador (cultural ou ideológico) herdado da cultura pré-capitalista da Europa Ocidental que se concentra nas diferenças físicas. Não é a diferença racial, mas, sim, a diferenciação racial que, para ele, é *anterior*, ou seja, uma prática fundamentalmente europeia no que se refere à sua ativação política.[18] Em todo caso, o problema da unidade é levantado e resolvido com o Racial sendo adequadamente identificado em seu momento, a saber, o simbólico. O trabalho, o principal instrumento do arsenal materialista-histórico, manteve sua capacidade de montar o capital enquanto uma unidade, contudo não dá mais conta do tipo de sujeito histórico (autoconsciência) que ele produz, pois isso requer a mobilização do Racial com vista a capturar tanto a consciência de classe quanto a autoconsciência negra (e indígena).

Tomando um caminho diferente, abordando principalmente as limitações do edifício teórico materialista-histórico em vez de suas condições históricas (culturais) de emergência, o clássico ensaio de Hall de 1980, "Race, Articulation, and Societies Structured in Dominance" ["Raça, articulação e sociedades estruturadas na dominância"], mapeia a teorização das "formações sociais racialmente estruturadas",[19] nas quais identifica uma tendência "econômica" e uma "sociológica". Cada uma delas, argumenta, tem uma "lógica" identificada com a categoria de classe ou a categoria de raça.[20] Por um lado, há a abordagem que "considera que as estruturas e relações econômicas têm um efeito determinante esmagador sobre as estruturas sociais de tais formações sociais",[21] incluindo seus momentos simbólicos (ideológico ou cultural), nos quais as "distinções raciais" operam. Por outro lado, na tendência sociológica, o foco está em "raça e etnia enquanto características especificamente sociais ou culturais". No centro dessa discrepância está a demanda de responder como a diferença racial organiza os contextos pós-coloniais e explica dois de seus traços econômicos distintivos, a saber, a escravidão (passada) e o subdesenvolvimento (presente).[22] Ao utilizar as categorias sociais de classe e raça, e não a Categoria econômica de Trabalho, para distinguir essas abordagens, Hall sinaliza como a presunção de unidade levanta um problema no que diz respeito à subjugação racial, que os pensadores do materialismo histórico interpretativo consideram estar relacionado à adequação não de seus procedimentos e suas ferramentas determinativas, mas sim do escopo do capital como um conceito econômico.

Abordando o problema da unidade de forma direta, com a separabilidade operando na delineação do *empiricum*, a análise de Hall da literatura toma como indiscutível que o Racial e o Capital, enquanto conceitos, referem-se a arquiteturas políticas distintas, sendo o primeiro diretamente ligado ao Colonial. Assim, ele aborda a discrepância mencionada por meio de um mapeamento dos debates sobre se o arcabouço do materialismo histórico se aplica a contextos políticos pós-coloniais.[23] O interesse de Hall está sobretudo no que poderia ser chamado de uma abordagem materialista-histórica adequada, não-economicista, não-reducionista e complexa, capaz de dar conta de como os elementos raciais e étnicos operam em configurações (pós-)conquista, quer dizer, (pós-)coloniais.[24] Ele considera as formulações de Gramsci e Althusser sobre a tese da "autonomia relativa" do "superestrutural" (ideológico ou cultural) — com sua "função específica de garantir as condições para a reprodução ampliada do capital" —[25] promissoras em termos de apoio a uma teoria do racismo "capaz de lidar com ambas as características, econômicas e superestruturais" dos contextos pós-coloniais. Como esperado, por ser também um empreendimento interpretativo, a questão da determinação da autoconsciência não é diretamente tratada no esforço de Hall para abordar a subjugação racial enquanto fundamentada na "especificidade histórica do racismo", ao mesmo tempo que ele permanece no campo conceitual e teórico do materialismo histórico.[26] Em vez disso, a questão é posta enquanto um problema de complexificação da apresentação original do modelo materialista-histórico, ao mesmo tempo que se dá ao racismo suficiente espaço explicativo (na estrutura econômica e da superestrutura simbólica). Se lida no contexto da sociologia das relações raciais discutida no capítulo anterior, não é difícil perceber como o interpretativo ("a explicação sociológica") permanece dominante na solução de Hall. Aqui, porém, diz respeito à complexificação da estrutura de classe, dada a coexistência e articulação com (nas sociedades pós-coloniais) um momento simbólico pré--capitalista, isto é, as formas Raciais (étnicas ou culturais).

No entanto, na solução interpretativa de Hall para o problema da unidade, o Racial permanece *exterior* ao momento econômico. Através da noção de formação social, o Racial é mantido em *seu* lugar, relativamente autônomo (simbólico), onde, sob a forma de racismo (como um mecanismo cultural ou ideológico), facilita a acumulação do capital ao criar divisões no interior da classe proletária. Em outras palavras, embora a reprodução de classe do capital — e de suas contradições internas — seja "estruturada pela raça", esta permanece exterior porque, entre outras coisas, "não está presente, da mesma forma ou grau, em todas as formações capitalistas: não é necessária para o funcionamento concreto de todo os capitalismos".[27] Em suma, o racismo se torna um *residuum* histórico (Colonial) que facilita a acumulação do capital nas (pós-)colônias.

Por caminhos distintos, Cedric Robinson e Stuart Hall tratam indiretamente do problema da unidade (inerente a qualquer objeto de análise concebido como uma totalidade ou sistema), que está entre os problemas mais gerais, que o texto materialista-histórico do século xx herda da episteme determinativa. As coisas se tornam extremamente complicadas e elusivas porque a presunção de unidade exigiria que uma abordagem propriamente materialista-histórica da subjugação racial integrasse os conceitos, tais como o Racial e o Capital, cada qual se referindo a um tipo diferente de unidade da multiplicidade — qualitativa ou quantitativa, respectivamente. Do mesmo ponto de partida, diante da suposição de que a diferença racial e cultural constitui um *datum/residuum* estranho à *polity* capitalista-liberal moderna, cada um estabelece uma saída altamente sofisticada da confusão ao destacar um aspecto distinto da condição histórica de emergência (Robinson) e da arquitetura teórica (Hall) do materialismo histórico. Eles procuram identificar por que o materialismo histórico não pode compreender a subjugação racial e sustentar projetos de emancipação racial (Robinson), e como poderia fornecer uma explicação adequada para as dimensões econômicas da subjugação racial/global (Hall). No entanto, essa tentativa é sabotada por pressupostos norteadores que levantam o problema da unidade, pois estes implicam que o que está sob investigação é parte de uma ordem (que é composta de ordens menores) cujas diferenças internas podem ser apuradas com a aplicação do princípio da identidade, o qual carrega a força da necessidade. Basicamente, isso orienta estudos pós-iluministas acerca do social sob os pressupostos de que (a) fenômenos *sociais*, como os fenômenos naturais, são diversos e acessíveis (e seguem a lei da especificação, que dá à separabilidade um aspecto metafísico) ao Entendimento e sempre já são determináveis por ele. Uma vez que o social foi definido principalmente como a dimensão moral da existência coletiva — seja através das versões históricas ou sociocientíficas do conceito de cultural —, presumem-se formas específicas da consciência e "condições materiais" (instituições, práticas etc.) que atualizam e produzem essa consciência particular, a qual ainda está para ser determinada. E de que (b) encontrar tais formas forneceria a chave para a transformação social, incluindo a revolução e o fim da subjugação racial. O duplo dom do pensamento pós-iluminista, que instituiu o momento simbólico ao postular tanto a possibilidade de *compreender* a Natureza (que no século XIX incluía também o Humano) através da unidade (científica) das concepções do Entendimento, quanto o postulado de que humanos (como figurado pela noção de cultura, como no espírito de um povo de Hegel) encontram unidade (histórica) expressa em suas "condições materiais". Ambos os dons assumem o *Eu penso* enquanto a figura epistemológica (Natureza/*mundo*) e ontológica (Humana) fundamental, e ao fazê-lo assumem também uma *identidade/igualdade formal* (dada por conceitos) *ou final* (dada por princípios) entre a Natureza/*mundo* e a mente Humana.

Com isso, quero destacar que o problema da unidade, que assombra mas nunca revela todo o seu contorno nas considerações materialistas-históricas da subjugação racial, decorre do pressuposto metafísico de que aquilo que pode ser compreendido compartilha da mesma forma (formalidade) ou propósito (finalidade) daquilo que compreende — nesse caso, os instrumentos da razão, tal como operam na significação científica ou histórica. Se uma categoria ou princípio unificante, um *conceptum*, não é encontrado ou se revela insuficiente, como Hall mostra no caso da versão ortodoxa economicista do materialismo histórico, o movimento tem sido buscar um conceito mais compreensível ou montar uma imagem do social que sustente as operações de princípios díspares e às vezes contraditórios. Seja como for, o que não é questionado é a pressuposição de unidade — apresentada de modo científico ou histórico — e o conceito ou o princípio unificador correspondente que a captura. Pois, conforme indica o esforço de Hall, estes não podem conciliar raça (refigurada enquanto dispositivo interpretativo) e classe (em sua forma determinativa) em uma realização coerente da pressuposição da unidade — e identificar um, e apenas um, *conceptum* (função) ou *datum* (descritor empírico) que governa e especifica o múltiplo que é a existência coletiva.[28] Embora isso também acarrete problemas, a pressuposição de unidade acarreta comparativamente menos problemas em quadros interpretativos em que a interpretação hegeliana da totalidade pressupõe a operação de um princípio que se atualiza em cada um dos componentes individuais do múltiplo, constituindo-os assim como uma unidade transcendental autorrealizadora (qualitativa) da multiplicidade.

É certo que a demanda por unidade não se apresenta enquanto um problema para a apresentação original de Marx do texto materialista-histórico. Pois esse arsenal simbólico é constituído mediante procedimentos determinativos que suturam suas vísceras e enunciados delimitativos que deixam de lado tudo o que se enquadra no Racial como economicamente não-determinado [*undetermined*], porque juridicamente distinto do que se enquadra no Capital. Dito de outro modo, a incapacidade do materialismo histórico em apreender a subjugação racial pode ser mais bem avaliada se atentarmos tanto para os procedimentos determinativos quanto para os enunciados delimitativos que circunscrevem o domínio compreendido pelo conceito econômico de capital. A demanda por unidade na episteme pós-iluminista pode ser suprida por meio de uma postulação da especificidade ou identidade (qualitativa) ou por uma explicação através da igualdade (quantitativa).[29] Quando mobilizados na montagem de uma totalidade, procedimentos determinativos e enunciados delimitativos se baseiam, para a sua validade e inteligibilidade, no princípio da identidade (para os últimos) e da igualdade (para os primeiros). É sabido que Marx mobilizou as ferramentas e os procedimentos determinativos da razão científica para produzir uma explicação do modo de produção capitalista enquanto uma unidade, uma totalidade, uma função da Categoria do Trabalho — uma descrição de como esta última permite a figuração de *igualdade* de coisas distintas. No caso dos enunciados delimitativos, que explicitam o que é qualitativamente específico ao capital, esses enunciados chamaram a atenção dos pensadores críticos que destacam como o texto materialista-histórico é um espécime do pensamento e/ou da cultura moderna.³⁰ O que farei neste capítulo é mapear esses dois momentos da montagem por Marx da totalidade que é o Capital, a fim de preparar o palco para a *corpo cativa ferida na cena da subjugação*, para que ela reflita no Capital e, como luz negra, rompa a membrana simbólica do conceito de capital e lance sua carga ética numa apresentação da lei geral do valor a partir da qual ela estilhaça as intraestruturas do pensamento pós-iluminista e expõe a cooperação dos momentos ético e econômico de sua arquitetura política.

Aqui a preparação do cenário onde a *corpo cativa ferida na cena da subjugação* faz seu trabalho exigirá uma preparação, talvez até mais do que no capítulo anterior, pois é necessário identificar as linhas ao longo das quais ela pode desmontar o texto materialista-histórico. Essa preparação inclui o comentário, apresentado nesta seção, sobre como Robinson e Hall lidam com o problema da unidade em conjunto com a separabilidade que ela pressupõe e reproduz diante das abordagens interpretativas do século xx que consideram a incapacidade do materialismo histórico de compreender a subjugação racial. A segunda etapa da preparação, na seção seguinte, trata de como a determinabilidade e a sequencialidade operam nas versões do materialismo histórico que, no século xx, retornam ao tema da acumulação primitiva. Após considerar as operações desses pilares ontoepistemológicos em uma tentativa de resolver a intratabilidade do Racial e do Colonial, localizo a *corpo cativa ferida na cena da subjugação* no cerne da construção formal (a equação de valor) através da qual Marx fornece uma explicação da eficabilidade do trabalho enquanto força material (produtiva) e científica (analítica). Lá, onde o ético emerge como a única fonte de valor econômico, quando aparece naquilo em que o trabalho material precisa ser aplicado para que a acumulação do capital se suceda, *ela* uma vez mais retorna o jurídico ao lugar de onde se diz não fazer parte e, ao fazê-lo, permite a contemplação do que se torna pensável quando o edifício sustentado pela necessidade desmorona.

"emaranhado de violência política"

> Um deles concerne ao mercado de bens e ao lugar em que é produzida a mais-valia — a fábrica, a mina, a propriedade agrícola. Vista desta ótica, a acumulação é um processo econômico puro, tendo como fase mais importante uma transação entre o capitalista e o trabalhador assalariado... Aqui, ao menos formalmente, a paz, a propriedade e a igualdade prevalecem, e foi necessária a aguda dialética da análise científica para revelar que o direito de propriedade se transforma, no curso da acumulação, em apropriação da propriedade alheia, que a troca de mercadorias se torna exploração e a igualdade vem a ser regime de classe. O outro aspecto da acumulação do capital se refere às relações entre o capitalismo e modos de produção não-capitalistas, que começam a surgir no cenário internacional. Seus métodos predominantes são a política colonial, um sistema internacional de empréstimos — uma política de esferas de interesse — e a guerra. Exibem-se abertamente a força, a fraude, a opressão, a pilhagem, sem nenhum esforço para ocultá-las, e é preciso esforço para discernir nesse emaranhado de violência política e lutas pelo poder as leis férreas do processo econômico.
>
> ROSA LUXEMBURGO, *A acumulação do capital*[31]

Após relembrar a declaração de Rosa Luxemburgo de que os mecanismos de acumulação primitiva, o "emaranhado de violência política e as lutas pelo poder", são "muitas vezes difíceis de determinar", com um simples "contudo" David Harvey engaja e ao mesmo tempo descarta o lugar desses mecanismos na análise do Capital *propriamente dito*. Concordando que a acumulação primitiva é contínua, ele prossegue: "Contudo, é onipresente independentemente do período histórico". Sem dúvida, essa afirmação estabelece seu ponto de vista de que a mobilização desses "mecanismos violentos" — sustentados pelo Estado — "ganha força em momentos de crise de sobreacumulação na reprodução ampliada, quando parece não haver saída senão a desvalorização" — isto é, "o emaranhado da violência" opera quando a acumulação de capital como de costume não pode continuar.[32] Nesse gesto, que repete a escrita de Marx da acumulação primitiva como uma espécie de "estado de natureza" econômico, é quase imperceptível como também se evoca o aspecto talvez mais intratável do conhecimento determinativo: a presunção de unidade (dentro do gênero ou da espécie), que demanda que conceitos e categorias compreendam de forma nítida e impecável, ou seja, determinem os diversos aspectos do *datum* ou do múltiplo *empiricum*, que foram mobilizados para compreender.[33] Essa demanda, que a citação de Luxemburgo indica, é especialmente difícil de atender no que diz respeito a situar o que Marx chamou de "assim chamada acumulação primitiva" em relação à totalidade determinada pelas "leis férreas do processo econômico", ou seja, o Capital do início do século xx. O que tenho em mente aqui é que as regiões globais onde o "emaranhado de violência" prevaleceu foram (como as outras antes) colonialmente subjugadas aos poderes europeus, ou seja, sob uma modalidade de dominação jurídica mediante violência total.

Não é de surpreender que Harvey, assim como Marx e Luxemburgo antes dele, aborde a "acumulação primitiva" tendo em mente a demanda por unidade — procedimentos determinativos (que suturam) e declarações delimitativas (que delineiam) que efetuam descritores ontoepistemológicos pós-iluministas, a saber, determinabilidade e sequencialidade, respectivamente — o que lembra o gesto semelhante encontrado nas apresentações clássicas do domínio jurídico moderno. Esse gesto retórico, a fábula do fim do "estado de natureza", é a descrição de um estado de natureza anterior mas atemporal, um "emaranhado de violência" do qual os indivíduos racionais concordam em sair ao estabelecer um contrato em que todos concordam em renunciar à liberdade total.

Quase cem anos após a morte de Rosa Luxemburgo, essa versão econômica do estado de natureza aparece na própria apresentação de Harvey da acumulação primitiva, posicionando-a seguramente fora do momento da própria acumulação de capital. Ao discutir o processo de "acumulação via espoliação" — com a qual ele captura as contínuas "práticas predatórias da acumulação 'primitiva' ou 'original' no âmbito da longa geografia histórica da acumulação do capital" —[34] Harvey reconhece que os "mecanismos violentos" que sempre fizeram parte do capitalismo — a saber, as práticas e estruturas jurídico-econômicas coloniais (e imperiais) — permaneceram operativos no início do século XXI.[35] No entanto, sua narrativa, como a de Luxemburgo, pressupõe a exterioridade espacial dessas novas zonas do capital. Tais mecanismos jurídico-econômicos predatórios, segundo Harvey, permanecem periféricos ao próprio processo de acumulação, pois são ativados como parte dos "reparos" históricos e espaciais — "deslocamentos espaciais" e "temporais", facilitados por "instituições financeiras e governamentais" —, que foram desenhados para enfrentar a superacumulação, ou seja, ativados para evitar o colapso sistêmico, resultando em desvalorização; e assim explicam como o capitalismo sobreviveu a todas essas crises ao longo de sua existência.[36] Em suma, a "acumulação via espoliação" de Harvey traduz *geograficamente* (opera sobretudo fora da Europa e dos Estados Unidos, local de reprodução adequada do capital) e *juridicamente* (é facilitada pelo uso do monopólio da violência pelo Estado) uma dualidade que, espera-se, não perturba a montagem original de Marx da totalidade que é o capital. Para Harvey, a acumulação por reprodução continua a depender do "trabalho assalariado" até a próxima crise.[37]

Meu ponto é: embora Harvey esteja fornecendo uma explicação teórica da acumulação primitiva, sua tentativa revela aquilo que também vejo na apresentação original do texto materialista-histórico, que é manter o "emaranhado de violência" fora da determinação do funcionamento apropriado do capital através da própria ênfase em sua natureza jurídica, ou seja, mantendo-o em um domínio separado do econômico abrangido pelo conceito de capital.

Voltando a Luxemburgo: sua evocação da acumulação primitiva fez sentido no contexto mais amplo de mobilização da noção marxista de imperialismo para dar conta das empreitadas coloniais dos Estados-nação modernos do final do século XIX e início do século XX.[38] Naquele momento, além da teorização do imperialismo, havia também o desafio de dar conta dos papéis do Estado (diretamente abordado por Lênin), da nação e do cultural (diretamente abordados por Antonio Gramsci), tanto na relativamente recém-criada figura do Estado-Nação na Europa, como nas pós-colônias emergentes das Américas, no Império (colonial) na África e nas terras recém-adquiridas a leste após a derrota do Império otomano.[39] O que aconteceu com o texto materialista-histórico como o encontramos no início do século XXI reflete as muitas respostas a tais desafios relacionados à determinabilidade (como a acumulação primitiva) e à sequencialidade (como a possibilidade de uma revolução comunista onde as contradições do capital não tivessem amadurecido).[40]

Nenhum desses pilares ontoepistemológicos, ou a presunção de unidade que eles se destinam a cumprir, como mostram as análises de Robinson e Hall, tornam o materialismo histórico incapaz de compreender a subjugação racial. Os conceitos do Racial e do Capital são produtos do regime determinativo do século XIX. O problema resulta não tanto de como a apresentação original do materialismo histórico ignorou o fato de que as estruturas jurídico-econômicas coloniais (escravidão e conquista) participaram da acumulação de capital. Em vez disso, conforme Glen Coulthard recordou recentemente, este deriva de como a apresentação original do materialismo histórico é determinada pela formulação do trabalho — a saber, "trabalho assalariado" — que tem um aspecto quantitativo (tempo) e qualitativo (liberdade), ambos (historicamente) específicos das condições históricas (sociais) que foram projetados para explicar.[41] Ainda que, enquanto uma categoria, o Trabalho assegure (cientificamente) a suposta unidade do capital, ele o faz ao ser especificado (como uma categoria econômica) pelo princípio da liberdade em suas figurações éticas e jurídicas — as mesmas que fornecem a especificidade histórica da "sociedade burguesa moderna".[42]

Quando a *corpo cativa ferida na cena da subjugação* guia uma leitura re/de/compositiva projetada para desembaraçar a apresentação formal da lei geral do valor de Marx, tanto os enunciados determinativos quanto os delimitativos que compõem o Capital como uma totalidade são desestabilizados. Confrontados por *ela*, rompem-se tanto a eficácia do trabalho (como atividade produtiva) quanto sua formalidade (como categoria econômica), pois ela evoca imediatamente as colônias e o "trabalho escravo" — e, ao fazê-lo, expõe como o momento ético sustenta a determinação do capital por meio do *conceptum* de trabalho. Com esse único movimento — que chamo de *negativação* —, ela desmonta tanto os procedimentos determinativos quanto os enunciados delimitativos que compõem o Capital enquanto uma totalidade, com unidade científica e especificidade histórica.[43] Mais especificamente, esta leitura da apresentação de Marx da lei geral do valor — no capítulo 7, volume I, de *O capital* — procura expor e depor os movimentos delimitativos e determinativos que sustentam essa totalidade, ao garantirem a necessidade como base para o trabalho determinativo da Categoria de Trabalho. Embora eu me concentre principalmente nas formulações de Marx acerca do trabalho em geral — trabalho produtivo (criação) de valor de troca —, é de fundamental importância como a forma jurídica de um contrato (referente de liberdade) fornece o princípio organizador para descrever as "condições sociais" propriamente capitalistas modernas.

A negativação, o movimento desta leitura, toma três passos, que serão apresentados neste capítulo. Meu primeiro passo é descrever a formulação de Marx do trabalho como uma ferramenta determinativa, o *conceptum* que fornece a chave para a compreensão dos vários aspectos da "sociedade burguesa moderna" sob o conceito de capital. Segundo, após descrever como uma apresentação quantitativa do trabalho permite a montagem da figura-chave na determinação do capital como um modo de produção,[44] a leitura se volta para os comentários de Marx sobre as colônias e o "trabalho escravo". Aqui eu rastreio o papel das "condições sociais de produção" na circunscrição do capital, em sua especificação (ou distinção), como um gesto analítico, que chamo de delimitação. Pois esses comentários mostram como as formas jurídicas do "trabalho assalariado" e da propriedade privada — ambas referentes do princípio ético de liberdade — são mobilizadas para armar a membrana do Capital sem a qual a reivindicação de sua especificidade histórica (como um ponto discreto do movimento da história) não se sustentaria. Em outras palavras, "trabalho assalariado" como um referente para um momento específico (condições sociais de produção) funciona como um operador histórico, um qualificador que delimita o capital e aparece nos comentários sobre o "trabalho escravo" e sobre as colônias, sem integrá-los na totalidade cientificamente determinada. Em vez disso, o "trabalho não remunerado" que prevaleceu nas colônias permaneceu fora do conceito de capital, assim como as "práticas predatórias" que tornaram disponível a terra em que trabalham. Ao tratar da delimitação, não encontramos o que está fora do capital nem seu oposto, mas, sim, o que não é economicamente identificado ou determinado por não ser compreensível por uma categoria quantitativa. O que está delimitado pode muito bem estar — e mostrarei como de fato está — dentro do capital. Por limitação, o descritor do gesto, refere-se precisamente ao que permanece não-determinado [*undetermined*],[45] ou seja, não o que *não* [*not*] é (assim determinado como tal) mas o que é meramente *não* [*non*] (ou no sentido que li no ante-ontológico de Fred Moten).

Por fim, meu terceiro passo é a ativação da *corpo cativa ferida na cena da subjugação*, a ferramenta poética negra feminista ante-ontológica — isto é, para usar a construção de Moten, o "presente contínuo" da "recusa comum" da negridade — para re/compor a equação do valor de Marx em direção à montagem de outra equação, uma equação em que o valor perde "diferença" (humana) juntamente com sua capacidade de sustentar a violência total. O que resulta dessa dissolução das tramas externas e internas que montam o capital como uma totalidade histórico-científica é um colapso da distinção entre a *polity* Colonial e a Liberal, ou seja, através da exposição do "trabalho escravo" nos próprios componentes do valor de troca de uma mercadoria, onde Marx diz que não pode estar. A partir daí, dos escombros do que ainda é o mais poderoso conjunto de ferramentas para a crítica do capital, a *corpo cativa ferida na cena da subjugação* nos lembra que o que está diante de nós não é uma tarefa simples, mas uma demanda pelo fim do *mundo* como o *conhecemos*, isto é, a restauração do valor total expropriado da Escrava e da Nativa requer uma imagem de *existência* que não presuma linearidade nem as intraestruturas ontoepistemológicas e a arquitetura política que ela sustenta.

"todo seu trabalho [do escravo] aparece como trabalho não pago"

> No trabalho escravo, mesmo a parte da jornada de trabalho em que o escravo apenas repõe o valor de seus próprios meios de subsistência, em que, portanto, ele trabalha, de fato, para si mesmo, aparece como trabalho para seu senhor. Todo seu trabalho aparece como trabalho não pago. No trabalho assalariado, ao contrário, mesmo o mais-trabalho ou trabalho não pago aparece como trabalho pago. No primeiro caso, a relação de propriedade oculta o trabalho do escravo para si mesmo; no segundo, a relação monetária oculta o trabalho gratuito do assalariado.
>
> KARL MARX, *O capital*[46]

O foco no "trabalho escravo" e nas "colônias" impõe considerações sobre acumulação primitiva, que talvez seja, quer se queira ou não, o tema mais intratável que a demanda por unidade impõe ao texto materialista-histórico. Tanto a versão de Luxemburgo da acumulação primitiva quanto a acumulação via espoliação de Harvey oferecem pouco para uma abordagem materialista-histórica da subjugação racial, justo por se encaixarem confortavelmente no próprio enquadramento de Marx da questão "das colônias" e do lugar delas na produção de capital. Não importa se se está disposto a jogar fora o bebê proverbial (e a tornar as relações de trabalho apenas uma relação econômica significativa entre muitas outras) — parece que por um tempo os pensadores marxistas têm estado dispostos a prescindir da água do banho (determinação econômica em última instância):[47] se não se estiver disposto a jogar fora a bacia (a visão de que o capital é primariamente uma formação econômica), a conversa continuará a consistir em infinitos retornos ao texto original, mesmo que ele não tenha nada a oferecer ao mapeamento de como o Colonial e o Racial são constitutivos da arquitetura política pós-iluminista. Como estou experimentando neste capítulo, tal abordagem deve começar com o desatar dos fios que mantêm o Capital unido. Para isso, desenhei uma estratégia de leitura que me permite prosseguir com os três registros de mobilização do *conceptum* de trabalho — o econômico, o ético e o jurídico — que reúne o capital na apresentação original do texto materialista-histórico de Marx.

Com a orientação da *corpo cativa ferida na cena da subjugação*, minha leitura perfura essa totalidade histórico-científica precisamente porque, como indiquei na seção anterior, não pode deixar de relembrar os fios do "emaranhado de violência" que Rosa Luxemburgo afirma ocultar as "leis do processo econômico" que determinam o capital. A tese de Luxemburgo sobre a acumulação primitiva é útil porque é uma tentativa de ajustar a conta do capital para acomodar o imperialismo no início do século XX. Esse gesto é exemplar de como o materialismo histórico só consegue lidar com as "práticas predatórias", que têm sido tão cruciais para o surgimento e o funcionamento do capital, as quais asseguram sua natureza global desde o início, mediante a re-elaboração de um aspecto do texto materialista histórico que não altera fundamentalmente o par trabalho/propriedade em seu cerne.[48] Ao expor como "as colônias" constituem locais de acumulação primitiva governada pela violência total, Luxemburgo consegue manter a integridade do capital como uma totalidade separando a produção e reprodução propriamente capitalista e a acumulação primitiva, ou "as dores do parto, no momento em que a produção capitalista surge do seio da sociedade feudal".[49] Isso ela realiza com a mobilização da diferença cultural como um *datum*. Em sua explicação da segunda fase do colonialismo, que ela denomina imperialismo, Luxemburgo se inspira nas então correntes descrições antropológicas dos "outros" da Europa, em particular o termo "economia natural" — sob o qual ela categoriza "feudalismo", "comunismo primitivo" e "economia camponesa patriarcal camponesa".[50] Isto é, sua articulação da acumulação primitiva combina dois espécimes de conhecimento determinativo, a saber, o texto materialista-histórico e a analítica da racialidade ou conhecimento racial, de forma bastante coerente, visto que os produtos deste último entram na análise enquanto um *datum*. Esse gesto permite a inovação conceitual, mesmo que limitada, pois deve manter a separação constitutiva entre o que deve ser determinado através da tese de acumulação de capital que trata do que é interior à reprodução propriamente dita e o que é anterior (agora racial e/ou geograficamente apresentado) como parte da acumulação primitiva.

Como já dito antes, a tarefa aqui é re/de/compor a apresentação original do capital, identificando como o trabalho e a propriedade funcionam em sua composição como uma totalidade. As consequências disso abrem uma discussão que vai além de sua significância para uma crítica à crítica do capital. Estou ciente da possibilidade, mas não tenho intenção de colocar em primeiro plano ou antecipar essas consequências; simplesmente as ignoro aqui. O que estou fazendo, em suma, é ler os enunciados que montam o capital enquanto uma totalidade (histórica-formal). Felizmente, na medida em que essa totalidade é mantida por uma dada forma jurídica da relação entre trabalho e propriedade, e na medida em que (como Marx, Luxemburgo e Harvey admitem) o capital sempre se baseou, desde o início, em um "emaranhado de violência" e em "práticas predatórias", a *corpo cativa ferida na cena da subjugação* — como um referente da relação trabalho-propriedade e também do emaranhado de violência — é uma excelente guia para desemaranhamento do capital. Após ler o enunciado de Marx, em um texto anterior a *O capital*, que o trabalho é a ferramenta analítica apropriada para a descrição científica do capital, ou seja, a Categoria do Trabalho, que é uma ferramenta determinativa do conhecimento, prossigo com uma leitura de como Marx especifica aquilo que o trabalho explica, isto é, uma leitura dos enunciados que estabelecem o que não pertence a essa totalidade. Ou seja, os enunciados delimitadores que dão o contorno dessa totalidade, ao estipular o que em locais contemporâneos e vinculados de atividade econômica e tipos de trabalho — a saber, as colônias e o "trabalho escravo" — torna irrelevante os enunciados empíricos ("na realidade") e/ou analíticos (categóricos) sobre o Capital.

"trabalho em geral"

> A indiferença diante de um determinado tipo de trabalho pressupõe uma *totalidade* de tipos efetivos de trabalho, nenhum dos quais predomina sobre os demais. Portanto, as abstrações mais gerais surgem unicamente com *o desenvolvimento concreto mais rico, ali onde um aspecto aparece como comum a muitos, comum a todos*. Esse caso, deixa de poder ser pensado exclusivamente em

> uma forma particular. Por outro lado, essa abstração do trabalho em geral [*labor as such*] não é apenas o resultado mental de uma totalidade concreta de trabalhos. A indiferença em relação ao trabalho determinado *corresponde a uma forma de sociedade em que os indivíduos passam com facilidade de um trabalho a outro e em que o tipo determinado do trabalho é para eles contingente e, por conseguinte, indiferente.*
>
> Karl Marx, *Grundrisse*[51]

Distantes, e aparentemente esgotados, estão os debates sobre subsunção, determinação em última instância, e até mesmo sobredeterminação.[52] E, enquanto o par Sul Global/Norte Global substituiu centro/periferia na linguagem corrente, a teoria do sistema-mundo parece ter se tornado parte do vocabulário cotidiano atual. Poucos parecem lembrar que Immanuel Wallerstein pretendia que o conceito de "sistema-mundo" descrevesse um tipo de totalidade.[53] Permanece, no entanto, quase impossível iniciar uma conversa com a maioria dos pensadores europeus de esquerda contemporâneos sobre as relações entre o Colonial, o Racial e o Capital que não se detenha em uma ou outra versão do "emaranhado de violência" e da acumulação primitiva. Quando me perguntam por quê, a única resposta que encontro, e que talvez já tenha sido antecipada, é que isso se deve a uma combinação entre a ubiquidade da dialética racial no "senso comum" interpretativo e a falta de capacidade do materialismo histórico de lidar com a subjugação colonial/racial/global.

Enquanto se ignorar e não for contestado como o texto materialista-histórico e o arsenal da racialidade foram ambos escritos sob o regime determinativo e reescritos sob o regime interpretativo, ambos manterão intacto, em seu cerne, a principal figura ética do pós-Iluminismo, o *Eu transparente*. Por essas e outras razões que são importantes, mas talvez secundárias para serem mencionadas, retorno à *corpo cativa ferida na cena da subjugação*, e me avalio como ela desafia tanto a separação geográfica (Harvey) e a separação antropológica (Luxemburgo) que estabelece o que é uma expressão das "leis do processo econômico" e o que é um "emaranhado de violência". Precisamente porque ela figura o trabalho e a propriedade no modo de governança caracterizado pela violência total — como Marx e Engels descrevem a modalidade jurídico-econômica colonial —, aqui também ela pode fraturar o efeito espelho (do *Eu transparente* figurado como "trabalho assalariado") que torna o capital uma totalidade ("mental" e "concreta"). Sem a pretensão de fazer uma nova leitura de Marx e sem o compromisso de não oferecer uma má interpretação, posso começar de qualquer lugar. Minha escolha é a famosa terceira seção da introdução aos *Grundrisse*, "O método da economia política". Aqui estou interessada em como Marx descreve o capital enquanto uma totalidade e o trabalho ("trabalho em geral") enquanto a categoria econômica simples que, na "sociedade burguesa moderna", adquire a primazia universal interpretativa (histórica) e determinativa (científica).[54]

Nesta e na próxima seção procuro o que determina e o que delimita o capital como uma *totalidade*.[55] Adotar o termo "totalidade" sinaliza que estou lendo a análise de Marx sobre o capital como uma aplicação do que ele chama de "o método cientificamente correto", aquele que, em vez de partir da população (abordada como uma abstração), "chegaria analiticamente [...] do concreto representado a conceitos abstratos cada vez mais finos" e às "determinações mais simples", e daí retorna à população "não como a representação caótica de um todo, mas como uma rica totalidade de muitas determinações e relações".[56] O conceito de capital constitui um exemplar dessa totalidade, já que é "a potência econômica da sociedade burguesa que tudo domina", pois determina (explica) outros conceitos econômicos e modos de produção; é "tanto o ponto de partida quanto o ponto de chegada" da análise.[57] Indiscutivelmente, conquanto o capital denomine a totalidade interpretativa-determinativa (histórico-social-científica) que Marx descreve, ele é histórica e cientificamente dependente de outra categoria econômica, a saber, o trabalho. Pois, como Marx informa na epígrafe desta seção, a categoria que David Ricardo propôs como "atividade criadora de riqueza" e Adam Smith expandiu ainda mais como *a* atividade produtiva (independentemente do tipo particular de trabalho), torna-se tanto o descritor histórico para "a sociedade burguesa moderna" quanto a chave científica para ela, assim como para as outras que a precederam. "Como regra", Marx ainda prossegue, "as abstrações mais gerais surgem unicamente com o desenvolvimento concreto mais rico, ali onde um aspecto aparece como comum a muitos, comum a todos."[58] Em suma, trabalho é a categoria econômica que captura tanto a sociedade burguesa moderna como um momento histórico específico e como unidade (o arranjo ou ordem das relações), quanto as operações específicas das outras categorias econômicas sob o modo capitalista de produção.

O ponto aqui é como Marx monta o trabalho como uma ferramenta determinativa — isto é, como uma categoria científica que figura a necessidade, a formalidade e a eficabilidade, e também descreve uma forma social particular. Lendo a formulação de Marx do trabalho como categoria-chave, isto é, o *conceptum* que compreende o capital como uma totalidade, identifico suas operações em quatro dimensões, a saber, metafísica, ontoepistemológica, existencial e ética:[59] (a) *metafisicamente*, há um realocação da necessidade (histórica) do transcendental hegeliano (figurado como razão autoprodutiva) para o material (figurado como necessidade); (b) *ontoepistemologicamente*, a tese da universalização do trabalho — que está de acordo com Locke, Smith e Ricardo — inscreve este no movimento dialético e de desdobramento da história material;[60] (c) *eticamente*, a produtividade é um atributo exclusivo do trabalho humano e, como tal, sinaliza liberdade enquanto sua universalização (a irrelevância de tipos particulares de trabalho) sinaliza igualdade; e por fim, (d) *existencialmente*, como é próprio das construções determinativas do social, o trabalho é relevante na medida em que é atividade coletiva e exerce um papel na configuração das condições reais de existência.

A necessidade e a eficabilidade são mobilizadas, implícita ou explicitamente, em cada uma dessas operações do trabalho enquanto forma social. Previsivelmente, a necessidade governa a análise da atividade econômica burguesa de Marx da mesma forma que o faz com a produção de conhecimento (Kant) e com a produção histórica (Hegel): em Kant, ela é formal, um atributo das proposições; em Hegel, é Final, o Fim e a Essência que é o Espírito; em Marx, é necessidade material, no sentido de ser aquilo sem o qual o Humano (como uma entidade singular ou múltipla) não existiria. Assim, na medida em que a necessidade apresenta o trabalho (que é produtivo ao causar um efeito sobre as coisas às quais é aplicado) sob a forma da eficabilidade, descobrimos que, da mesma maneira que a necessidade media as relações entre o objeto e o sujeito no conhecimento (por meio da intuição pura), ela media, na atividade econômica (como um atributo humano para trabalhar nas coisas dadas pela natureza), as relações entre Capital e trabalho e entre trabalho e Natureza. Além disso, outra transformação operando no texto de Hegel — ausente em Kant (por causa da mediação formal) — é o reconhecimento de que a força (no confronto instaurado no momento da negação e da negação da negação) é o elemento que fornece a eficabilidade (relação de causa e efeito) impulsionadora do autodesenvolvimento do Espírito.[61] Esse confronto, em Marx, transforma-se na relação definidora do antagonismo de classe, que caracteriza um modo de produção plenamente "desenvolvido", tornando-se um descritor da sociedade. É a força (interna) propulsora (causa eficiente) do desenvolvimento histórico que leva ao desaparecimento de um modo de produção, à medida que outro emerge de suas entranhas.

O que encontro na versão de Marx da história enquanto movimento dialético é novamente como a eficabilidade, enquanto um descritor ontoepistemológico, assegura a necessidade como fundamento para seus enunciados determinativos. Pois não importa se o desenvolvimento das forças produtivas necessariamente leva (*histórica ou atualmente*) à substituição de um modo de produção por outro. O que importa é a necessidade (*analítica*) de uma ligação entre um modo de produção específico e forças produtivas específicas — uma ligação decorrente do fato de que o desenvolvimento das forças produtivas leva inevitavelmente à emergência de outro modo de produção. Dito de outra maneira, aquilo que na física de Newton remete às leis universais do movimento, aqui dá conta da universalidade da produção material na história humana, ou seja, a causalidade eficiente governa o movimento linear (desenvolvimento) da história da mesma forma que governa (desenvolve) o conhecimento (na correção kantiana de Newton). A eficabilidade governa todas as versões do trabalho como um *conceptum*: (a) *metafisicamente*, a produção das condições de existência; (b) *ontoepistemologicamente*, a universalização ocorre por causa do próprio processo de produção material que muda as condições de existência, levando ao desaparecimento de tipos particulares de trabalho e forçando indivíduos desterrados e despossuídos a vender sua força de trabalho; (c) *eticamente*, a produção da existência material é uma expressão da necessidade (natural) cuja capacidade marca o Humano (liberdade), e a prevalência do "trabalho assalariado" marca o momento histórico da igualdade (jurídica); e (d) *existencialmente*, o trabalho universalizado (como capacidade produtiva humana abstrata) torna possível a produção capitalista e, portanto, é a formalização do Humano como um coletivo determinado historicamente (o movimento dialético) e formalmente (compreensão categorial), aquele que é também a chave para o destino do capital. Dito de outra forma, o trabalho enquanto uma ferramenta simbólica (científica) é compatível com os outros momentos — produtividade (econômica), liberdade e/ou como igualdade (ética) e propriedade e/ou como liberdade (jurídica) — da arquitetura política pós-iluminista. E, assim, fornece a chave para decifrar a montagem do capital enquanto uma totalidade, porque é mobilizado para articular o que se enquadra no conceito de capital em cada um dos momentos acima, isto é, sinaliza o que é historicamente (específico ao) e o que é cientificamente (determinativo do) capital, aquilo que o torna diferente de qualquer outro modo de produção. Na versão de Marx do capital, o trabalho opera como um *conceptum*, isto é, ao mesmo tempo uma categoria *econômica* (medida quantitativa), um significante *ético* (a *ideia* da capacidade autoprodutiva do humano, ou seja, autodeterminação ou liberdade) e uma forma *jurídica* (como "trabalho assalariado" sob contrato). Esta de/composição do trabalho em seus modos de operação enquanto categoria que sutura o capital como uma totalidade é crucial porque permite a apreciação da inabilidade do texto materialista-histórico em abordar a subjugação racial e global.

"supondo uma acumulação primitiva"

> Porém, a acumulação do capital pressupõe o mais-valor, o mais-valor, a produção capitalista, e esta, por sua vez, a existência de massas relativamente grandes de capital e de força de trabalho nas mãos de produtores de mercadorias. Todo esse movimento parece, portanto, girar num círculo vicioso, do qual só podemos escapar supondo uma acumulação "primitiva" (*"previous accumulation"*, em Adam Smith), prévia à acumulação capitalista, uma acumulação que não é resultado do modo de produção capitalista, mas seu ponto de partida.
>
> KARL MARX, *O capital*[62]
>
> Nesse caso, o trabalho deveio, não somente enquanto categoria, mas na efetividade, meio para a criação da riqueza em geral e, como

determinação, deixou de estar ligado aos indivíduos em uma particularidade. Um tal estado de coisas encontra-se no mais alto grau de desenvolvimento na mais moderna forma de existência da sociedade burguesa — os Estados Unidos. Logo, só nos Estados Unidos a abstração da categoria "trabalho", "trabalho em geral", trabalho puro e simples, o ponto de partida da Economia moderna, devém verdadeira na prática. Por conseguinte, a abstração mais simples, que a Economia moderna coloca no primeiro plano e que exprime uma relação muito antiga e válida para todas as formas de sociedade, tal abstração só aparece verdadeira na prática como categoria da sociedade mais moderna.

KARL MARX, *Grundrisse*[63]

Sufocantemente elegante, a montagem de Marx do capital como uma totalidade não permite o tipo de reversão e reaproveitamento — e aqui tenho em mente movimentos como a reformulação de Foucault das regras de Kant (de cognição) e a recuperação de Chandler da dessedimentação de Derrida (para localizar o núcleo do pensamento negro) — que perturbam o núcleo de dispositivos conceituais filosóficos aparentemente seguros.[64] Buscando evitar o desafio óbvio (porque esperado e sempre já descartado) desenhado neste livro, parece apropriado começar com uma pergunta estrategicamente ingênua: como Marx conseguiu manter o contexto colonial fora da sua montagem do capital? Ao fazer essa pergunta, não estou sugerindo que Marx deveria ter integrado o contexto colonial ou que ele poderia ter feito isso sem arriscar a montagem do capital como uma totalidade. Aqui, meu argumento não supõe que foi cometido um erro nem a perpetração de uma exclusão injustificada. Como eu disse antes, a construção é impecável, bela até. No entanto, é uma composição, uma montagem e, sendo assim, pode ser re/de/composta. Sem dúvida, pode haver muitas maneiras de fazê-lo. Para esse exercício, escolhi focar na camada externa (a membrana) e nas tecelagens internas que sustentam o conceito de capital de forma científica (analítica) e também histórica; isto é, o capital como uma totalidade (uma variedade singular ordenada) que pode então ser mobilizada (como um pressuposto interpretativo ou uma ferramenta analítica) na explicação de certos aspectos da arquitetura política pós-iluminista. Vou começar com a membrana, esse delineamento da especificidade do capital — apresentado em termos jurídicos e éticos — nos enunciados sobre propriedade e trabalho feitos por Marx ao comentar sobre "as colônias" e o "trabalho escravo".

Ao ler *O capital*, encontramos enunciados explícitos e implícitos que comentam o contexto colonial — sob os termos "as colônias" (conquista e assentamento) e "escravidão" (tráfico de escravos e trabalho escravo) — com descrições destinadas a expressar por que eles não se enquadram no conceito de capital. Isso é consistente com o sentido qualitativo, porque em cada momento da especificação do capital está o *conceptum* de trabalho, isto é, um referente a condições *existenciais* particulares. Portanto, é a postulação da apresentação característica de liberdade e igualdade do capital — a saber, a ubiquidade do trabalho (livre) e da propriedade (privada) — que sustenta a distinção de Marx entre o Colonial e o contexto próprio do Capital. Embora a relação entre trabalho e propriedade seja conceitualizada em *O capital*, as descrições do Colonial destacam (mas não determinam) a ausência de tal apresentação do trabalho livre e da propriedade privada no lugar da preponderância da violência total e da abundância de terras "públicas". O "emaranhado de violência", a modalidade jurídica colonial de subjugação, tornou o local "das colônias" disponível para a acumulação primitiva, onde massacres de populações indígenas e sequestro, tráfico e escravização de pessoas do continente africano garantiram a apropriação de metais preciosos, disponibilizando-os para investimento. Em vez de determiná-las, Marx compara "as colônias" (a ubiquidade da violência total, terras públicas e "trabalho escravo") à política liberal ("sociedade burguesa moderna"), em que a propriedade privada e o "trabalho assalariado" prevalecem, a fim de destacar o que é específico neste último. Em outras palavras, os comentários de Marx sobre "as colônias" apresentam uma explicação qualitativa — isto é, uma explicação na qual atua a taxonomia (a qual depende do princípio de identidade) em vez da *mathesis* (como operação do princípio de igualdade) — em que o contraste entre a forma propriedade e as relações de trabalho predominantes indexam a diferença histórica (existencial e eticamente) e, portanto, permitem a delimitação das condições sociais específicas do capital.

Ao rever os comentários de Marx sobre a "assim chamada acumulação primitiva", identifico dois enunciados principais, um sobre propriedade e outro sobre trabalho. O primeiro e talvez o enunciado delimitativo mais direto é aquele que descreve "as colônias" como um contexto onde a acumulação de capital não pode ocorrer. Ao comentar a "teoria da colonização" do economista E. G. Wakefield,[65] Marx repudia análises que consideram as colônias no âmbito do capital, com uma distinção entre dois tipos de propriedade privada, que derivam de dois modos distintos de apropriação. Primeiro, existe a propriedade privada dos meios de produção, como encontrada "nas colônias", e que é característica da produção pré-capitalista, na qual o proprietário também é um trabalhador; segundo, existe a propriedade privada capitalista, na qual os meios de produção e de subsistência "servem simultaneamente como meios de exploração e de dominação do trabalhador".[66] Por essa razão, argumenta Marx, as terras disponíveis nas "colônias" consistiram num problema para a emergência do capital, pois sua existência deu aos potenciais "trabalhadores assalariados" a esperança (e a realidade) de se tornarem produtores independentes, assim como camponeses nas terras "recém-descobertas". Lá, "a maior parte do solo continua a ser propriedade do povo e que cada povoador pode transformar uma parte desse solo em sua propriedade privada e em meio individual de produção, sem impedir, com isso, que os colonos posteriores realizem essa mesma operação. Esse é o segredo tanto do florescimento das colônias quanto do câncer que as arruína: sua resistência à radicação do capital".[67] Seja comparando implícita ou explicitamente as colônias australianas com *polities* europeias, a delimitação de Marx do que é propriamente capitalista se sustenta em dois tipos de atividade econômica em conexão com a forma jurídica da propriedade privada:[68] uma, não-capitalista, onde não há separação para o proprietário entre os meios de produção e o trabalhador; e a outra, capitalista, onde há uma separação entre o proprietário e o trabalho.[69] "Lá", "nas colônias", Marx contrapõe Wakefield: "o regime capitalista choca-se por toda parte contra o obstáculo do produtor, que, como possuidor de suas próprias condições de trabalho, enriquece a si mesmo por seu trabalho, e não ao capitalista".[70] Seu procedimento nesse capítulo não é de construção de teoria (que exigiria o estabelecimento de uma identidade/igualdade) através da aplicação analítica (determinativa) do conceito de trabalho.

O segundo enunciado delimitativo comenta a propriedade privada no que diz respeito ao "trabalho assalariado" ao lembrar que a propriedade dos trabalhadores sobre sua força de trabalho é crucial para a acumulação de capital. De acordo com Marx, a descrição de Wakefield mostra "a verdade sobre as relações capitalistas da metrópole". Por exemplo, mostra que a propriedade dos meios de produção não é suficiente para caracterizar o capitalismo, que "capital não é uma coisa, mas uma relação social entre pessoas, intermediada por coisas".[71] Apenas um certo tipo de "relação social", a relação exploradora "trabalhador assalariado"/capitalista, um modo de junção para a produção econômica, é capitalista. Isto é, cria condições que são compreendidas pelo conceito de capital. O que Wakefield observou nas colônias foi uma situação em que o trabalhador poderia acumular para si mesmo porque permaneceu possuidor de seus meios de produção; sob essas circunstâncias, trabalho não produz valor de troca e a mais-valia não é extraída. Tampouco se acumula capital, pois, como trabalha em suas próprias terras, o trabalhador nas colônias é um não-produtor de capital. "Nas colônias", segundo Marx, não houve "a expropriação da massa do povo, [...] despojada de sua terra, [que] constitui a base do modo de produção capitalista."[72] (Infelizmente, não posso comentar aqui a significância desse enunciado que ativamente apaga aquelas populações indígenas, que, em vez de serem expropriadas e expulsas do campo, foram exterminadas.) Por essa razão, elas não têm a prevalência histórica distintiva do "trabalho assalariado" e, mais importante, de trabalhadores que são livres e dispostos a vender sua força de trabalho por salários vantajosos para o capitalista.⁷³ Mesmo tendo meios de produção, matérias-primas e até riquezas que poderiam fazer parte da "acumulação original", as colônias carecem da relação determinante de exploração do trabalho, aquela que ocorre sob contrato envolvendo partes juridicamente iguais. Pois, argumenta Marx, dinheiro e mercadorias "são tão pouco capital quanto os meios de produção e de subsistência".⁷⁴ Para se tornar capital, o contexto tem que ser configurado de forma que haja distinção nítida entre os "possuidores de dinheiro, meios de produção e meios de subsistência" e os "trabalhadores livres, vendedores da própria força de trabalho". Isso não prevaleceu no "emaranhado de violência", as condições econômicas e jurídicas que os tornavam lucrativos.

Rastrear o delineamento que Marx fez do capital (um múltiplo específico) enquanto uma totalidade, através da mobilização da universalidade do trabalho como um aspecto histórico e uma ferramenta analítica, permite identificar os fios nominais (descritivos) que sustentam a distinção qualitativa (interpretativa) entre o contexto jurídico-econômico colonial e o liberal.⁷⁵ Fios, notamos, assegurados pela categoria do trabalho como um *conceptum* (econômico e jurídico), quando considerado em relação à propriedade e à liberdade. Mais precisamente, como mostram os dois enunciados que abrem esta seção, o melhor procedimento para identificar como costuram a montagem da "unidade do diverso" que é o capital consiste em seguir as delimitações de Marx do trabalho produtivo (do capital) por meio de sua relação com a forma liberal (jurídico-econômica) da propriedade privada. Não, porém, em enunciados que estabelecem o que são, o que cada um compreende, mas naqueles que relatam como determinado contexto ou espécie de trabalho (que está sempre já presente em sua diferença em relação a outra) não se enquadra no que foi *determinado* como capital.[76] Sem correr o risco de ler um pelo outro, uma vez que Marx mobiliza consistentemente as principais categorias da sua crítica da economia política, é possível rastrear sua delimitação dessas mesmas categorias ao notar como a ausência de um certo arranjo de trabalho e propriedade inviabiliza o surgimento do capital.[77]

Lendo os comentários de Marx sobre as colônias, encontro uma delimitação, o tecer da camada externa do capital, ou seja, uma distinção qualitativa não realizada através da constituição de uma oposição (*A* versus *B*), mas que identifica, seleciona e separa o que pertence às "condições sociais" específicas ao capital e o que não pertence — ou o capitalista do não-capitalista. Merecem atenção aqui as duas razões pelas quais essa distinção qualitativa não estabelece uma dicotomia. Primeiro, porque o "emaranhado de violência" — isto é, as condições sociais caracterizadas pela abundância total de terras públicas e escravidão — é definido juridicamente. Ou seja, ainda que a produção econômica de fato ocorra nas "colônias" e a pessoa escravizada seja uma espécie de trabalhadora, a apresentação original do materialismo histórico não oferece pistas sobre como a produção econômica colonial se encaixaria em seu quadro geral dos modos de produção. Por exemplo, o contexto colonial do século XIX não se encaixa na descrição nem da escravidão antiga nem do feudalismo, embora contenha traços de ambos. Em segundo lugar, de modo relacionado, ele permanece *não-determinado* [*undetermined*] cientificamente (sem um modo de produção econômico correspondente) e *não especificado* historicamente (sem uma posição adequada na sequência temporal dos modos de produção). Marx mobiliza o trabalho e a propriedade privada como lentes históricas para ler a descrição de Wakefield do contexto colonial. Lentes que, em vez de destacar o que constituiria uma totalidade específica (modo de produção liberal ou colonial), focalizam aquilo que nesse contexto colonial não é compreensível pelo modo como as categorias da economia política o descrevem e como é apresentado sob o capital. Em suma, ao destacar como as condições jurídicas ("sociais") de produção nas colônias não se aplicam em sua análise, Marx também delineia a especificidade histórica do capital como uma totalidade.[78]

"como compra seu cavalo"

> O senhor de escravos compra seu trabalhador como compra seu cavalo. Se perde seu escravo, ele perde um capital que tem de ser reposto por meio de um novo dispêndio no mercado de escravos.
>
> KARL MARX, *O capital*, v. 1[79]

Se comentar a descrição de Wakefield sobre "as colônias" permite que Marx destaque o/a significância da indisponibilidade das terras públicas, suas próprias referências ao "trabalho escravo" indicam que a concentração da propriedade da terra não é suficiente para estabelecer uma das "condições essenciais" para o capital. O que elas fazem é enfatizar que a exigência de que apenas o trabalho se torne propriedade privada do trabalhador deve ser atendida para a realização do capital como um modo de produção específico. Embora a referência a apresentações distintas do trabalho, como propriedade (jurídica) e como liberdade (ética), seja crucial, elas estabelecem uma comparação que envolve "trabalho assalariado" e "trabalho escravo" não como modos do processo de trabalho, mas apenas como referências às suas respectivas "condições sociais" de produção.[80] Dito de outra forma, nos comentários sobre "trabalho escravo", o movimento subjacente visa indicar que ele não (*non*) produz capital, e não como ele difere do (*it is not*) "trabalho assalariado". Ainda que se estabeleça uma identidade/diferença, ela não está a serviço de compor uma totalidade, mas, sim, de comparar para identificar o que não lhe pertence (neste caso, o Capital). Aqui, novamente, Marx passa a delinear o capital através de sua delimitação, isto é, o desenho de seus limites por meio da apresentação do trabalho (livre) e da propriedade (privada) em casos que destacam como o "trabalho escravo" é não-produtivo de valor (valor de troca) que possa ser parcialmente apropriado (mais-valia). A não-significância do "trabalho escravo" para o capital é registrada contemporaneamente com a — e por dentro da — montagem do capital enquanto uma categoria (quantitativa) que nomeia o modo de produção e de reprodução do valor propriamente capitalista.

Talvez o enunciado mais significativo na delimitação do "trabalho escravo", isto é, na afirmação de que este não contribui para a acumulação de capital, é que o Proprietário realiza o lucro quando ele ou ela compram ou vendem uma

Escrava. "O preço que se paga pelo escravo," Marx afirma, sem recorrer a uma equação ou função, "não é outra coisa senão a mais-valia ou o lucro, antecipado e capitalizado, a ser extraído dele." Assim, a trabalhadora escravizada é como um cavalo ou outro instrumento agrícola de produção que — e aqui ocorre a delimitação — na medida em que ela trabalha, é uma trabalhadora não-produtiva. Além disso, ele prossegue, "o capital que se paga na compra do escravo não pertence ao capital por meio do qual se extrai do escravo o lucro, o mais--trabalho. Pelo contrário. É capital que o senhor de escravos alienou, dedução do capital que ele detém na produção real. Não existe mais para ele, exatamente como o capital investido na compra da terra não existe mais para a agricultura".[81]

Se, como observado antes, somente o trabalho humano é produtivo (criador de valor), se a Escrava é um ser humano, por que é que seu trabalho não é produtivo?

Subjacente à distinção de Marx entre "trabalho escravo" e "trabalho assalariado" estão dois descritores, que discuti anteriormente: liberdade (o ético) e fungibilidade (o econômico). Então, no capítulo 2, ressaltei como, quando ao lado da dignidade, a fungibilidade evoca o significado do momento jurídico da subjugação ocluída na dialética racial. Aqui noto como essa evocação do momento jurídico é o que permite uma distinção qualitativa que não estabelece uma dicotomia ou equivalência justamente porque cada uma figura posições jurídicas diferentes em relação ao trabalho, e que podem ser distinguidas em termos de formas jurídicas correspondentes: "trabalho assalariado" (contrato) e "trabalho escravo" (título). Ambas estão implícitas em um jogo de palavras breve, mas revelador: "Como escravo, o trabalhador tem valor de troca, um valor; como trabalhador livre, não tem nenhum valor; mas a sua capacidade de dispor de seu trabalho, numa troca com ele mesmo, tem valor. Não é o trabalhador que se defronta com o capitalista como valor de troca, mas é o capitalista que se defronta com ele como valor de troca".[82] Uma reviravolta que só faz sentido se lembrarmos que, para Marx, apenas a "trabalhadora assalariada" produz valor de troca — o trabalho que ela vende, tem que vender, ao capitalista. No entanto, o valor dela reside na sua capacidade de vender sua força de trabalho, ou seja, reside na liberdade dela. Quanto à Escrava, ela só tem valor de troca porque é uma mercadoria; e, nessa condição, sendo fungível, ainda que humana, ela não produz mais-valia (pois seu Proprietário tem autoridade para apropriar-se do valor total que seu trabalho rende). Por quê? Porque ela não pode vender, ela não pode alienar seu trabalho por algumas horas do dia.

A chave para essa distinção está no primeiro capítulo do primeiro volume de *O capital*, onde Marx explica a diferença entre valor de troca e valor de uso, observando que o valor de troca é realizado no mercado enquanto o valor de uso é realizado no lar (consumo). Ambos, o "trabalho assalariado" e o "trabalho escravo", têm valor de uso — um como detentor da atividade produtiva e o outro como instrumento de produção (como um cavalo ou um pedaço de terra). No entanto, o valor de uso da Escrava é realizado no momento da troca no mercado, quando ela é comprada ou vendida, enquanto o valor de uso do "trabalho assalariado" é vendido por ela por um tempo limitado na fábrica, e é realizado na mercadoria quando é vendida no mercado. A delimitação aqui se dá na implicação de que, mais uma vez, o "trabalho escravo" é um não-produtor de valor porque só conta como uma mercadoria, um instrumento de produção, ou seja, como um valor de uso no consumo privado da família ou na plantation.[83] Mais explicitamente, a delimitação aqui ocorre no momento ético porque o "trabalho escravo" não entra no mercado em condição de liberdade; ela/ele não é "a livre proprietária de sua capacidade de trabalho, de sua pessoa", que enquanto "uma pessoa livre", "dispõe de sua força de trabalho como sua mercadoria" que ela/ele vende ao capitalista ao encontrá-lo no mercado, "sendo ambos, portanto, pessoas juridicamente iguais".[84] Do mesmo modo, juridicamente, como mercadoria cujo valor de uso é trabalhar no campo ou no lar, a Escrava é propriedade, como um cavalo ou um pedaço de terra — a liberdade figurada pela propriedade privada não se aplica a ela, mesmo que seja considerada uma pessoa.[85]

O que está em jogo aqui é talvez a distinção mais crucial na delimitação do capital como uma totalidade. Na Escravidão, como valor de uso, o trabalho da Escrava é fundamentalmente trabalho não renumerado — isto é, o produto do seu trabalho é totalmente (não apenas parcialmente) apropriado. Na relação Escrava/Proprietário há uma apropriação do valor total produzido pelo "trabalho escravo", que desaparece nas "relações de propriedade" — ou seja, no título do Proprietário ou na posse legal da pessoa da Escrava. Isso, no entanto, não entra nas considerações de Marx porque desmente as condições sob as quais é possível a apropriação parcial (exploração ou apropriação da mais-valia), aquela que permite a *delimitação* do capital; dá sua especificidade (histórica) e também aquela que (como trabalho abstrato que se traduz em tempo) possibilita sua *determinação* (científica — a descrição de sua ordem, a identificação de suas categorias e relações). Meu ponto é que a distinção entre "trabalho escravo" e "trabalho assalariado" é qualitativa, ou seja, é uma delimitação ética ("trabalho assalariado" inclui a propriedade da própria pessoa, ou seja, liberdade) do capital em um momento histórico específico, que nao tem que ser demonstrado porque se supõe — como postulado por Kant, Hegel e outros antes e depois — que as condições sociais europeias e norte-americanas pós-iluministas constituem o momento de realização dos princípios da razão universal. Que assim fosse, em termos econômicos, advém do grau de abstração do trabalho real (não identificado com nenhuma atividade produtiva particular, ofício ou local de trabalho), a realização da trabalhadora de sua propriedade sobre a capacidade produtiva, e sua capacidade de vendê-la no mercado para o capitalista — isto é, as condições sociais marcadas pela igualdade e liberdade. Voltarei a essa distinção na próxima seção, pois ela é fundamental para rastrear a participação do "trabalho escravo" na acumulação do capital.[86]

Encerrarei esta seção com um comentário sobre "método", isto é, sobre o uso que faço da delimitação para descrever os enunciados de Marx sobre "as colônias" e o "trabalho escravo". Basicamente, a delimitação é uma maneira de ler enunciados que, em vez de fornecer uma interpretação de seu conteúdo, observa como eles desempenham sua função, que é distinguir o que se enquadra em um conceito particular (em oposição ao que é determinado por uma categoria específica) e o que não se enquadra (negativo) ou excede (infinito) tal conceito (que não é o mesmo que contradizê-lo, sua negação). Como tal, é uma ferramenta para ler de outro modo. Em vez da predicação dos conceitos econômicos relevantes — nesse caso "trabalho assalariado" e propriedade (privada), ambos significantes da liberdade e igualdade no texto moderno —, foco na não-especificação do Colonial como uma configuração política nas descrições de suas condições econômicas (apropriação violenta de terras e prevalência do "trabalho escravo") destinadas a indicar que este não se enquadra no conceito de capital. Perceba que outramente significa não uma posição, mas uma direção de leitura. Eu poderia muito bem ter lido os comentários de Marx e feito uma oposição entre o contexto Colonial e o Liberal, no qual prevalece a propriedade privada, para identificar como Marx distingue um do outro, e a partir daí passar a reproduzir duas totalidades. Isso seria um exercício teórico interessante e talvez até necessário, mas minha proposta aqui não é essa. O que farei, dada a orientação deste exercício, é rastrear os enunciados conhecidos, mas fundamentais, sobre "as colônias" e o "trabalho escravo" a fim de expor como, para Marx, são incompreensíveis com a/ na totalidade que é o capital, na medida em que carecem de características jurídicas e éticas historicamente específicas e não por se enquadrarem em um modo distinto de produção econômica. Pois o capital é historicamente especificado, delimitado pelo trabalho, como Marx diz repetidas vezes, sob certas "condições sociais essenciais", em que toma a forma (jurídica) da propriedade privada e a forma (econômica) da mercadoria; como tal, é específico à *polity* liberal, pois se refere aos princípios de liberdade/igualdade (jurídica/perante o Estado) e igualdade/liberdade (econômica/no mercado), respectivamente.

O que aparece quando esses fios externos se desemaranharem, em particular o par trabalho/propriedade (privada), são precisamente as linhas externas da totalidade do capital que expõem como essa in/distinção entre a cena de valor econômica e ética, que é mediada pela forma jurídica da propriedade privada, opera no texto materialista-histórico. Mais uma vez, não pretendo mostrar que Marx não considera o "trabalho escravo" como parte da acumulação do capital ou provar que ele deveria ter feito isso. O materialismo histórico não pode permanecer intacto após uma confrontação com o Racial. Por um lado, a racialidade imediatamente torna patente a base liberal (ética-jurídica) da montagem do capital de Marx como uma totalidade; isto é, que a liberdade é o princípio orientador do materialismo histórico para a montagem do capital como um momento historicamente específico. Até que se reconheça que, tanto no materialismo-histórico quanto no texto liberal (e os discursos políticos atuais que se baseiam em um deles ou em ambos), igualdade pressupõe liberdade — isto é, o "trabalhador assalariado" entra em uma condição de igualdade no mercado porque é (antes de tudo) livre para vender seu trabalho como qualquer outra mercadoria sobre a qual tenha direito como propriedade privada —, a subjugação racial e colonial permanecerão intratáveis. E considerações críticas da arquitetura política do presente global permanecerão, na melhor das hipóteses, inúteis para os subjugados coloniais e raciais, isto é, para as pessoas e populações subjugadas globalmente.

"Ninguéns alugadas por algumas horas, alguns dias"

> Eu estava trabalhando para uma agência de trabalho informal. Nós, os contratados, chamávamos de um mercado escravista. Na verdade, era o contrário da escravidão. Aqueles que a comandavam não se preocupavam nem um pouco se as pessoas apareceriam para fazer o trabalho que elas ofereciam. Afinal, sempre havia mais candidatos a vagas do que vagas. [...]
>
> Quando um trabalho era oferecido, o pagamento mínimo era feito — descontada a parte do Tio Sam —, por quantas horas a pessoa trabalhasse. Varrer chão, encher envelopes, fazer relatórios, lavar pratos, separar batata frita (sério!), lavar privada, colocar preços nos produtos... Fazia-se o que havia a ser feito. Quase sempre, era trabalho que não exigia esforço mental, e até onde a maioria dos empregadores sabia, era feito por pessoas que não se esforçavam mentalmente. Ninguéns alugadas por algumas horas, alguns dias, algumas semanas. Não importava.
>
> OCTAVIA E. BUTLER, *Kindred*[87]

"Ninguéns alugadas por algumas horas", enquanto declaração, não revela muito sem a descrição anterior de como era ser uma trabalhadora informal. "Ninguéns" revela tudo quando é lida junto com a declaração negativa no final da passagem: "Não importava". O que importa? Vidas Negras Importam, *Black Lives Matter*[88] — o chamado solitário de milhões, bilhões de pessoas negras nos Estados Unidos e em todo o mundo, neste momento, enquanto escrevo esta frase — está sendo respondido por milhões de outras pessoas. Seja lá como os dias de confinamento e o medo de um vírus mortal nunca visto antes (Sars-CoV-2) e da doença que ele causa (covid-19) tenham contribuído para essa resposta, ela está ocorrendo. Nos dias de hoje. Enquanto escrevo isto, treze dias depois que George Floyd foi linchado por um policial à vista de pedestres e outros policiais, 84 dias depois que Breonna Taylor foi morta a tiros em sua cama por policiais.[89] Hoje. Nos últimos dias. E parece que por muitos mais dias, o *Black Lives Matter* continuará a importar. Para muitas, e talvez para muitas mais. Não compreenderemos como isso importa ou deveria importar para todos até que haja um relato minucioso de como o momento ético moderno tem sido delimitado e determinado em textos que tornam a vida/morte negra uma matéria econômica e jurídica.

Quem garante que a dialética racial não abrangerá nenhuma consideração minuciosa dos processos econômicos e ambientais por trás (as chamadas causas profundas) das condições subjacentes que tornam o covid-19 mais letal para as pessoas negras, latinas e indígenas nas Américas do que para norte-americanas brancas e asiáticas. Até que Vidas Negras Importem atemporalmente, não importará quantas vozes, em uníssono, entoem isso. Meus exercícios especulativos, em sua maioria, são experimentos mentais que buscam expor e dissolver as ferramentas políticas/simbólicas que tornam a morte negra uma questão de necessidade. Aplicando procedimentos destinados a des-pensar — ou seja, expor como a necessidade e seus descritores (formalidade e eficabilidade) e pilares (separabilidade, determinabilidade e sequencialidade) ontoepistemológicos entram na constituição das narrativas sobre a subjugação racial e sobre a acumulação de capital —, eu solto a capacidade da negridade de significar outramente, de trilhar um caminho que torna impossível articular uma formulação coerente da base jurídico-econômica da subjugação racial ou da base ético-simbólica da acumulação do capital. Mirando o mesmo alvo, no capítulo anterior, ativei a *corpo cativa ferida na cena da subjugação* como uma ferramenta para desalojar as suturas da determinabilidade, uma vez que esta opera na narrativa ainda predominante sobre a subjugação racial — a dialética racial. Minha tarefa ali era simples. Uma re/de/composição que se dá de forma bastante rápida, pois, quando a negridade se refere à *corpo cativa ferida na cena da subjugação*, ela imediatamente evoca a dominação jurídica e, ao fazê-lo, ofusca o *mundo* da Subjetividade, que não pode mais se apresentar diante dela como uma primeira pessoa (interior/temporal) ou como consciência pura, e tem que enfrentar seu próprio reflexo da arquitetura política pós-iluminista, que não é mais transparente, porém revela seus contornos jurídicos, econômicos, éticos e simbólicos.

Ao irradiar a intensidade da *corpo cativa ferida na cena da subjugação*, a luz negra fratura a imagem do sujeito político, que o teórico pós-colonial David Lloyd encontra delineado no sujeito de Kant da estética. Então, conforme ele expõe, o sujeito político como uma coisa da representação indexa uma posição de enunciação que é de uma só vez ética, jurídica, econômica e simbólica — justamente a figuração do *Eu transparente* que iria governar a arquitetura política pós-iluminista, no regime interpretativo.[90] Desenhada para perturbar esse arranjo, a *corpo cativa ferida na cena da subjugação* lança a luz negra no espaço entre o julgamento determinativo e reflexivo, soltando assim a negridade do domínio do Entendimento. Ao fazê-lo, dissolve as membranas exteriores e os fios interiores do (conceito de) capital com um movimento que começa por dissolver a própria construção da diferença cultural e racial como *datum*, a qual assegura a coerência da totalidade, ao retornar a violência total à violência simbólica (dos palcos científico e histórico) da representação moderna. Ao passo que isso opera prioritariamente no momento da leitura, no engajamento com os traços ontoepistemológicos que desaparecem com o "trabalho escravo" através de sua posição jurídica enquanto propriedade, a *corpo cativa ferida na cena da subjugação* convida a uma contemplação do que seria necessário para minar o império da necessidade. Depois de esgotar a necessidade, isto é, depois de dissolver tanto o dispositivo discursivo (a dialética racial) que devolve a violência à negridade quanto o gesto determinativo (a equação do valor) que equipara o valor ético e econômico à liberdade, ela habilmente solapa a presunção de unidade que rege a imagem kantiana da existência (o mundo ordenado ou a Natureza) — ou seja, a pressuposição metafísica da atitude natural e da consciência pura de Husserl, bem como dos dois "mundos" de Du Bois e das ferramentas da razão científica.

"Um preço pela hospitalidade europeia"

> Os refugiados devem ser tranquilizados quanto à sua segurança, mas também deve ficar claro que precisam aceitar a zona de habitação que lhes é alocada pelas autoridades europeias, e que precisam também respeitar as leis e normas sociais dos Estados europeus: nenhuma tolerância à violência religiosa, sexista ou étnica de qualquer lado, nenhum direito de impor aos outros seu próprio modo de vida ou religião, o respeito à liberdade de cada indivíduo de abandonar seus costumes comunitários etc. Se uma mulher optar por cobrir

> o rosto, sua escolha deve ser respeitada, mas se optar por não
> o cobrir, sua liberdade para isso tem de ser garantida. Sim,
> tal conjunto de regras privilegia o modo de vida da Europa
> Ocidental, mas é um preço pela hospitalidade europeia. Es-
> sas regras devem ser claramente anunciadas e impostas, por
> medidas repressivas (contra fundamentalistas estrangeiros,
> bem como contra nossos próprios racistas anti-imigrantes),
> se necessário.
>
> Slavoj Žižek, "We Can't Address the eu Refugee Crisis
without Confronting Global Capitalism"

A partir de seu título, o artigo de 2015 de Žižek sobre a "crise dos refugiados" parecia captar as operações da diferença cultural pelo que elas são — que não são, como ele afirma em outro texto, apenas uma arma ideológica do capital neoliberal projetada para (mais uma vez) dividir a classe trabalhadora.[91] Parecia que ele talvez tivesse esticado um pouco a totalidade e alcançado uma visão panorâmica do capital global. Parecia sim, mas não por muito tempo. Žižek abre o artigo reconhecendo que os refugiados estão arriscando a vida ao cruzar o mar Mediterrâneo, fugindo de países dilacerados pelas guerras do capital global — conflitos envolvendo o controle do acesso a minerais valiosos ou a distribuição de minerais valiosos que constroem e alimentam nossos aparelhos eletrônicos. Cinco parágrafos à frente — se não contarmos a referência vulgar a um "coração das trevas" africano —, ele é freado pelo argumento clássico da "acumulação primitiva" ou "acumulação por espoliação", mesmo que, relutantemente, "é claro que a ascensão desses 'Estados falidos' não é apenas um infortúnio não intencional, mas também uma das maneiras pelas quais as grandes potências exercem seu colonialismo econômico".⁹² Com certeza, ele parece tentar esticar o conceito de trabalho. De modo muito parecido com sua referência ao "colonialismo econômico" (como se houvesse um que não fosse econômico), no entanto, seu diagnóstico de uma "nova escravidão" ("bem aqui, dentro de nossa casa"), que ele acredita ser "uma necessidade do capitalismo global de hoje", não o impede de repetir o argumento fascista anti-imigrante de que os refugiados que atravessam o Mediterrâneo estão "possuídos por um certo sonho" — não um direito, tal como estabelecido na lei internacional dos refugiados — de "não apenas alimentação adequada e assistência médica, mas também transporte para o local de sua escolha". Esse argumento é esperado, dado o tom paternalista geral do texto. Inesperado, porém, é como ele passa a afirmar que "a proteção do modo de vida específico de alguém" não é em si uma "categoria protofascista ou racista". Essa declaração, que quebra o que ele chama de "tabu da esquerda", abre caminho para suas demandas por medidas jurídicas (um policiamento estatal em toda a Europa enquanto administração) — como exemplificado na citação acima — para garantir que as refugiadas não violem o "modo de vida" europeu (que é descaradamente branco).

Como ler a declaração de Žižek? Uma leitura generosa a entende articulando a dialética racial, mas não o "discurso de raça" de Foucault (ou sua transcrição enquanto "racismo de Estado"). Afinal, ele não está pedindo a erradicação dos refugiados, mas o controle deles, em uma declaração que reitera a versão clássica da tese da acumulação primitiva. Não comentarei a articulação da dialética racial porque sua afirmação sobre "a proteção do modo de vida específico de alguém" é inequívoca e não é sofisticada a ponto de suscitar a questão de saber se ele estava apenas esperando uma oportunidade para dizer o que diz a seguir. Em relação a este último, somente direi que, como mencionado acima, ele usa o termo "colonialismo econômico" e nomeia a hiperexploração dos refugiados de "nova escravidão" sem considerar as condições sob as quais seu trabalho se torna disponível para ser explorado a tal ponto, o que tem a ver com a dinâmica atual do capital, como ele diz, mas também com o fato secular de que o capital se acumulou não apenas pela exploração do "trabalhador assalariado", mas também pela expropriação de terras e de trabalho nos lugares de onde vêm as pessoas a quem ele gostaria de oferecer hospitalidade condicional.

O que me interessa não é tanto o conteúdo, mas a forma da declaração de Žižek, porque revela muito sobre a incapacidade de teorização da esquerda contemporânea de considerar como a racialidade opera na — porque governa a — arquitetura política do presente global, bem como na reconfiguração radical do político (no nível do pensamento, do conceito) necessário para que isso seja possível. A declaração em si é significativa: "a proteção do modo de vida específico de alguém [não] é em si uma categoria protofascista ou racista". Não se trata de uma justificativa ou uma explicação, ou seja, não é uma afirmação, mas uma negação, uma rejeição de uma acusação que, no entanto, não tem sujeito. Como tal, pressupõe um universal (proteção), que é negado enquanto uma espécie de outro universal (categoria política). Ao lado de outros significantes de transparência, como a Europa e os Estados (não fracassados) desses dois universais (e a autoridade contida nesse tipo de predicação), a declaração se arroga universalidade, mas não do tipo determinativo. É uma afirmação interpretativa — em que "alguém" poderia facilmente ter sido substituído por "meu" (a primeira pessoa possessiva), o que cheira a sentimento fenomenológico na dupla referência de que "o modo de vida em si de alguém" evoca ambos, o mundo da vida e sua essência, enquanto apela ao senso comum em sua generalidade (o uso de "alguém" assegura isso). Esse tipo de generalidade, generalidade subjetiva, é justamente o que Kant atribui ao julgamento estético (reflexivo). Ou seja, é um chamado ao senso comum racial que, conforme Lloyd, é um efeito de como a teorização da estética produz sua própria versão da diferença racial e, nesse caso, na delimitação do Humano como "sujeito de representação".[93]

Meu ponto é: embora Žižek use as palavras "colonialismo" e "escravidão" e dedique uma parte significativa de seu texto à não-Europa, tudo o que ele articula é a diferença fundamental entre o outro racial afetável (o africano e o indígena) e o sujeito propriamente político (europeu), aquele cujo aparelho mental está preparado para ocupar-se das manifestações da razão universal, isto é, o sujeito próprio da representação em todos os níveis — estético, prático, científico e até econômico. Esse é o trabalhador cuja exploração do trabalho conta na acumulação de capital justamente porque, como afirma Žižek na abertura do artigo, ao contrário dos "novos" escravos (refugiados), ele goza de liberdade. Essa distinção antropológica que serve de base ao apelo de Žižek à figura estatal da União Europeia para ativar a lei (não direito) e engatilhar seus mecanismos de aplicação da lei (não proteção legal) para coibir os imigrantes e suas práticas patológicas e crenças só faz sentido para — passa despercebida por — aqueles que concordam com ele. Aqui de novo a imagem de "emaranhado de violência"/estado de natureza refere-se a algo que não é necessariamente o passado, mas de alguma forma anterior às condições ético-jurídicas (sociais) do capital, que agora está ligado às refugiadas e às (antigas) colônias de onde elas vêm.

Pensadores de esquerda de hoje, de modo similar a Marx e Luxemburgo, remobilizam a imagem do estado de natureza ao reescreverem consistente e confortavelmente o Racial e o Colonial, seja como *datum* ou *residuum*, como anterior e exterior à arquitetura política pós-iluminista.[94] Como Badiou, Žižek não compreende como o Colonial e o Racial sempre foram e continuam sendo parte integrante do funcionamento do capital e supõe que a violência total e simbólica que produz a figura do Outro Racial/Cultural da Europa não tem relevância jurídica, econômica ou ética para o que se desenrola no presente global. No texto de Žižek encontramos (a) uma repetição do repúdio marxista da relevância jurídica e econômica da colonialidade e da racialidade, e (b) uma repetição reflexiva da dialética racial, que resulta em um apelo à proteção do Estado (que soa como autopreservação [do seu modo de vida]), que novamente (c) retorna a violência total ao "outro" racial, nesse caso saudado em sua diferença cultural. Como Lloyd mostrou, o racial operando no nível do/como "senso comum",[95] como índice de universalidade subjetiva, é constitutivo da representação moderna e, portanto, é parte integrante da arquitetura política global.

Por isso, acredito que, enquanto as figurações interpretativas do Sujeito, guiadas pelo *Homo historicus*, continuarem a ignorar suas operações como *Homo scientificus*, tais dimensões permanecerão inalcançáveis. Pois, como argumentei no capítulo anterior, o Racial é constitutivo da figuração da Subjetividade que distingue o regime interpretativo. (Desconfio de gestos que descartam o Sujeito e abraçam o objeto rapidamente, sem considerar o que pode advir do fato de que se coconstituem.)[96] Pois a tarefa radical é expor e minar as operações políticas do simbólico (científico e histórico), o que é algo que a *corpo cativa ferida na cena da subjugação* faz. Ao irradiar como luz negra, ela retorna a violência total, perturbando assim os arranjos éticos bem organizados que ocluem o elemento jurídico que opera na subjugação negra. Para ativá-la, preparei o terreno atendendo ao trabalho e à propriedade como os fios que delineiam a unidade científica do capital. Ali também acompanhei os enunciados delimitadores que estabelecem a especificidade histórica do capital, ou seja, as afirmações de Marx de que, apesar da existência de riqueza acumulada, meios de produção, trabalhadores livres e capitalistas, a ausência de um mercado de trabalho é considerada não [*non*]-capitalista. Meu próximo passo na preparação das bases para a ativação dela é traçar a montagem de Marx dos fios internos que obtêm o capital como uma totalidade científica.

"O segredo da expressão do valor"

> De acordo com a lei geral do valor, se o valor de 40 libras de fio = ao valor de 40 libras de algodão + o valor de um fuso inteiro, isto é, se o mesmo tempo de trabalho é necessário para produzir cada um dos dois lados dessa equação, então 10 libras de fio equivalem a 10 libras de algodão e 1/4 de fuso. Nesse caso, o mesmo tempo de trabalho se expressa, de um lado, no

> valor de uso do fio e, de outro, nos valores de uso do algodão
> e do fuso. O valor permanece o mesmo, não importando onde
> ele aparece, se no fio, no fuso ou no algodão. O fato de que o
> fuso e o algodão, em vez de permanecerem em repouso um ao
> lado do outro, integrem conjuntamente o processo de fiação,
> que modifica suas formas de uso e os transforma em fio afeta
> tão pouco seu valor quanto seria o caso se eles tivessem sido
> trocados por um equivalente em fio.
>
> KARL MARX, *O capital*[97]

Volto, então, à apresentação original de Marx do texto materialista-histórico, que ainda focaliza a categoria econômica do trabalho como delimitada pela forma jurídica da propriedade privada. Aqui olharei para dois outros aspectos do *conceptum* que identifica e determina o capital como um modo específico de produção econômica, a saber, os momentos qualitativos (como substância particular) e quantitativos (como medida universal) do trabalho. Mais especificamente, estou interessada no que torna possível capturar o trabalho de tal maneira que, na montagem do capital como uma totalidade, o trabalho seja tanto (a) científico — sua eficabilidade é capturável pelos procedimentos determinativos infalíveis que não podem deixar de produzir necessidade, isto é, demonstração matemática — e (b) ético — sua eficabilidade, definida como capacidade especificamente humana, como produção de valor (eficabilidade), manifesta a liberdade ao transformar o que é dado segundo um plano (finalidade, isto é, propósito ou fim). Nenhum desses aspectos do trabalho é específico (historicamente) do capital; eles são, no entanto, determinantes do capital quando traduzidos economicamente como (c) a capacidade do trabalho de produzir valor maior do que seu próprio custo (mais do que o salário pago) ou (d) o que este produz durante um certo tempo (devido à mecanização). Justamente o que torna possíveis as duas últimas afirmações guarda o segredo da expressão do valor, isto é, o tempo. A função do tempo no texto materialista-histórico é importante para minha tarefa aqui pela forma como ele media as versões éticas e científicas do trabalho que, por sua vez, expõem a função do tempo como o fio que pode desemaranhar as suturas internas do capital.

O tempo, a dimensão ontológica que os filósofos modernos mobilizaram ao proteger a especificidade Humana — o horizonte da intencionalidade e da autodeterminação como significados pela liberdade — desempenha um papel tão crucial porque, se não tivesse traduzido o gasto do trabalho humano na produção de mercadorias, teria sido difícil para a apresentação original do texto materialista-histórico manter-se na episteme determinativa pós-iluminista. Em primeiro lugar, é porque Marx equaliza trabalho ao tempo que ele funciona (*formalmente*) como medida universal — uma categoria moderna que tem o mesmo grau de abstração que o dinheiro, mas com uma atribuição de eficabilidade enquanto capacidade de transformar a matéria (produtividade). Decerto, a capacidade determinativa do trabalho também depende da mobilização do tempo por Marx como uma medida abstrata, de uma maneira não muito diferente da mobilização do tempo que Newton faz ao descrever os movimentos do Universo.[98] Muito pode ser dito sobre como o tempo opera ontológica e epistemologicamente na apresentação original de Marx; aqui, no entanto, concentro-me em seu papel epistemológico fundamental. Pois enquanto figura proeminentemente na versão da lei geral do valor apresentada no capítulo 7, volume 1 de *O capital*, o *tempo* é epistemológica e ontologicamente ativo no sinal de igualdade ou equivalência (=) em todas os aparecimentos da equação de valor, mas em particular no capítulo 1 do mesmo volume. Epistemologicamente, ou seja, atestando o caráter científico da apresentação original do materialismo histórico, o tempo (o meio de equivalência) fornece a mediação do trabalho do algodão e do fuso de um lado e do fio do outro. A "magnitude do valor do trabalho abstrato na mercadoria", segundo Marx, é uma quantidade medida "por meio da quantidade da 'substância formadora de valor', o trabalho, contida no artigo. Essa quantidade é medida por sua duração, e o próprio tempo de trabalho é medido na escala particular de horas, dias etc.".[99] Em suma, o tempo despendido na produção das mercadorias é responsável por elas serem trocáveis (fungíveis), apesar de seus valores de uso distintos.

O tempo é o segredo da expressão do valor porque carrega a abstração do trabalho para ambos os lados da equação — o valor do algodão = o valor do fio apenas porque o tempo (enquanto tempo de trabalho) opera no sinal de igual (=) independentemente do tipo específico de tarefas necessárias para disponibilizar o algodão e transformá-lo em fio. Além do mais, nessa operação, o tempo (o tempo abstrato mensurável que obtém como trabalho produz valor de troca) também anula a participação das "colônias" e do "trabalho escravo" na criação de capital. Pois, como discuti antes, falta aqui a característica básica que dá ao mercado de trabalho um número significativo de pessoas livres e despossuídas que, para satisfazer suas necessidades, devem vender seu tempo de trabalho por um salário. Sem a diferença de tempo social — como trabalho — entre o salário pago e o valor de troca (determinado pelo tempo social médio de trabalho), não há maneira de definir como o trabalho produz capital. É por isso que o "trabalho escravo" nas colônias não conta: não há base quantitativa para diferenciar o rendimento do "trabalho escravo" e o lucro do Proprietário. Não pode ser medido. Toda hora, minuto, segundo de "trabalho escravo" pertence ao Proprietário; é usado pelo Proprietário como uma ferramenta, um instrumento de produção. Só o que é des-contável, quando medido em tempo, tem valor econômico de troca, ou seja, produz capital.

Tanto como qualidade compartilhada pelo trabalho e seus produtos, quanto como quantidade que mede o trabalho, que é acumulado em mercadorias e equiparável ao dinheiro, o tempo faz o trabalho pesado na montagem do conceito de capital. Ele assegura a relação de produção propriamente capitalista (que é especificada como apropriação parcial) — e funciona na determinação do capital como um modo de produção particular por ser uma abstração que traduz trabalho em dinheiro. Na explicação da produção do valor de troca, o tempo funciona de duas maneiras: (a) como uma ferramenta científica (conforme indicado antes), uma quantidade (um conceito e uma medida abstrata), o trabalho social que Marx escolhe como determinante do *valor de troca* de uma mercadoria; e (b) como referente ético, na medida em que só poderia se tornar uma medida universal do valor de troca quando há "igualdade e equivalência de todos os trabalhos porque e na medida em que são trabalho humano em geral, só pode ser decifrado quando o conceito de igualdade humana já tem a fixidez de um preconceito popular".[100] A igualdade desempenha esse papel apenas como um descritor de como o trabalhador e o capitalista entram no Mercado, isto é, em igualdade de condições como vendedor e comprador. No entanto, o faz como índice de liberdade, que é o atributo primeiro e definidor do "trabalho assalariado", pois, sem a liberdade de dispor (a propriedade) de sua força de trabalho, o trabalhador não pode vendê-la no mercado. Pois a propriedade privada (do próprio trabalho) é o aspecto distintivo do modo de produção capitalista precisamente porque a trabalhadora não possui nada além de sua força de trabalho. A contradição (oposição) fundamental (qualitativa) entre dois tipos de Proprietários, dos meios de produção e da capacidade produtiva (trabalho), distingue o capitalismo como momento histórico. O que estou propondo aqui, em outras palavras, é que, na apresentação original do texto materialista-histórico, o princípio da liberdade — conforme figurado tanto pela forma jurídica da propriedade privada quanto pela noção econômica de igualdade — refere-se (economicamente) à expropriação da terra e dos meios de produção que deixaram as trabalhadoras sem meios de produção, obrigando-as, portanto, a vender sua força de trabalho para aqueles que concentravam esses meios, e (eticamente) ao fato de que essas trabalhadoras poderiam fazê-lo porque possuíam (juridicamente) seu próprio trabalho. Além de ser um referente abstrato à tese ôntica da igualdade humana, a significância ética do tempo refere-se à figuração da liberdade — na figuração autoprodutiva do *Homo historicus* enquanto *Homo laborans*.[101] Apesar do ponto de partida "material" e do perfil determinante no cerne da apresentação original do materialismo histórico, a figura de Marx mantém a figura hegeliana do *Eu transparente* na cena da representação.

Por ser a medida do trabalho, o *tempo* é também o componente da equação que captura sua capacidade de *criar* valor.

Pois é o trabalho aplicado ao longo do tempo que realiza a transformação de quarenta libras de algodão e o valor de um fuso inteiro em quarenta libras de fio. "A força humana de trabalho em movimento, ou trabalho humano", postula Marx, "cria valor, mas não é, ela própria, valor. Ela se torna valor em estado cristalizado, em forma objetiva, quando incorporado na forma de um objeto. Para expressar o valor do linho como cristalização de trabalho humano, ela tem de ser expressa como uma 'objetividade' materialmente [*dinglich*] distinta do próprio linho e simultaneamente comum ao linho e a outras mercadorias."[102]

Além disso, embora o valor de troca de uma mercadoria não seja nada além de trabalho passado (ou trabalho morto) acumulado (cristalizado), ele não conta no valor que é criado. Somente o trabalho em movimento, o trabalho vivo medido, capturado pelo/como tempo, isto é, o trabalho vivo acumulado *nesse* fio — na duração do "tempo de trabalho necessário para sua produção"[103] — cria valor econômico, tornando-o, portanto, passível de ser trocado com outras mercadorias do mesmo valor. Esse trabalho acumulado — na medida em que apenas uma fração dele é antecipada à trabalhadora para sua reprodução na forma de salário — também produz/determina o capital: qualquer fração do valor de uma mercadoria que reste após o valor do trabalho e o valor dos meios de produção ser descontado entra na (re)produção do capital.

Embora seja crucial para a função do trabalho na montagem do capital, seu papel como uma categoria científica (quantidade) e um referente ético (liberdade), essa operação dupla tem a ver com a composição da equação — dois termos unidos/separados por um sinal de igual/equivalência (=): quarenta libras de fio = o valor de quarenta libras de algodão + o valor de um fuso inteiro. E tem a ver com a composição do fio apenas porque está ali para captar a sua composição (tempo de trabalho). Portanto, o tempo de trabalho como uma medida do trabalho despendido na criação do fio nada nos diz sobre o que é específico do trabalho sob o capital. Sem dúvida, uma leitura parcial e partidária (atentar às funções éticas e científicas do trabalho como mediadas pelo tempo após comentar sua importância histórico-científica apresentada na introdução aos *Grundrisse*) já oferece uma noção do que está envolvido na *negativação*, ou seja, o efeito antidialético da *corpo cativa ferida na cena da subjugação* quando ela brilha desde dentro da formalização de Marx da cena econômica do valor.

"as condições fundamentais da produção capitalista"

> Trabalhadores livres no duplo sentido de que nem integram diretamente os meios de produção, como os escravos, servos etc., nem lhes pertencem os meios de produção, como no caso, por exemplo, do camponês que trabalha por sua própria conta etc., mas estão, antes, livres e desvinculados desses meios de produção. Com essa polarização do mercado estão dadas as condições fundamentais da produção capitalista. A relação capitalista pressupõe a separação entre os trabalhadores e a propriedade das condições da realização do trabalho. Tão logo a produção capitalista esteja de pé, ela não apenas conserva essa separação, mas a reproduz em escala cada vez maior.
>
> Karl Marx, *O capital*[104]

"Trabalhadores livres", que não contam como "meios de produção", são a condição sine qua non para a emergência e a continuação do capital enquanto um modo de produção historicamente específico, porque somente eles criam capital, ou seja, transformam o valor incorporado em matéria-prima, instrumentos de produção, incluindo a própria força de trabalho passada, em um novo valor, isto é, em mercadorias. Ou, dito de outra forma, o enunciado delimitativo afirma: *"trabalho escravo" é não-produtivo (e não gera mais-valia) porque é "trabalho não remunerado" mediado pelo título/propriedade e não pela relação jurídica contrato/propriedade.* O enunciado delimitativo — *"trabalho escravo" é negativo (não-) em relação à produção de valor de troca ou não pertence ao conjunto que é produtor de valor de troca —*, que imediatamente desautoriza qualquer tentativa de considerar o "trabalho escravo" como reprodutor do capital, não estabelece que ele não cria valor em geral. Pois, segundo Marx, o processo de trabalho é criativo independentemente de suas condições sociais de execução. Se ambos os enunciados pertencem à apresentação original do texto materialista-histórico, pode ser relevante considerar o que os torna verdadeiros. Deixe-me reuni-los de outro modo: *qualquer trabalho é criativo, mas apenas o trabalho livre (assalariado) cria capital.* Minha motivação é, como expus desde o início, apagar essa distinção, ou seja, dissolver essa especificação. Farei isso em dois passos. Primeiro, nesta seção, atendo à segunda parte da declaração — *somente o trabalho livre cria capital*. Mais uma vez, não estou interessada em desafiá-la, corrigi-la ou melhorá-la; tudo o que farei é de/compô-la para expor os vários componentes que entram na montagem do capital, o que inclui tanto os que entram no movimento de determinação quanto os que entram na delimitação que assegura o capital enquanto totalidade.

O argumento que *delimita* o modo de produção capitalista baseia-se na articulação de dois tipos de necessidade. Primeiro, as condições "naturais" que tornam necessário o dispêndio da força de trabalho, ou seja, os seres humanos devem aplicar seu suor e constituintes corporais visando produzir para sua própria subsistência. E segundo, as condições sociais (jurídicas e econômicas) — liberdade e/como igualdade — que Marx argumenta serem "essenciais" para a apropriação da mais-valia. Minha manobra aqui é considerar as duas simultaneamente e apresentar a tese de que, enquanto (a) a necessidade das *condições naturais* é dada metafísica e existencialmente no enunciado de que o trabalho é tão crucial para a existência social quanto a linguagem, (b) a necessidade das *condições sociais* são dadas ontoepistemologicamente, ou seja, Marx é um pensador pós-iluminista que supõe que quando/onde ele estava escrevendo era o estágio mais desenvolvido da trajetória do Sujeito da História, o qual, para ele, não é o Espírito mas a Sociedade.[105] Ambas as necessidades estão pressupostas nas descrições de Marx e na formalização de sua "lei geral do valor". Aqui, porém, estou interessada somente no segundo tipo de necessidade. A base ontoepistemológica da equação revela o segredo por trás do segredo que é o tempo. Pois ela evoca aquilo que não pode aparecer na equação (a lei geral do valor, como apresentada no capítulo 7, volume 1 de *O capital*), mas que surgiu antes nas declarações de delimitação de Marx, isto é, como a liberdade ao mesmo tempo circunscreve (delimita) e sutura (determina) o capital. Por um lado, como determinação do trabalho criativo (humano) enquanto propriedade privada, o tempo expressa como as noções ético-jurídicas de liberdade (inclusive sob a forma de igualdade) governam a apresentação original do texto materialista-histórico. Por outro lado, a liberdade (autodeterminação enquanto autoprodução, isto é, *Homo historicus* enquanto *Homo laborans*) habita a equação como qualidade do elemento, isto é, o trabalho, que, equiparado ao tempo (também ele próprio figuração da liberdade) torna a equação possível. Em suma, a liberdade, sob a forma de tempo e igualdade, guia a abstração do trabalho (ao mesmo tempo sua individualização e alienação) na medida em que permite a Marx apreendê-lo como/no tempo.[106]

Deixe me especificar um pouco mais como considero o ético operando através/no *conceptum* do trabalho. O trabalho como/no tempo — não como capacidade material (energia potencial e cinética) nem como capacidade intelectual (treinamento, especialização, experiência etc.) — exala os princípios que a filosofia pós-iluminista atribui ao seu próprio momento histórico: liberdade e/como igualdade — as quais, como observado antes, participam na determinação do capital pelo trabalho em suas versões éticas (como a liberdade de vender sua força de trabalho) e econômicas (como a igualdade abstrata do trabalho capturável pelo tempo). Em resumo, o trabalho como/no tempo, o trabalho vivo, como um agente do Espírito, permeia o capital porque é a abstração que permite a transformação do mecanismo para a transferência de energia da matéria (trabalho) em propriedade (força de trabalho), que é ela mesma uma mercadoria que pode ser comprada e vendida no Mercado em um acordo no qual a vendedora e o comprador entram como economicamente, mas não jurídica ou eticamente diferenciados, ou seja, como pessoas livres e iguais. Segundo Marx, essa relação contratual fornece, de maneira consistente, a base para a relação de produção propriamente capitalista (capitalista e proletariado), para sua forma jurídica (contrato) e para a própria existência do capital como tal. A cena primordial do capital — que evoca o "momento" da assinatura do "contrato social" — é o encontro do capitalista *livre* (dono de propriedade) e da trabalhadora *livre* (de qualquer outra propriedade que não sua força de trabalho) no mercado:

> A força de trabalho só pode aparecer como mercadoria no mercado na medida em que é colocada à venda ou é vendida pelo seu próprio possuidor, pela pessoa da qual ela é a força de trabalho. Para vendê-la como mercadoria, seu possuidor *tem de poder dispor dela, portanto, ser o livre proprietário de sua capacidade de trabalho, de sua pessoa*. Ele e o possuidor de dinheiro se encontram no mercado e estabelecem uma relação mútua como iguais possuidores de mercadorias, com a única diferença de que um é comprador e o outro, vendedor, sendo ambos, portanto, pessoas juridicamente iguais. A continuidade dessa relação requer que o proprietário da força de trabalho a venda apenas por um determinado período, *pois, se ele a vende inteiramente, de uma vez por todas, vende a si mesmo, transforma-se de um homem livre num escravo, de um possuidor de mercadoria numa mercadoria*. Como pessoa, ele tem constantemente de se relacionar com sua força de trabalho como sua propriedade e, assim, como sua própria mercadoria, e isso ele só pode fazer na medida em que a coloca à disposição do comprador apenas transitoriamente, oferecendo-a ao consumo por um período determinado, portanto, sem renunciar, no momento em que vende sua força de trabalho, a seus direitos de propriedade sobre ela.[107]

Para que prevaleça o operador ético, a liberdade, que marca essa relação, ou seja, para que a força de trabalho do trabalhador depois de encontrar o capitalista no mercado — no qual impera a igualdade — permaneça "sua propriedade" (essa condição de liberdade distingue o trabalho criativo), a relação deles é mediada por um *contrato* através do qual ambos concordam sobre o preço e a duração do trabalho que o capitalista terá à sua disposição. Isso porque, como vimos nos enunciados delimitadores, a trabalhadora que não pode dispor do trabalho enquanto sua propriedade não produz mais-valia, que é a diferença entre seu preço (preço do trabalho) e seu rendimento (valor criado pelo trabalho). Para Marx, o Mercado, o cerne da *polity* liberal, é o locus do encontro original — mesmo quando ele aponta para as "ilusões quanto à liberdade" do modo de produção capitalista.[108] O Mercado é uma "condição [histórica] essencial" para o capital.

Realçar o ético operando por dentro é crucial para a dissolução da cena econômica do valor, pois a ele pertencem os enunciados delimitadores que descrevem por que o "trabalho escravo" é irrelevante para a acumulação de capital. Primeiramente, olhando para os dois momentos da análise, aquele que atende às condições sociais *necessárias* (trabalhadores despossuídos e capitalistas proprietários) e aquele que atende às condições *históricas* (ético-jurídicas) ou "essenciais" (o mercado como o local de atualização da liberdade e igualdade, onde trabalhadores e capitalistas se encontram para se engajar em uma relação mediada pelo contrato), a totalidade pode ser desmontada e o contexto do Capital expandido para além de suas condições históricas e necessárias.[109] Em vez de determinada apenas *economicamente* (trabalho ôntico puro e simples) e *cientificamente* (como categoria *econômica*), a consideração do Capital atenderia também à evocação de Marx dos aspectos *éticos* ("trabalho livre") e *jurídicos* ("trabalho assalariado") do trabalho, que são cruciais para sua delimitação, ou seja, para estabelecer o que é não-capital e o que é constitutivo dele e constituído por ele. Ora, essa apresentação figural do capital efetua mais de uma tarefa ao mesmo tempo. A mais importante e primeira refere-se ao que não se enquadra nele, mas lhe é oposto, aquilo que resulta da delimitação de Marx, mas que não se estabelece como uma/em oposição. Isso é assim por causa da segunda tarefa mais importante: a mudança de registro da distinção histórica entre uma modalidade jurídica correspondente ao capital (a liberal) para outra em que não prevalecem as "condições essenciais" do capital (a colonial). Enquanto Marx monta a totalidade que é o capital no registro econômico e toma as outras como "condições essenciais" mas não determinantes (a produção de capital não ocorre no mercado, mas na fábrica), ele define as camadas externas da totalidade por meio de enunciados sobre trabalho e pela noção de propriedade privada, que expõe a ocultação por aspectos éticos e jurídicos. Isso é exposto explicitamente, mas de passagem, em um comentário (também citado acima) sobre a forma salário: "Todo seu trabalho [do escravo] aparece como trabalho não pago. No trabalho assalariado, ao contrário, mesmo o mais-trabalho ou trabalho não pago aparece como trabalho pago. No primeiro caso, a *relação de propriedade* oculta o trabalho do escravo para si mesmo; no segundo, a *relação monetária* oculta o trabalho gratuito do assalariado".[110] De forma sutil, mas efetiva, essa comparação dada pela ocultação realiza sua própria ocultação através dos termos "propriedade" e "dinheiro", que situam juridicamente a relação Escravo/Proprietário (uma vez que é mediada pela propriedade) e situam (de forma inquestionável) economicamente a relação "trabalhador assalariado"/capitalista (uma vez que é mediada pelo dinheiro). Essa é uma distinção importante, pois também é pressuposto (ocultado) aqui que essa última relação é mediada juridicamente por um contrato, ou seja, naquele momento o "assalariado" e o capitalista são transparentes um para o outro como efetuado e pressuposto pelo conceito de igualdade (perante a lei).

O que fiz acima foi considerar as condições "essenciais" (sociais) com a intenção de retornar o trabalho ao que ele é, ou seja, matéria-prima na produção. No entanto, por enquanto, como disse antes, continuo aceitando a tese de Marx do trabalho como o único elemento criativo no que se enquadra na noção do econômico. Na próxima seção, sigo com essa tese que suspende a determinabilidade ("condições necessárias") à medida que caminho em direção à re/de/composição da formalização do valor econômico, atendendo às matérias-primas que entram na produção. Em vez de ler os momentos da arquitetura política pós-iluminista — isto é, o jurídico, o econômico, o ético, e o simbólico — por meio do Capital, que tem sido a estratégia usual e que sempre fica presa no problema da unidade, essa figuração lê a montagem de Marx da totalidade que é o capital ao longo das linhas das leituras de Marx por Robinson (discutidas antes neste capítulo) e por Spivak (sobre a qual comento mais adiante neste capítulo) como uma apresentação específica (liberal) deles. Isso é feito seguindo um conjunto de questões, cada uma fornecendo uma descrição do capital que mapeia a arquitetura política pós-iluminista: (a) categoria econômica (cria o que é vendido no mercado); (b) relação jurídica (o trabalho, enquanto criador de mercadorias, implica duas partes, cujas relações não são familiares ou comunitárias, mas mediadas juridicamente); (c) ético (na medida em que se refere ao gasto de energia potencial humana, o trabalho na modernidade também carrega certa representação da singularidade humana); (d) simbólico (como conceito científico, o trabalho explica como a riqueza é criada, acumulada, concentrada ou compartilhada). Outra maneira de ler esse composto é tomar cada um desses momentos como um ponto de entrada através do qual a luz negra é lançada sobre a forma definidora da totalidade, a saber, a equação de valor; e, ao fazê-lo, pode-se inundar o próprio conceito de capital e trazer à tona algumas das características de outra forma imperceptíveis de sua composição.

"o algodão e o fuso" + $mv = v$

> Durante o processo de trabalho, [o trabalhador] passa constantemente da forma da inquietude [*Unruhe*] à forma do ser, da forma de movimento para a de objetividade. Ao final de 1 hora, o movimento da fiação está expresso numa certa quantidade de fio, o que significa que uma determinada quantidade de trabalho, 1 hora de trabalho, está objetivada no algodão. Dizemos hora de trabalho, isto é, dispêndio da força vital do fiandeiro durante 1 hora, pois o trabalho de fiação só tem validade aqui como dispêndio de força de trabalho, e não como trabalho específico de fiação.
>
> KARL MARX, *O capital*[111]

Ao rastrear a delimitação do trabalho (assalariado) produtivo, isto é, os enunciados que escrevem "trabalho escravo" como exterior à totalidade que é o capital, ressaltei de que modo essa irrelevância é enunciada (não teorizada) e sustentada por referências à forma jurídica do título de propriedade e à violência total que ela autoriza. A delimitação do capital por Marx pode ser transcrita no enunciado: *o "trabalho escravo" é não-produtivo (de mais-valia) porque é juridicamente figurado pela relação título/propriedade e não pela relação contrato/propriedade*. Ainda outra forma de dizer a mesma coisa é: *o "trabalho escravo" não entra na determinação que sutura o capital como uma totalidade, isto é, como um modo específico de produção caracterizado pela apropriação de valor contratualmente mediada*. Ou, de modo alternativo, poderíamos dizer que *o valor criado pelo "trabalho escravo" (por ser realizado por meio da violência total)* não pode ser compreendido pelo conceito de capital, pois este é delimitado pelo trabalho (*sob contrato*) *e determinado pelo trabalho (enquanto tempo)*. Independentemente de como essa delimitação é apresentada, continua implícito que "trabalho escravo" (vis-à-vis o capital) não só não determina mas também é não-determinável por ele — porque a força de trabalho da pessoa escravizada não é mensurável pelo tempo, não é equivalente a dinheiro. Ademais, ao rastrear as operações determinantes do trabalho enquanto uma categoria econômica, isto é, da forma trabalho, ressalto de que modo o tempo, uma vez que captura o dispêndio de trabalho (o que na equação é assinalado pela equivalência de =), permite um movimento que marca a ruptura da apresentação original do materialismo histórico com a Economia Política. Como disse antes, não tenho a pretensão de corrigir o texto de Marx nem estou comprometida com (salvar) ele (de si mesmo).

Re/de/compor o texto de Marx me permite evitar estabelecer uma dicotomia entre "trabalho assalariado" versus "trabalho escravo", o qual seria um arranjo inútil. Essa dicotomia já organiza a narrativa do capital de Marx por meio de sua referência às "condições [sociais] essenciais" que abrangem o capital na *polity* liberal. Em todo caso, tratar da determinação e delimitação enquanto dois momentos na montagem do capital permite retornar à cena econômica, à produção, na qual o capital é ao mesmo tempo despendido e criado. Lá, posso tentar ativar o "trabalho escravo" *indeterminável* ao focar no ponto onde Marx localiza sua irrelevância para a acumulação de capital, isto é, as matérias-primas e instrumentos que o trabalho vivo transforma em capital.

Ao de/compor a equação do valor nas páginas anteriores, foquei naquilo que garante sua apresentação como um enunciado científico sob a episteme determinativa, isto é, o sinal de igual (=) através do qual o "tempo de trabalho" ao mesmo tempo abriga e expõe o papel determinante do trabalho como operador ôntico, epistemológico, jurídico e ético. Aqui, neste terceiro momento, a negativação suspende as funções éticas e jurídicas do Trabalho como *trabalho assalariado* (ou *abstrato ou universalizado*) e rastreia suas operações como trabalho "puro e simples", isto é, como capacidade (*material*) criativa. Recordarei primeiro, então, de que modo o *trabalho abstrato* se refere a operações éticas e jurídicas; a equivalência (10 libras de fio = 10 libras de algodão + ½ fuso) e o *tempo de trabalho* despendido na produção do algodão não conta mais como uma força eficiente (produtiva viva ou morta). Entrando na equação como matéria-prima, o tempo social de trabalho (lembrando que o cultivo do algodão nas plantações e a extração de ouro e minério de ferro eram atividades coletivas que se estendiam por diferentes continentes) despendido na produção do valor de uso — isto é, o algodão — desaparece no "processo capitalista de produção" do fio, isto é, quando este é considerado como produção de mais-valia.[112] Depois que a mercadoria é transformada pelo trabalho vivo do fiador, ela não tem significância alguma para o valor de troca da mercadoria, pois o que conta é trabalho livre vivo que transfere os atributos da matéria-prima e dos instrumentos de produção e do trabalhador para o recém-criado valor de uso. Mais importante ainda, a mercadoria algodão — e as horas de trabalho incorporadas nela — não desempenha nenhum papel na reprodução do capital, pois o seu processo de produção não gera mais-valia.[113] A transformação do "dinheiro em capital" ocorre quando a quantidade de tempo de trabalho paga como um salário é menor do que a quantidade de tempo de trabalho incorporada na mercadoria produzida. Pois mais-valia é a relação entre o "valor da força de trabalho" e o "valor que o trabalho cria" — isto é, o uso específico do valor de trabalho, enquanto uma mercadoria, é criar um "valor maior que si mesmo".[114] Com esse movimento analítico, que é sustentado pelo mero enunciado de que o trabalho é produtivo sob condições sociais particulares — isto é, a *polity* liberal —, a equação de Marx faz desaparecer a capacidade criativa do "trabalho escravo" e "[d]as colônias" em/como matéria-prima.

Sendo esse o caso, e dado que já mapeei as funções do trabalho e descrevi como são necessárias para a montagem do capital, isto é, impostas pela demanda por unidade (a coesão de todas as esferas econômicas), tudo o que preciso fazer agora é ativar duas delas — as funções ôntica e epistemológica do trabalho — e recompor a equação do valor de acordo com isso. De um lado, mantenho a descrição de Marx do trabalho enquanto uma atividade criativa, que ele toma como tal pelo fato de o trabalhador (autodeterminado) ter o controle, determinando o processo e seu resultado, isto é, sua eficabilidade e finalidade (propósito).[115] Nada mais, nenhum outro componente da equação de valor partilha desse atributo. De outro lado, também retenho a função do tempo enquanto uma medida que traduz o dispêndio de trabalho, permitindo assim a expressão do valor de uma mercadoria enquanto um efeito da aplicação de trabalho. Tudo o mais é ignorado — isto é, as funções que se tornam aparentes nos enunciados delimitadores de Marx, que são os aspectos ético e jurídico do trabalho, os quais retratam "as colônias" e o "trabalho escravo" enquanto não-determináveis pelo capital. Com isso, é possível recompor a equação de valor de maneira a trazer à tona como o "trabalho escravo" participa na acumulação do (criação de) capital.

A equação do valor de Marx, conforme descrita no capítulo 7, volume 1 de *O capital*:

20 libras de fio = 20 libras de algodão + ½ fuso [4 dias de trabalho] + 1 dia de trabalho
(30 xelins)   (24 xelins)   (6 xelins)

Como mencionado anteriormente, ao explicar a equação, Marx considera alguns cenários. Estou interessada aqui no último, no qual ele desagrega o valor f do fio (trinta xelins) em c (o valor da matéria-prima e instrumento de produção) e v (o valor do trabalho/salário). Nesse cálculo, Marx descobre que o capitalista retém três xelins (dos seis criados num dia de trabalho) como *mv* (mais-valia), que é o valor criado pelo "trabalho assalariado" quando despendido na produção do fio. Como decompor essa equação? O primeiro movimento é de/compor o valor das outras mercadorias que não o "trabalho assalariado" (fio, algodão e fuso), porque elas são determinadas por este.

Minha de/composição produz três versões da equação do valor. A primeira versão considera o *trabalho puro e simples* (independentemente da situação jurídica do trabalhador). (Por acaso, essa versão da equação do valor também incorpora "trabalho assalariado".)

Equação I — fio:

$c + v + mv = f$

Aqui, *c* é o valor dos meios de produção (instrumentos e matérias-primas), *v* é o valor do trabalho/salário, *mv* é o valor produzido pelo trabalho menos valor do trabalho, e *f* é o valor da mercadoria.

[A] A equação II pode então ser escrita de dois modos:

(a) $c + v + vt = f$

(b) $c + vt; vt = v + mv$

As versões posteriores consideram o "trabalho escravo" e são similares, mas com uma diferença. Já que não há mais-valia, pois, como Marx reconhece, "trabalho escravo" é trabalho inteiramente não-pago, *mv* é substituída por *vt* (valor total). Deixe-me começar com a versão (b), por ser a de Marx. Já que não há salário estipulado, nenhum valor do trabalho a ser descontado do valor do fio, o "trabalho escravo" conta como parte do algodão, uma matéria-prima e/ou instrumento de produção — isto é, é incluído em *c*. Minha versão, (a), mantém o valor da trabalhadora na equação, pois considera que o corpo da "trabalhadora escrava" é despendido (materialmente, isto é, uma transferência de energia potencial) na produção do algodão, não enquanto matéria-prima ou um instrumento de produção, mas enquanto aquilo que torna possível a transferência do potencial (de energia e suas outras formas) dos instrumentos de produção e da matéria bruta — isto é, o "trabalho escravo" não pode contar como parte de c.

Ao delimitar o capital, Marx afirma que, por conta de seu status jurídico, enquanto propriedade a Escrava conta como instrumento de produção (uma Coisa, mercadoria, ou ferramenta). Contudo, ele também nota que o "trabalho escravo" é realizado sob o "açoite brutal" do Proprietário. No capítulo 2, localizei a *corpo cativa ferida na cena da subjugação* para desafiar os reenquadramentos fenomenológico e outros reenquadramentos interpretativos do *Eu transparente* enquanto Subjetividade, uma vez que ela mostra as condições políticas (jurídico-econômicas) de possibilidade para a expressão do *Eu transparente*. Ao mesmo tempo, na medida em que tal expressão depende da figuração dela enquanto ao mesmo tempo *exorbitância* (violência total) e *ausência* (seja lá o que marque sua interioridade não pode ser expressado na linguagem da transparência), ela carrega a chave para desemaranhar a Subjetividade e a cena *ética* de valor que ela sustenta. Aqui, mais uma vez, na cena *econômica* de valor, ela transtorna. Pois, uma vez que ela é uma (trabalhadora) Humana transformando matérias-primas e outros meios de produção, e se aceitamos a visão de Marx sobre trabalho produtivo, através do dispêndio do corpo dela em mercadorias (açúcar, algodão etc.), a Escrava é trabalho vivo. Como tal, ela tem capacidade criativa, e é portanto não uma Coisa; isto é, ela conta como mais do que um instrumento de produção.

Meu ponto aqui é que, do lado positivo da acumulação de dinheiro (a ser transformado em capital) permitida pela escravidão, há algo que não é excedente (mv), mas *excesso* (x) — ($x = mv + v$) — aquilo que não é registrado na narrativa materialista-histórica clássica da acumulação capitalista. Esse excesso é o valor do trabalho da Escrava (ainda considerado tempo de trabalho) incorporado no algodão que é retido pelo Proprietário. (Contudo, deve-se notar, essa transferência não é exaustiva: enquanto o produto do trabalho de alguém pode ser apropriado, o trabalho — a capacidade produtiva em si — não pode. Pois a lógica da formulação liberal de trabalho e propriedade no núcleo do materialismo histórico considera que, uma vez que é um atributo intrínseco aos humanos, o trabalho em si [capacidade produtiva] não é alienável. O que a trabalhadora vende, por exemplo, na narrativa materialista-histórica não é poder de trabalho, mas tempo de trabalho, ou uma certa duração de dispêndio do seu trabalho ou "energia vital".)[116] Ademais, o excesso (x) retido pelo Proprietário corresponde ao déficit econômico atribuído às descendentes de pessoas escravizadas — o que eu chamo de *acumulação negativa* — que as ferramentas da racialidade transubstanciaram num déficit natural.

Quando a análise do capital trata de ambos os modos de apropriação do trabalho, não é mais absurdo demandar o retorno do valor total produzido pelo trabalho das Escravas e pelas terras Nativas. Para começar, isso redefine a dimensão econômica da subjugação racial, uma vez que ela não pode mais ser explicada como efeito de "preconceitos", "crenças" ou "ideologias" impróprias, ou como um modo de controle do trabalho que permanece exterior ao capital (segundo Quijano), ou como um constructo cultural (ou ideológico) que representa não-europeus como não-humanos (segundo Wynter). Trazendo para o primeiro plano ambas as violências, jurídico-econômica (colonial) e simbólica (racial), a análise da subjugação racial começa, por exemplo, com o reconhecimento de que escravas emancipadas não foram só despossuídas dos meios de produção, do valor total criado pelo trabalho delas assim como de suas ancestrais, mas que elas também foram compreendidas por um arsenal político-simbólico que atribuiu a sua despossessão econômica a um defeito moral e intelectual inerente. De um ponto de vista econômico, é possível portanto reconsiderar a trajetória pós-escravidão de populações negras que é vista como a trajetória de uma acumulação de processos de exclusão econômica e alienação jurídica — escravidão, segregação, encarceramento em massa — que deixaram uma porcentagem desproporcional delas economicamente despossuídas. Agora, o *negativo* tem aqui uma significância ética (pois o trabalho na versão de Marx também é significante), assim como consequências econômicas, pois, mais uma vez, trabalho é quantificável enquanto tempo. *Acumulação negativa*, de outro modo um oximoro, descreve perfeitamente o colonial como uma modalidade (jurídico-econômica) e as operações do racial como ferramenta simbólica na arquitetura política pós-iluminista. Pois aquilo que a escravidão enquanto uma modalidade de expropriação produziu é um sujeito econômico que, como Dana, tem menos (−) capacidade produtiva porque o valor total produzido pelo trabalho dela foi apropriado pelo Proprietário e nulificado pela crítica do capital que a faz desaparecer enquanto matéria-prima/bruta.

"se sob o açoite brutal do feitor de escravos ou sob o olhar ansioso do capitalista"

> Assim como o sabor do trigo não nos diz nada sobre quem o plantou, tampouco esse processo nos revela sob quais condições ele se realiza, se sob o açoite brutal do feitor de escravos ou sob o olhar ansioso do capitalista, se como produto das poucas *jugera* de terra cultivadas por Cincinnatus ou da ação do selvagem que abate uma fera com uma pedra.
>
> KARL MARX, *O capital*[117]

Meu procedimento aqui talvez se aproxime da leitura de Marx feita por Gayatri Spivak, na qual ela rastreia o encerramento do "outro da Europa" com a figura do "nativo informante", isto é, "uma marca riscando a impossibilidade de uma relação ética".[118] Ao lidar com a versão de Marx da autonarrativa da Europa, ela lê os *Manuscritos econômicos e filosóficos de 1844* e *O capital* (volumes 1 e 2) expondo como o "Modo de Produção Asiático" (MPA) se refere a uma diferença que não é aquela — a dialética — que organiza a totalidade que é o capital (classe) e o movimento da história. Sua jogada crucial é considerar o MPA como um índice de uma diferença,[119] que ela recupera lendo a discussão de Marx da "noção de 'forma valor'" — isto é, logo antes de ele se engajar no núcleo da teoria, o pivô em direção à determinação do capital.[120] Nessa breve referência de Marx ao MPA, Spivak encontra sua "exigência de dar conta da diferença",[121] que é figurada numa obra anterior, os *Manuscritos econômicos e filosóficos de 1844*, na distinção entre Ser-Espécie e Vida-Espécie. A significância dessa distinção, ela afirma, é que se refere a uma "diferença entre necessidade e fazer que significa não só a possibilidade de troca, mas também a possibilidade de um excedente acessível à troca (ou uso) posterior".[122] Ainda que ela não o nomeie como tal, seu procedimento (ler o MPA com a Vida-Espécie) também apreende um momento de delimitação da totalidade que é o capital.

Ao rastrear os comentários de Marx sobre as colônias e o "trabalho escravo", como mencionei, também identifiquei enunciados que delimitam em vez de determinar. O que é descrito insere-se em algo (condições sociais) que pode ser qualitativamente (juridicamente) distinguido, mas que não é quantitativamente (economicamente) distinguível (enquanto um modo de apropriação de trabalho e meios de produção) do capital. De modo similar, a diferença se refere a modos distintos de operação da propriedade — "as colônias", que têm propriedade pública demais; a Escrava, que é ela mesma uma unidade de propriedade, e (como Spivak demonstra) o Modo de Produção Asiático, que se aplica a comunidades "sem propriedade de terra".[123] Com certeza, o registro de Spivak dessa diferenciação evoca os mapeamentos raciais pós-iluministas do espaço global — como os de Herder, Hegel e Cuvier — que consistentemente limitaram a atualização da autoconsciência ao espaço europeu enquanto um resultado de um desdobrar histórico unicamente europeu. Isso faz sentido porque ela afirma explicitamente seu interesse nas versões deles da narrativa da "identidade cultural"[124] europeia. O que encontro de similar a seu achado de que o MPA é a marca de uma exclusão, do "lado de fora do circuito feudalismo-capitalismo", é que, tal qual o "trabalho escravo", ele permanece indeterminado (quantitativamente), ainda que seja separável (qualitativamente) em termos de condições sociais específicas (imaginadas ou observadas) de produção.¹²⁵

Sem dúvida, o meu rastreamento das delimitações do colonial ("as colônias" e o "trabalho escravo") poderia ser lido do mesmo modo, como uma tentativa de identificar uma exclusão (que pode ou não ser constitutiva). Linguisticamente, os enunciados que comentei eram excludentes, no sentido de que Marx afirma explicitamente que "as colônias" não são locais para a acumulação de capital e que o "trabalho escravo" não produz mais-valia. Formalmente, contudo, o nomear de uma diferença, que permite uma separação com base no princípio de identidade, não assinala uma exclusão. Mais importante, não identifiquei uma trilha que leva a estabelecer uma dicotomia indireta, que é o movimento que Spivak faz ao (corretamente) resolver a referência de outro modo anômala ao MPA na distinção de Marx entre Vida-Espécie e Ser-Espécie.¹²⁶ Contudo, meu rastreamento da delimitação de Marx captura um gesto similar, no qual encontro aquilo que Spivak chama de Vida-Espécie, apresentado como uma versão do "estado de natureza". As semelhanças acabam aqui. Não só a minha leitura imprópria não é desconstrutiva, mas identificar delimitações é somente uma parte, a primeira, de um exercício em três partes.

O que segue é uma leitura que busca dissecar a totalidade que é o capital. Após rastrear delimitações, deixo o histórico (condições sociais de produção) e passo a recompor a figuração científica (equação geral de valor) da cena (de produção) do valor de troca. Mas esse movimento é dissimulado, pois estou aceitando premissas que serão rejeitadas no próximo capítulo. O mais importante é a tese que privilegia a eficabilidade do trabalho (enquanto causa e propósito) — com todas as implicações concernentes à extração, intervenção referente a humanos e mais-que-humanos —, isto é, a ideia de que só o trabalho humano é criativo. Contudo, também violo o texto materialista-histórico porque foco na matéria bruta no lugar do trabalho. Mas em vez de focar no algodão ou no fuso enquanto referentes (a incorporação) da eficabilidade material ou capacidade criativa da Escrava, foco no trabalho em si, isto é, na capacidade material (transferência de energia potencial) que é o corpo da Escrava. Anteriormente, mobilizei uma ferramenta po-ética (de/compositiva) de luz negra para expor de que modo "as colônias" e o "trabalho escravo" — enquanto eficabilidade material — entram na produção do capital. Aqui exploro sua outra capacidade, que é de/compor aquilo que a faz brilhar nos níveis molecular e atômico: lanço luz negra na equação de valor para fazer o algodão brilhar. Sob a luz negra, lançada sobre a equação do valor a fim de realçar o algodão, "as colônias" aparecem como locais de produção e o "trabalho escravo" como criador de valor. Começando com a função do trabalho enquanto uma categoria científica, e operando através das outras três, re/componho as declarações determinativas e delimitadoras que permitem a Marx montar a totalidade que é o capital sob a orientação de questões que, em vez de figurar trabalho como *conceptum* — com funções que garantem e sustentam a totalidade que é o capital —, tratam-no como um componente que é ao mesmo tempo uma parte singular e expressão de tudo o que entra na cena da produção, conforme descrita na formalização de Marx de sua teoria geral do valor.

Meu ponto de partida é simples, já que a principal distinção do "trabalho escravo", aquilo que o desqualifica como produtor de mais-valia, é a relação jurídica que o define como uma figura ético-econômica, isto é, título/propriedade. Tudo o mais, pode-se argumentar, todas as outras categorias são aplicáveis, mas em particular o trabalho puro e simples. Portanto, no lugar da forma trabalho, começo e continuo com trabalho puro e simples, isto é, o processo de trabalho, o "dispêndio de força vital", que permanece o mesmo, independentemente de "sob quais condições [sociais] ele se realiza", como Marx notou.[127] Na versão de Marx da equação de valor no capítulo 7, volume 1, de *O capital*, "as colônias" onde o "trabalho escravo" cria sob o "açoite brutal" entram na equação como algodão (matéria-prima). Decerto, como discutido anteriormente, a virada no argumento não é dissimilar aos argumentos feministas-marxistas concernentes à elisão da reprodução e, com isso, do trabalho doméstico na narrativa de Marx da produção de valor.[128] Talvez a diferença mais óbvia seja o fato de que, como afirmei repetidamente, não estou preparando um ajuste do texto materialista-histórico que o faria receptivo a uma contemplação do Colonial ("as colônias" e "trabalho escravo") enquanto integral à totalidade que é o Capital. Com sorte, meu movimento na seção anterior já demonstrou que esse exercício é primariamente de re/de/composição das principais descrições críticas da arquitetura política global (tal como a dialética racial e a apresentação original do materialismo histórico) ao revirar (o que é mais relevante em) suas bases.

Na equação de Marx, observo que o *valor total* produzido pela capacidade material dos *corpos* das Escravas trabalhando nas *terras* de Nativas na América do Norte (plantations de algodão nos Estados Unidos) e do Sul (minas de minério de ferro do Brasil) — ambos *expropriados* por métodos violentos e práticas características da modalidade jurídica colonial — desaparecem em/como *matéria-prima*. O "trabalho escravo" despendido no plantar e colher de algodão parece contar somente como *matéria-prima* — uma coisa (sujeito natural do trabalho) que foi "filtrada pelo trabalho anterior" —, que sob a produção capitalista se torna uma "matéria que absorve uma quantidade definida de trabalho [vivo]".[129] Na medida em que o Proprietário expropriou o *valor total* produzido pelo trabalho dela em terras Nativas expropriadas, o *princípio ético de autodeterminação (em sua expressão jurídica enquanto liberdade)*, que abrange igualmente trabalhador e capitalista na *forma jurídica de contrato*, explica por que o "trabalho escravo" não conta na acumulação do capital. Uma vez que já rastreei de que modo Marx mobiliza as colônias e o "trabalho escravo" para delinear a totalidade que é o capital e para descrever de que modo as categorias de trabalho e propriedade (privada) são articuladas em seu interior, e alinhadas pelo tempo, o que resta agora é desfazer essa montagem ao trazer a *corpo cativa ferida na cena da subjugação* para a cena de produção de valor (de troca).

Se seguimos os comentários de Marx sobre o "trabalho escravo", aprendemos que ele aparece como trabalho não pago justamente porque é isso que ele é. Contudo, podemos começar com o enunciado simples de que o "trabalho escravo" é não pago, ao menos com respeito à relação entre a Escrava e o Proprietário. Enquanto uma mercadoria que tem a capacidade de produzir mercadorias, tal qual algodão, o trabalho da Escrava foi pago algumas vezes — para o mercador no local do sequestro, o embarcador e o vendedor do Mercado (de Escravas). Nos momentos anteriores ao trabalho da Escrava ser aplicado no cultivo de algodão — no Mississippi, por exemplo —, ela gerou lucro para muitos e muitas, um lucro que remonta até seu nascimento e os primeiros momentos de cuidado por sua mãe, em algum lugar do continente africano. O que ressalto aqui é que, se começamos com a singularidade do trabalho aplicado na produção de algodão que entra na equação de valor, percebemos que a primeira cena não é aquela da troca entre pessoas livres no Mercado de Escravas. Começamos onde o trabalho (capacidade material) é mantido — a saber, o corpo e as pessoas e a terra que o nutrem. E depois da cena primal de violência da Escravidão (sequestro) fazer de uma pessoa nascida no continente africano uma mercadoria que pode produzir mercadorias assim como outras produtoras de mercadoria, a força de trabalho dessa pessoa nunca parou de ser lucrativa: o que é vendido não é a pessoa, mas sua capacidade material (isto é, cada átomo e partícula que compõe o corpo dela).

Essa re/de/composição do trabalho desafia, então, o trabalho enquanto um *conceptum*, sua apreensão enquanto uma categoria simbólica e, em particular, enquanto uma categoria *científica* e *econômica*. Em termos de sua função como um descritor de atividades econômicas, o ajuste aqui é simples. Em vez de considerar o trabalho onticamente como o movimento realizado por um humano — que Marx então afirma ser traduzido em tempo —, estou considerando o trabalho enquanto uma capacidade material (transferência e transdução de energia potencial) que toda coisa existente abriga, por ser simplesmente um dispêndio de suas *elementa* quânticas.

Na medida em que essa capacidade é um componente da cena de (re)produção, ela participa enquanto aquilo que realiza — como diz Marx — a *transferência* dos constituintes (energia potencial e mecânica) das terras e das águas das "colônias" onde o algodão foi plantado e os instrumentos (incluindo os animais) foram empregados no plantar, cuidar e colher dos capulhos de algodão. Com o algodão como energia potencial da Escrava e da terra conquistada, os animais também entram na criação do fio com a capacidade material da trabalhadora empregada na produção do algodão e tudo e todas que geraram e mantiveram o corpo da trabalhadora.

Uma vez que trabalho não é mais qualificado enquanto "força" (isto é, como possuindo eficabilidade mecânica), mesmo que permaneça uma categoria econômica, ele não desempenha mais uma função determinativa — ao se tornar um componente cuja aplicação facilita a transferência de capacidade material, isto é, da energia potencial de outros componentes que entram no processo de produção. Segue-se que a distinção entre tipos de trabalho em termos de formas *jurídicas* (trabalho livre e "trabalho assalariado") não se sustenta mais. Pois, uma vez que o trabalho é descrito desse modo — como pura e simples transferência de energia potencial ou capacidade material —, o criativo se torna o mesmo que transferência, e o próprio processo de re/de/composição acontece independentemente do projeto (propósito final) ou impulso (causa eficiente). O que vem para o primeiro plano (ao menos no que diz respeito à distinção entre "trabalho assalariado" e "trabalho escravo"), na medida em que ambos são apropriados, é uma diferença dada pelo modo de apropriação.[130] Nesse sentido, a função *ética* do trabalho é radicalmente deslocada nesse movimento, pois, uma vez que o trabalho é descrito como uma capacidade material (re/de/composição de energia potencial) e não como uma habilidade mental (fim, projeto, motivo, impulso), não é só a distinção entre "trabalho livre" e "trabalho escravo" que não importa mais, mas também a distinção entre trabalho, matéria-prima e instrumentos de produção. Todos os três — junto de tudo o mais (sólido, líquido, gasoso ou plasma) que entra na produção do fio — direta ou indiretamente entram na criação do fio, seja pela transferência de energia potencial (trabalho) ou energia cinética interna (calor),[131] que tudo transfere para o ambiente o tempo todo. O que resulta desse descamar das funções do trabalho é um esvaziamento do trabalho enquanto uma categoria científica, pois sem a pressuposição dos outros três momentos essa categoria não se sustenta. Talvez outro modo de dizer isso é que conceitos sociocientíficos, e isso inclui o racial — pois a noção moderna do social veio a abarcar todos os quatro —, tratam consistentemente dos quatro momentos através dos quais figurei a apresentação de Marx do trabalho em sua montagem do capital. Agora que o trabalho foi retornado a sua definição bruta, básica enquanto capacidade material, é possível re/compor a equação do valor incluindo o valor criado pelas trabalhadoras escravizadas nas plantações de algodão na Virginia ou no Mississippi, trabalhando em terras (indígenas) conquistadas.[132] A acumulação negativa, desse ponto de vista, não parece mais um oximoro. Porque se trata não somente de escravas e suas descendentes possuindo (–) capacidade produtiva, mas do que foi criado — seja lá o que tenha sido — carregando componentes materiais de seus corpos. O que foi acumulado enquanto capital é a autoenergia infinita de partículas elementares que compõem os seus corpos. Não na forma de tempo de trabalho determinável, mas como aquilo que é não determinável no produto: a capacidade material expropriada em excesso (*x*) sob o açoite brutal, isto é, a violência total que a *corpo cativa ferida na cena da subjugação* não pode deixar de evocar.

O CONCEPTUM DE TRABALHO deve apreender as "condições sociais" liberais — isto é, as estruturas éticas e jurídicas da liberdade — se deseja ter qualquer significância explicativa (determinativa).[133] Não é de surpreender que o corpo da trabalhadora — que Marx afirma ser despendido na aplicação da força de trabalho — não desempenhe nenhum papel significante na totalidade de Marx. Ao retornar à definição da física de trabalho (energia potencial), busquei evocar a materialidade do trabalho, mas — e espero que seja evidente — não para argumentar em prol da vitalidade do corpo ou de seu aspecto autodeterminante (figurado não importa de qual modo). Meu movimento aqui mira ambas as figurações do *Eu transparente* que são consistentemente reposicionadas sobre qualquer coisa que seja escolhida para desafiar a ele e à sua supremacia. Voltar-me à física tem um objetivo duplo bastante prosaico. De um lado, isso foi desenhado para combater o modo como o trabalho, enquanto um operador econômico e epistemológico, é desatado do corpo e tornado uma propriedade alienável. Essa transformação é possibilitada pelo equacionamento entre tempo e trabalho e uma outra entidade abstrata, a saber, dinheiro. Pois o lucro — dinheiro que é sempre já capital — nada mais é que a diferença entre o valor criado pelo *trabalho vivo* (valor de troca), o valor de matéria-prima e instrumentos, e o valor de trabalho (valor de uso). De outro lado, essa virada ajuda também a soltar o trabalho das garras da categoria de propriedade tanto na forma jurídica quanto econômica. O tempo opera com sutileza aqui, pois o movimento é relacionado diretamente não à posse capitalista dos meios de produção, mas à capacidade ético-jurídica (liberdade) da/o trabalhadora/o de vender o trabalho dele ou dela. Isto é, esse efeito é abrigado na forma jurídica do contrato, o acordo capitalista de pagar determinado salário (que será menor do que o valor produzido pelo trabalho) em troca de a trabalhadora empregar seu trabalho por um certo número de horas na fábrica. Em suma, o contrato sinaliza que a trabalhadora é despossuída de tudo, menos de sua força de trabalho.

Um efeito inesperado de Marx tomar o corpo em seu aspecto eficiente (mecânico) e não funcional (orgânico) é que, uma vez que trabalho, a categoria, é despido das demandas para-analíticas de expressar a *polity* liberal, suas funções jurídicas e éticas vêm para o primeiro plano. Ambas, as formas jurídicas e os princípios éticos, são de máxima importância na delimitação da totalidade que é o capital. Pois a relação de trabalho título/propriedade traz algo que marxistas, até hoje, prefeririam manter fora da totalidade que é o capital — a saber, violência total. À primeira vista, pode parecer que a falta de liberdade que define a trabalhadora escravizada seria o empecilho; contudo, uma consideração mais cuidadosa mostra que o modo de apropriação do trabalho, que chamo de expropriação, enquanto parte das "práticas predatórias" da colônia, sinaliza algo que ameaça distorcer a totalidade abstrata. Ademais, as terras nativas onde o algodão foi cultivado entram no valor da mercadoria [*commodity*] como "objeto universal do trabalho humano", que providencia "coisas que o trabalho apenas separa de sua conexão imediata com a totalidade da terra", sem mediação jurídica.[134] A produção de algodão ocorreu na arquitetura política (jurídico-econômica) — *a colônia* — onde a violência total reina, tanto realmente quanto potencialmente. Sob o "açoite brutal do Proprietário", trabalhadoras escravizadas nas plantations de algodão de Mississipi e Virginia aplicaram sua capacidade material (transferiram sua energia potencial e cinética interna) — isto é, o *trabalho* [*labor*] e o *calor* necessários para plantar e colher o algodão — às terras nativas (expropriadas à mão armada e com a dispersão de doença mortal), às ferramentas e aos animais empregados para criar o algodão usado na produção do fio pelo trabalho vivo inglês.[135]

4. "onde a carne se uniu ao gesso"

> Senti a faca em minha mão, ainda escorregadia por causa do suor. Uma escrava era uma escrava. Qualquer coisa poderia ser feita com ela. E Rufus era Rufus, errático, dividindo-se entre generoso e cruel. Eu podia aceitá-lo como meu ancestral, como meu irmão mais novo, meu amigo, mas não como meu senhor, e não como meu amante. Ele já tinha entendido isso uma vez.
>
> Eu me remexi de uma vez, livrei-me dele. Ele me segurou, tentando não me machucar. Percebi que ele tentava não me machucar mesmo quando levantei a faca, mesmo quando a enfiei na lateral de seu corpo.
>
> [...]
>
> Ele soltou minha mão por um momento, mas segurou meu braço antes que eu pudesse me afastar. [...]
>
> Consegui tirar a faca dele de alguma maneira, e a ergui, enfiando-a de novo em suas costas.
>
> Dessa vez, ele só gemeu. Caiu em cima de mim, ainda vivo, ainda segurando meu braço.
>
> OCTAVIA E. BUTLER, *Kindred*[1]

ENCERRANDO AS OBRIGAÇÕES DE DANA, com ela de volta em sua casa em Los Angeles, sem o braço que Rufus segurava, Octavia Butler nos deixa com várias questões: Rufus ter tido sua vida salva por Dana e a cena final de violência total, sua tentativa de estuprá-la, foram de alguma forma relevantes para o que aconteceu com as vidas dele e de Alice? O destino das escravas dos Weylins teria sido diferente caso Dana nunca tivesse estado então/lá? Como sua presença/existência foi entendida por aquelas que ficaram para trás, que existiam naquele momento? Com certeza, nenhuma dessas perguntas importa. Seja lá o que tenha ocorrido, e o que tenha vindo a ocorrer na existência de Dana após retornar sem um membro do corpo, é relevante não por causa do que se pode aprender, mas pelo que a consideração de tais questões sugere enquanto método para dar sentido à existência sem as intraestruturas do pensamento moderno. A todo momento, em todas as ocasiões, enquanto ela existiu na Maryland do *antebellum* — inclusive ao ser torturada, ao ensinar escravas a ler ou ao resistir ao ataque de Rufus —, Dana não podia deixar de figurar como "carne feminina de(s)generificada" [*female flesh ungendered*], sem e contra as proteções do patriarcado ou quaisquer proteções liberais (éticas e jurídicas) naquele momento nos Estados Unidos. Por isso mesmo, ela era uma ameaça para ambos. A *corpo cativa ferida na cena da subjugação*, ao evocar *vida* — na cena ética (enquanto uma pessoa sem dignidade) e na cena econômica (enquanto trabalho sem produtividade) —, torna a carne ética e economicamente negativa, ou seja, $\infty - \infty$ ou *corpus infinitu*[2] Por essa razão, ela carrega uma ameaça ao modo de pensar que tanto pressupõe quanto necessita de uma imagem da existência propiciada pela identidade e unidade.

Porque os açoites do capataz e as mãos violadoras do Proprietário tocaram, sim, suas costas, seu corpo, sua subjugação é tecida como algo que aconteceu. As feridas, marcas cicatrizadas e não cicatrizadas em seu corpo, figuram uma modalidade jurídica que dependia de e autorizava que ela fosse comercializada e estuprada para fins lucrativos. Indisponível para as ferramentas e os procedimentos que exigem "acesso" ao que é pressuposto na Subjetividade, seu corpo está de pé ou esparramado no chão, sangrando e chorando, suas lágrimas e seu sangue misturando-se ao solo, sendo carregado por formigas, comido por vermes. Seja lá o que aconteça com seu corpo, com sua pessoa, seja lá como ela responda a isso, seja lá o que ela pensou naquele momento, jamais será transcrito nas letras do eu [*self*], nos sons do sujeito. Qualquer transcrição suscitará a questão da mensagem, assumirá uma resposta, a levará ao domínio do sujeito, onde ela — por condição e definição — não tinha lugar. E, no entanto, tudo e qualquer coisa que o Proprietário pôde adquirir e acumular era também em parte ela, pedaços do corpo dela (energia da matéria) materializados (convertidos) em cada capulho de algodão. A cada momento, onde quer que estivesse, sob o calor do sol ou encharcada pela chuva implacável, ela também estava sempre além e antes de todos os lugares (infinitamente), mas também em qualquer lugar/quando (imediatamente e instantaneamente).

Trabalho que bem poderia ser aquilo em que ela está trabalhando, aquilo que seu corpo se torna quando é empregado no esforço de des/fazer, re/de/compor, entra na constituição daquela outra coisa, os capulhos de algodão, a couve cozida, as roupas íntimas limpas, o barraco onde ela mora ou as casas que suas ancestrais podem ou não ter condições de possuir. Esse trabalho, seu corpo nos capulhos de algodão, nos diz Marx, não conta. Não explica nem cria capital. Sim, ele transforma, transfere, converte-se ao que ela está manuseando, tocando, movendo. Mas por não ser apreensível enquanto uma manifestação de sua "vontade" ou um efeito de seu "desejo" ou "pulsão", não importa o que ela faça, não importa o que contenha um pedaço dela, não deve ser contado como riqueza. E, no entanto, ela está bem ali. Naquele capulho de algodão, naquela fábrica do East End londrino, uma criança ou uma jovem exaure seu corpo, movendo o fuso, separando os fios, e as duas juntas — a corpo cativa na cena da subjugação e o trabalho vivo — se unem no fio. Não é só que seu trabalho — o dispêndio de seu corpo — cria algo que é então separado dela como um objeto de uso e levado ao mercado para se tornar uma mercadoria. Não. Ela está sempre lá, dentro dessa mercadoria e nunca sozinha. Aquele pedaço de tecido é também um composto singular que reúne o trabalho e o *calor* de tudo encontrado nas terras Nativas expropriadas onde se extraía o minério de ferro ou o ouro ou se cultivava o algodão. Somente a partir dessa transdução tangível — e não pelas traduções abstratas operadas pelo trabalho enquanto *conceptum*, em particular sua tradução como tempo que o torna mensurável — é possível considerar que sua pessoa importa/tem valor tanto ética quanto economicamente.

O *subjectum*, ao que parece, é ainda menos capaz de aceitar a *corpo cativa ferida na cena da subjugação* do que o *conceptum* do trabalho. A força disruptiva dela reside no fato de que seu fardo não pode ser explicado e permanece, assim, incompreensível. Indisponível e não considerada, pois seja lá o que expresse será resolvido como efeito do açoite brutal e da vontade e do desejo que este expressa, ela persiste (como a própria chicotada sinaliza que há nela/enquanto ela uma vontade para domar e um desejo para refrear). Mas a violência total — ameaçada e realizada — para esmagar o que ela, como pessoa, supostamente possui, também impede qualquer consideração dela como uma coisa de vontade ou desejo. Isso é assim justamente porque a posição, para a qual Subjetividade é o descritor usado para nomear o *Eu transparente*, requer as posições que a *corpo cativa ferida na cena da subjugação* é obrigada a ocupar e designar. Sua significância ética reside em sua não-presença durante essa ocupação. Guardando seu segredo, a *corpo cativa na cena da subjugação* virando suas costas feridas tanto para o *conceptum* quanto para o *subjectum*, hospeda aquilo que pode desmantelar o império este último.

"hieróglifos da carne"

> Essas marcas indecifráveis no corpo cativo geram uma espécie de hieróglifos da carne cujas severas disjunções passam a ser ocultadas da visão cultural por meio da cor da pele.
> HORTENSE J. SPILLERS, "Bebê da mamãe, talvez do papai"[3]

Quando o pensar com a negridade começa e permanece com a carne ferida? Quando o questionamento do *mundo*, da existência é *conhecido* (determinado e delimitado), ele parte exatamente de "onde a carne se uniu ao gesso", ou, mais diretamente, de onde se reconhece que o gesso (e qualquer outro material envolvido no projeto e na construção) de uma casa ou qualquer coisa que tenha algum valor (econômico) aqui/agora não é mais que uma re/composição da carne, sangue, ossos, dos corpos das figuras coloniais de ontem, ou seja, a Nativa e a Escrava. A partir dessa origem sem começo, que é também um fim sem desdobramento, o pensamento é solto dos gestos e dispositivos delimitadores e determinantes que há séculos sustentam o pensamento moderno. Sem começar pela necessidade de dar conta de como a mente e o corpo, ou a mente e a alma, constituem duas partes de uma ou mais substâncias, e, com isso, sem os temas de exterioridade e interioridade, espaço e tempo, nem o *Eu transparente* nem seu *mundo* precisam emergir como temas. Tampouco é necessário evitar a questão do porquê, e elaborar tantas maneiras de formular a questão do como, sem permitir que o tema se torne o modo como tudo o que existe podia, poderia, poderá ou será uma re/de/composição singular de todo o resto.

E se a *corpo cativa ferida na cena da subjugação* nos convidar a considerar o pensamento que começa com o corpo em sua singularidade, no nível em que este também é não igual, não idêntico a, mas composto igualmente daquilo que compõe tudo o mais que existiu, existe e existirá? Fazer essa pergunta a partir da proposta difícil e desafiadora de Spillers requer uma consideração do que tal pensamento implicaria. Estou convencida de que envolve mais e menos do que o previsto. Será preciso mais do que uma redefinição das categorias de pensamento. Será preciso mais do que a cunhagem de novas palavras ou a desconstrução das antigas. Será preciso, proponho, nada menos do que interromper o próprio processo do Pensamento, o que significa soltar o pensar da necessidade e dos pilares e descritores ontoepistemológicos sobre os quais ele se apoia, a fim de manter a especificidade do Homem. Obviamente não posso fingir que eu poderia sequer começar esse processo aqui. Tudo o que posso fazer é fechar *A dívida impagável* como foi aberto, isto é, retornar ao programa kantiano para desencadear um ataque a partir do seu porão.

E se o pensar começasse com uma descrição mais complexa da existência que, além do histórico e do orgânico, atendesse também aos seus momentos cósmicos e quânticos? O que seria da cognição (sensação, imaginação, Entendimento), se ela atendesse tanto ao que está no e figura o espaçotempo quanto ao que sinaliza seu além em toda a extensão da existência (o Universo), na qual não existe distinção entre espaço e tempo porque consiste principalmente no que o espaçotempo não compreende (teórica e experimentalmente) mas, ainda assim, o afeta (observacionalmente)? A partir do nível cósmico, o *Eu Penso*, em sua constituição formal e histórica — como na *unidade transparente* (*autorreguladora*) ou *identidade* (*autoprodutora*) —, dissipa-se nos instantes espaçotemporais em que não está (mais) presente; portanto, não pode prejulgar sua capacidade de conhecer porque não tem como saber se existe ou não uma ordem, e, mesmo que exista, não pode confiar em suas categorias para acessá-la.[4] Sem a presunção de que a existência — sob a forma da Natureza ou *mundo* — está sempre já ordenada (constituída por outras unidades ordenadas menores e maiores) e compreendida pelo *Eu penso*, suas ferramentas não podem sequer reivindicar a capacidade de delimitar ou determinar. Mesmo que o cósmico possa estar disponível aos sentidos por meio de telescópios e sondas, tudo o que se conhece sobre ele é transmitido como energia lida através do espectro eletromagnético, que traduz informação em amplitude e frequência que podem ser comparadas com o que já é conhecido. No momento quântico, o *Eu penso* não tem capacidade de afirmar que suas intuições apreendem um mundo já ordenado.[5] Isso por duas razões: primeiro, porque suas *elementa* (partículas) estão profundamente implicadas com todas as outras partículas do Universo de modos que escapam à percepção sensorial; segundo, porque tal conexão está além dos sentidos, o primeiro movimento do conhecer que sustenta todas as outras afirmações de apreensão é invalidado, pois a separabilidade é o primeiro pilar a desmoronar no momento quântico.

Isso tornaria o *tempo* irrelevante, tanto para o que tem sido e o que ainda está por vir (o cósmico), quanto para o que já foi e o que ainda está por tornar-se (o quântico). O que os momentos cósmicos e quânticos fazem não é tanto acrescentar outras dimensões ou níveis ao conhecimento — não é uma questão de escala —, mas sim abalar as próprias bases do pensamento pós-iluminista, seus pilares de separabilidade, determinabilidade e sequencialidade, que transformam eventos e existentes em Natureza ou *mundo*. Quando o pensamento leva em consideração os momentos que escapam à "experiência", o desvio significativo não é tanto que eles tornem desnecessárias as leis da lógica (não-contradição e identidade), pois estas ainda são usadas nas descrições de fenômenos em ambas as dimensões. Importante aqui é o fato de que, embora *epistemologicamente* úteis, as ferramentas de conhecimento sustentadas por elas, validadas por elas, tornam-se *ontologicamente* relevantes. As estranhas descobertas experimentais da física de partículas e o fato de que apenas 5% do cosmos é descritível indicam que as ferramentas do conhecimento científico não podem descrever (definir, interpretar ou mesmo observar) o que existe e o que acontece nesses momentos. É, portanto, um exagero chamar o que quer que seja de "fenômenos", uma vez que não se encaixa no espaçotempo, já que, em primeiro lugar, *eles são* — em sua apresentação como matéria ou energia — espaçotempo, ou seja, *corpus infinitum*.

Proponho que somente atendendo ao *elemental*, no lugar do metafísico — isto é, abandonando o *universal* e o *transcendental* —, é possível conceber descritores e manobras capazes de desmontar os pilares ontoepistemológicos que sustentam o reino da necessidade. Com o *elementum*, estou me movendo para uma leitura anti/antekantiana do que Kant chamou de Coisa (*das Ding*), considerando-a em uma leitura materialista do *plenum* de Leibniz — isto é, estou abordando a Coisa como matéria. Em suma, o que proponho é uma mudança no enquadramento daquilo que diz respeito ao conhecimento, do formal kantiano (*a priori*) para o material (*pars*). Essa substituição possibilita, entre outras coisas, o deslocamento do tema da *identidade/diferença* (como dado pelo princípio da identidade e pela lei da não contradição), por meio do qual a necessidade impõe separabilidade nos descritores dos existentes e eventos, para devolvê-los com uma unidade supostamente ordenada. Pois o que o foco na *pars*, isto é, nas partes elementares das quais as coisas são feitas (a causa material de Aristóteles) — *matéria bruta* —, oferece é a possibilidade de deslocar a resposta sociológica (moral) à questão de Spillers sobre a possibilidade de transferência material no/através do tempo, que seria, na linha de Daniel P. Moynihan, de que a transferência das marcas da violência total é uma *causa/efeito* da "patologia negra".

Em vez disso, uma abordagem materialista bruta da questão abriria a possibilidade de pelo menos dois conjuntos de considerações: por um lado, focalizar a carne marcada e nela ler a violência total empregada para extrair valor total; por outro lado, focar no valor total extraído, em seus componentes (*pars*) e no que eles se transduziram ou se re/de/

compuseram (em mercadorias, lucro, capital e mais capital). Para que ambos sejam pensáveis, dois movimentos seriam necessários: primeiro, "as coisas do mundo", emancipadas do *tempo* e das categorias do entendimento, deixariam de ser abordadas como fenômenos; segundo, elas seriam consideradas sem *espaço* no nível das *elementa* que já existem desde o desdobramento do espaçotempo e também entram na composição de tudo o que existiu, existe e existirá. Em resumo, existentes e eventos, considerados não como entidades separadas, mas como *pars* profundamente implicadas, como *elementa*, como composições singulares, teriam de volta sua orientação em direção ao infinito. Esse movimento, crucialmente, não constituiria um afastamento radical do modo de pensar e das escalas de tempo (o histórico e o orgânico), os quais, não surpreendentemente, se tornaram a base da mobilização da identidade na escrita do humano como objeto do conhecimento, tanto nos projetos determinativos ou positivos (científicos) quanto interpretativos (históricos). Pois, como sugere a história de Dana, a materialidade assume muitas formas e funciona de acordo com o que esses projetos fazem, e não podemos simplesmente desejar que o orgânico e o histórico desapareçam, pois suas marcas (como as de tortura) constituem o mundo *conhecido* em que existimos.

    O que se torna possível se o pensamento começa com a presunção de implicabilidade profunda e infinidade [*infinity*]? Minha aposta é que, além de ser finalmente solto da imposição para compreender, essa imagem da existência permitiria que o Humano fosse solto no *mundo* para desaparecer em/como tudo aquilo com o que já está profundamente implicado — tudo em sua implicabilidade profunda com/na extensão do espaçotempo e talvez além. Não só o fardo de Dana fará sentido (sem postular apreensão ou buscar compreensão), mas a demanda que ele evoca será o único "significado" aceitável para a justiça. Pois como ela poderia ser continuamente convocada para aquele lugar-tempo a fim de salvar a vida de Rufus? Por que ela teve que abrir mão de um membro para saldar uma dívida impagável? Não existia nenhum acordo feito por ela ou por outra pessoa em seu nome, ou seja, um contrato, na forma verbal ou escrita. O que aconteceu é que ela estava viva, mudara-se para uma casa com o companheiro, a casa dela — a casa (é seu direito morar ali somente quando quiser) que lhe custou um braço. Ler o livro hoje inspira pessoas negras a considerar quanto mais poderia se tornar possível ou quanto do que se torna possível expressa aquilo que nunca será possível. Dito de outra forma: uma vez que todos estejam cientes de que o mundo, este mundo, é um composto de muito do que nunca veio a ser e do que nunca será, a dívida impagável de Dana torna-se a dívida de todas, todos, todes.

"ênfases literais e figurativas"

> Essa lucrativa "atomização" do corpo cativo fornece outro ponto de vista sobre a carne dividida: perdemos qualquer indício ou sugestão de uma dimensão ética, de relação entre a personalidade humana e suas características anatômicas, entre uma personalidade humana e outra, entre a personalidade humana e as instituições culturais. Nessa medida, os procedimentos adotados para a carne cativa demarcam uma objetificação total, pois toda a comunidade cativa torna-se um laboratório

> vivo. O corpo cativo, então, traz ao foco uma reunião de realidades sociais, bem como uma metáfora para o *valor*, tão completamente entrelaçadas em suas ênfases literais e figurativas que as distinções entre elas são praticamente inúteis.
>
> HORTENSE J. SPILLERS, "Bebê da mamãe, talvez do papai"[6]

Se é verdade que "as ferramentas do senhor nunca vão desmontar a casa-grande", não é menos verdade que essas mesmas ferramentas só operam em um contexto que pressupõe uma força inabalável assegurando seus poderes produtivos supostamente duradouros.[7] Pois, se a cor da pele adquiriu a capacidade ontoepistemológica de transmutar "efeitos" jurídicos e econômicos em "causas" morais (éticas), não há razão para não pensar que o jurídico, o econômico, o ético e mesmo o simbólico (o momento em que as ferramentas da racialidade funcionam) só possam ser concebidos como tal, como dimensões separadas da existência, pela forma como a necessidade sustenta o pensamento moderno através de seus pilares ontoepistemológicos (separabilidade, determinabilidade e sequencialidade) e descritores epistemológicos (formalidade e eficabilidade). Embora todos coalesçam na montagem do momento simbólico, aqui tenho me concentrado na determinabilidade, principalmente por causa do domínio que ela teve sobre a episteme pós-iluminista.[8] Uma vez que a determinabilidade encontrou um lugar confortável com a/na sequencialidade (refiro-me aqui à versão hegeliana da dialética), não demorou muito para que ela desaparecesse nos termos e formulações da cena da representação (o estágio da interioridade), somente para ser avistada nos momentos em que a racialidade é ativada de dentro deles, e em que a dialética racial fecha o circuito de explicação, mantendo o jurídico e o econômico fora de consideração e o *Eu transparente* (na episteme interpretativa) protegido na interioridade. Na medida em que o arsenal da racialidade não pode deixar de expor como a determinabilidade permanece operativa no regime interpretativo e funciona por meio de suas ferramentas políticas/simbólicas, suas armas produtivas, tal como a negridade, têm a capacidade de demolir esta última, bem como qualquer termo ou formulação que o suponha e/ ou implique.

Quando o pensar começa sem o *Eu transparente*, não há mais necessidade de manter tudo refém como Natureza ou *mundo*, como efeito de um princípio ou lei que o envolveria ou o resolveria em uma totalidade cognoscível ou pensável, algum tipo de mundo ordenado. Como uma das ferramentas do senhor, a dialética racial é muito eficiente na apresentação de uma ordem que, embora beneficie os abarcados pela branquidade/europeidade, nunca falha em atribuir sua operação à Natureza (as leis a priori de Kant), dando com isso às expressões contingentes e emergentes da subjugação jurídico-econômica a força inabalável da necessidade. Aqui a *corpo cativa ferida na cena da subjugação*, enquanto um referente de valor — em sua literalidade e figuratividade —, exige que a pergunta seja feita por tais meios. Ou seja, o corpo marcado dela — que registra a interioridade como excesso e opacidade — levanta a questão de como a figuração interpretativa do *Eu transparente* como coisa puramente interior atende ou não às novas necessidades do senhor.

A virada para o transcendental (com modificações) que sustenta essa escrita da Subjetividade além e diante de um mundo que não pode deixar de refleti-la, deixa de ser sustentável quando a descendente da Escrava de ontem se propõe a descrever sua existência a partir do outro lado da subjetificação e, ao fazê-lo, falha em espelhar a subjetividade transparente. Em seu lugar, ela espelha as feridas que persistem nos ausentes álbuns de fotos de família. Por não ser contemplada pelos princípios que sustentam a reivindicação de transparência da Subjetividade, ela não tem o compromisso de manter ou destruir o mundo que esta espelha. Tudo o que ela faz — quer pretenda ou não, pois a intencionalidade (nos termos de Husserl) também não cabe aqui (já que ela está no mundo e é abordada, junto com tudo o mais, como um objeto) — é perguntar se humanos têm sido possuídos e comercializados como qualquer outra mercadoria, se foram dissecados e estudados como qualquer outro objeto, qual é a base para distinguir a "alteridade", o que entrou na montagem do lugar atribuído aos "Outros" humanos no mundo? Não se trata de sinalizar exclusão, mas de pedir um engajamento com o próprio regime ontoepistemológico que criou tais posições de enunciação e referência, a saber, Eu, Outro, Natureza, *mundo* e tudo em todos os lugares nele.

Meu esforço aqui, caso ainda não esteja explícito, não é relembrar (e repudiar) velhas dicotomias ou estabelecer novas. A *corpo cativa ferida na cena da subjugação* traz um desafio ao pensamento que se assenta confortavelmente como uma escolha entre duas posições ou na colocação de uma contradição, o modo de pensar que não pede um passo para trás, para longe ou para fora do pensamento dicotômico. Ela não expressa as regras de produção de um sujeito (seus outros e suas abjeções), não é um efeito discursivo, não sinaliza uma aporia. Quando seu corpo recorda feridas presumidas na negridade, as quais falam de sua condição de mercadoria e trabalhadora, a *corpo cativa* traz considerações jurídicas e econômicas, não enquanto um descritor de "condições sociais" especificadas ou determinadas, mas enquanto parte de um vínculo jurídico que dá à outra parte a autoridade para mobilizar a violência total, e em que o lugar que lhe é atribuído registra fungibilidade, não dignidade. Esse deslocamento de registros não estabelece uma oposição, o que seria possível se o Humano (o nobre) perdesse sua especificidade (dignidade) ou a Coisa (como mercadoria) a adquirisse, mas se isso acontecesse esta perderia seu valor de troca (fungibilidade), isto é, aquilo que produz sua equivalência ao dinheiro.

Uma Humana existindo como uma Coisa, a *corpo cativa ferida na cena da subjugação* tem esse dom (talvez o que W. E. B. Du Bois quis dizer com "segunda visão"?), uma falta de preocupação em evitar ou resolver a distinção constitutiva da episteme pós-iluminista. Sem o transcendental, como sabemos, a figura filosófica do Humano e da Humanidade — como o *Eu transparente* autodeterminado e autoprodutor — não seria sustentável ou mesmo possível. Mais importante, tendo a vantagem do ponto de vista desse momento do regime interpretativo, sem a versão hegeliana que interioriza a determinabilidade e torna a produtividade um momento necessário, ainda que violento, do movimento autorrealizador do Espírito, o *Eu penso*, a coisa existente com acesso privilegiado à Razão transcendental, não seria refigurado em termos éticos — uma necessidade que desde cedo assombrava a autodescrição dos modernos. Inspirada na física clássica, a versão de Kant do transcendental mantém o *Eu formal* cartesiano, e agora inclui as ferramentas necessárias (intuições e categorias) para apreender e compreender o mundo sem se tornar dele ou um com ele. É o que Hegel aborda com a apresentação do *Eu transcendental* (Espírito) e do *mundo* (Natureza), isto é, a versão da cena ética como o desdobramento violento pelo qual o primeiro reconhece a si mesmo no segundo, que então se torna o que sempre já foi, um momento a desaparecer.

A *corpo cativa ferida na cena da subjugação* nada tem a ver com esse problema e com a solução. Não apenas uma Coisa — como o uso da força do Proprietário também visa coagi-la a mostrar prazer, ela não é um momento no desdobramento do *Eu transcendental* (Hegel disse que, como uma Negra, ela é um objeto sem-valor). Não estando em nenhum dos lados, Humano ou Coisa, a partir da posição dela pode-se observar como os lados foram criados em primeiro lugar. A partir da posição dela pode-se rastrear a necessidade trabalhando através de pilares ontoepistemológicos como a separabilidade, as operações lógicas do princípio (categórico) de identidade (e a lei da não contradição) e o princípio (hipotético) de causalidade (eficiente). Por essa razão, sua posição também indica por que a determinabilidade emerge como o gesto definidor do conhecimento moderno, porque essa foi a autoridade do autor e governante divino que o Humano (enquanto Sujeito) arroga para si e também porque essa autoridade deve se apoiar na mesma força poderosa em que o primeiro se apoiou, ou seja, na necessidade. Não somente Humana, por definição uma pessoa desprovida da apresentação como uma coisa de liberdade, ela sinaliza a cena ética de forma inversa — com que facilidade a "atualidade da ideia ética"[9] de Hegel, o Estado, mata pessoas negras! —, ela não tem lugar no mundo que espelha o *Eu transparente* do qual ela nem sequer foi excluída, pois nem ao menos foi considerada. A zona dela continua sendo uma zona proibida — terra de ninguém [*no-man's-land*] — para as ferramentas e os artesãos do pensamento moderno.

Vislumbres disso são oferecidos por cada relato de uma descoberta na física de partículas ou física da matéria condensada, ou um novo ajuste na teoria quântica de campos ou noutra teoria, ou um experimento de matéria escura que busca por uma resposta para a pergunta não respondida, por sinais de uma nova física ou simplesmente por reconciliar a gravidade com o modelo-padrão da física de partículas. Os insights críticos têm sido explicados e explorados, com sofisticação e transparência variadas. Entre as poucas incursões sofisticadas nas implicações ontoepistemológicas do quântico, Karen Barad mostra como o aparato da física, tal qual a formalização — seja por meio de medição ou categorização — "ajuda a constituir e é parte constitutiva do que está sendo medido", ou seja, "matéria e significado não preexistem, mas são coconstitutivos por meio de intra-ações de medição".[10] A noção de "indeterminação ontológica" de Barad é a primeira mobilização filosófica explícita da teoria quântica dos campos e da física de partículas no campo crítico das intervenções teóricas. Embora nossas abordagens sejam distintas de maneiras que ficarão mais evidentes mais adiante neste capítulo, a indeterminação ontológica de Barad também evoca aquela posição em que encontro a *corpo cativa ferida na cena da subjugação* e a partir da qual a vejo desatar sua capacidade de desemaranhar a episteme interpretativa. Infinita e indeterminável (isto é, ao mesmo tempo tudo e nada), tudo possível e atual e para sempre virtual, uma existente (*elementa* entrando na constituição de outras coisas através do espaçotempo, a despeito do espaçotempo e apesar do espaçotempo), ela não é Objeto nem Outro — ainda que, enquanto *elementa*, ela componha nossas mercadorias mais caras.[11]

A *corpo cativa ferida na cena da subjugação*, cujas feridas desmentem a interioridade, a temporalidade e a transparência, abriga uma imagem da existência que recorda as *elementa* sem precisar fazer delas visíveis, palpáveis, comprováveis. A imagem dada pela física quântica, pelo *plenum* de Leibniz ou pela *canvas infinita* de Michelangelo Pistoletto, agora vistas não como a atualização de um projeto divino, mas como a perpétua re/de/composição *das elementa* que surgiram nos primeiros momentos do Universo e que, desde então, foram reingressando na composição de tudo o que existiu, existe e virá à existência. Isto é, não um mundo, mas, por se referir a qualquer corpo, ao corpo de todos, o que quer que seja, como quer que seja, isto, tudo e qualquer coisa, existe como *corpus infinitum*. E, uma vez que a existência é imaginada como um *corpus infinitum*, todo o resto — quero dizer, tudo, incluindo todas e cada uma das ferramentas do senhor, bem como as formulações, os objetos e os sujeitos que elas criaram — está em disputa.

Sem separabilidade, sem a espacialidade local que possibilita a determinabilidade (e seus objetos) e sem a temporalidade que se desdobra e que possibilita a Subjetividade (e seu *mundo*), são inúteis os termos, as ferramentas e as formulações dos momentos determinativos e interpretativos pós-iluministas. O materialismo histórico — tanto em sua veia determinativa desenhada por Marx quanto nas versões interpretativas, como nas de Lukács, Gramsci e Althusser — é talvez o melhor exemplo. Se a apresentação original estava limitada pela determinabilidade, pela necessidade de identificar um e apenas um momento empírico (o econômico) e uma categoria (o trabalho) que determinaria e delimitaria a totalidade que é o capital, a versão interpretativa teve que lidar com as restrições (autoimpostas) que resultaram na prevalência da necessidade de dar conta do superestrutural (o simbólico sob a forma de cultura e ideologia) que sempre os deixou ameaçados de rejeição, como um afastamento da apresentação determinativa original.

Hoje, encontramos até mesmo retornos ao formalismo como tal — como a versão de Badiou —, que ridiculariza o interpretativo sem atentar para o modo como o formal sempre sustentou a estrutura histórico-materialista na apresentação inaugural (determinativa) de Marx (viabilizada pela biologia) e nas interpretativas posteriores, como a de Sartre (viabilizada pela fenomenologia). Apesar dos esforços de Oliver Cox e Cedric Robinson de pôr o materialismo histórico em diálogo com a subjugação racial, suas tentativas exigiram (como outras interpretativas) a articulação do conceito de cultural para designar o elemento superestrutural que viabiliza ou adapta o capital a novas circunstâncias. Talvez a única exceção seja Fanon, cuja mobilização do materialismo histórico recusou tanto a exigência determinativa de que o trabalho seja a categoria definidora (localizando o campesinato como a classe revolucionária no contexto colonial) quanto a demanda interpretativa de que a cultura seja proposta como um fator fundamental e o momento político decisivo (que ele rebateu enfatizando como no contexto colonial a estrutura racial é a superestrutura).¹² Destaco aqui o fato de que, enquanto as ferramentas, a formulação e as proposições do materialismo histórico proverem exterioridade (determinativa) ou interioridade (interpretativa), ele não pode dar conta da figura política cuja posição abala ambas, assim como as separa. Pois a *corpo cativa ferida na cena da subjugação* não exige uma forma/lei ou princípio/propósito que ofereceria a chave para a montagem de qualquer totalidade que ela explique. Em vez disso, ela sinaliza como qualquer totalidade, bem como os princípios e conceitos que a teriam unido, não podem resistir quando ela e suas feridas entram no teatro do pensamento. Por quê? Porque sua condição jurídico-econômica de existência abala as supostas transcendentalidades nas formulações (tanto kantiana/formal como substantiva hegeliana-husserliana/empírica), as quais sustentam a figura que precisa ser pressuposta — o *Eu transparente* — em qualquer estratégia que se conceba para construí-los (a totalidade e seus princípios e conceitos).

Como o materialismo histórico, textos críticos inaugurais e novos também não podem resistir ao ataque dela. Estou pensando aqui em como a *corpo cativa ferida na cena da subjugação* interrompe qualquer movimento crítico que não atenda a como a posição de enunciação de qualquer sujeito político adquire imediatamente forma *arkhé* do sujeito — o homem, o pai, o dono, o marido — e, como tal, faz dela apenas forragem para a articulação da autoridade (mesmo que parcial) deles.¹³ É o caso das intervenções raciais críticas, ocorrendo também nas intervenções críticas de gênero-sexualidade que não consideram como os indicadores de domesticidade falham em significar a *corpo cativa ferida na cena da subjugação* enquanto uma mulher e reforçam sua subjugação (como Escrava ou a "*black welfare mother*") ao sinalizar sua falha moral em exercer adequadamente o papel de mãe ou esposa. Na medida em que ela não pode estar no lugar produzido por essas categorias — a imagem da arquitetura política (jurídica, econômica, ética e simbólica) pós-iluminista que ela evoca consistentemente a retira de tal lugar —, ela desafia aquilo que ocupa a posição de poder, de autoridade. Não há por que tentar reformar a corpo cativa e fazê-la caber em um lugar ao qual ela não pertence. Seu posicionamento radical é ao mesmo tempo uma exigência de responsabilização ou reparação e um movimento que solta a existência das garras do *Eu transparente* para pôr fim ao seu mundo conhecido e limpar o terreno para um pensamento que vai além de seus limites. Seu posicionamento, em suma, por ser de confronto, é *negativação,* ou seja, um ato de *recusa* — recusa de morrer, recusa de obedecer, de desistir e de ceder — que a mera existência de pessoas negras aqui/agora testemunha.

Se o desemaranhar da dialética racial realizado pela *corpo cativa ferida na cena da subjugação* torna inoperantes as ferramentas do senhor — já que elas não conhecem nada além da casa-grande e seus habitantes —, então todo um leque de possibilidades é aberto, incluindo, mas sem se reduzir a eles, os modos de engajamento que propiciam tanto o desmonte das ferramentas do senhor quanto a moldagem de ferramentas poéticas criativas que acolhem outras imagens da existência enquanto o trabalho de trazer o fim do mundo que *conhecemos* está em curso. Entre as muitas escolhas possíveis, exploro o *figurativo* como uma modalidade de engajamento que não pressupõe nem requer dados, significados, evidências ou um fundamento. Além de não se conformar ao programa da descoberta, o figurativo como modalidade analítica de intervenção combina os passos da crítica com os procedimentos do criativo. Por exemplo, minha ativação da luz negra na leitura da formalização de Marx da lei geral do valor (a equação do valor) tanto expõe as insuficiências da estrutura materialista-histórica quanto esboça uma abordagem para a análise do papel do Estado e do capital na arquitetura política do presente global que não permanece prisioneira dos limites do regime determinativo ou interpretativo. Ao fazer isso, essa ativação possibilita a contemplação de um programa ético no qual o único significado aceitável para a justiça é a descolonização (a restauração do valor total expropriado de terras Indígenas e corpos de Escravas sob violência total).

Além disso, o figurativo abriga uma imagem de existência que não antecipa unidade e linearidade, mas prefigura infinidade e pressupõe uma implicabilidade. Esse posicionamento elemental permite que a imaginação se mova sem as restrições do entendimento, porque, como descreve Barad, a infinidade e a implicabilidade caracterizam as *elementa* que entram na composição de tudo o que existe — atualmente, possivelmente e virtualmente. Muitas abordagens e perspectivas podem ser desenhadas desde esse ponto de partida. Tenho considerado duas em particular. Por um lado, o *pensamento fractal* me permite atender às várias dimensões interrelacionadas agindo em qualquer coisa ou evento particular de diferentes perspectivas: (a) *existencialmente* (quântica, cósmica, histórica e orgânica), (b) *politicamente* (jurídica, econômica, ética e simbólica), (c) *meta-analiticamente* (formal, final, material e eficiente) e (d) *elementalmente* (infinidade, implicabilidade, figuralidade e materialidade).[14] Embora possa ser tentador ler o pensamento fractal como uma reformulação 4 × 4 em vez de 4 × 3 das tabelas kantianas de julgamentos e categorias,[15] essa leitura conservadora não seria frutífera.[16] Para começar, o quádruplo kantiano (as categorias do entendimento) e a tríade de Hegel (os movimentos da dialética) são dependentes de e geram linearidade — a qual permite que as leis da lógica (o princípio da identidade, a lei do terceiro excluído, e o princípio da não contradição) funcionem em enunciados sobre o que tem existência atual (espacial e temporal). Infelizmente, o que a linearidade possibilita é precisamente o que fornece sentidos como identidade "essencial", diferença "insublimável" e mudança "inescapável" (ainda que sempre desejada). Já o fractal oferece um modo de descrever a existência que, por exemplo, figura repetição — aquilo que parece resistir à mudança (identidade essencial e diferença insublimável) —, possibilitando que se atenda a ambas ao mesmo tempo, a saber, ao *como* do que parece permanecer como mudança e ao *quê* do como do que parece permanecer como mudança.

Quando a Imaginação não tiver mais que reunir impressões (combinar as variadas) para caber nos poucos e rígidos parâmetros do Entendimento, quando for deixada a seus próprios recursos, ela pode ir virando e torcendo cada nó apertado, cada tabela organizada, cada linha reta. Quando a Imaginação for solta para ir atrás, para trabalhar em direção a, para auxiliar na busca ética das re/de/composições que não exigiriam que o fardo de Dana fosse compreensível, mas permitiriam liquidar a *dívida impagável*, ou seja, ser propriedade de quem deve pagar por ela — então, e só então, além de saber e repetir que as ferramentas do senhor não podem desmontar a casa-grande, estaremos finalmente na posição de não ter que nos preocupar com para que elas servem ou não, ou com o que são ou não capazes de fazer.

"e eu não sou"

> Olhe para mim! Olha meu braço! Eu arei e plantei, e juntei a colheita em celeiros, e nenhum homem poderia estar à minha frente! E eu não sou uma mulher? Eu poderia trabalhar tanto e comer tanto quanto um homem — desde que houvesse a oportunidade — e aguentar o açoite também! E eu não sou uma mulher? Pari treze filhos e vi a maioria ser vendida como escrava, e quando clamei com a dor de minha mãe, ninguém além de Jesus me ouviu! E eu não sou uma mulher?
>
> SOJOURNER TRUTH, "Ain't I a Woman?"[17]

A *corpo cativa ferida na cena da subjugação* tira a existência das garras do *subjectum* ao re/de/compor o *objectum*, que não pode deixar de refleti-lo. Do lugar de onde o *conceptum* de trabalho deriva o seu significado, ela retorna ao *subjectum* as suas bases violentas incompreensíveis. Figurada enquanto *carne feminina de(s)generificada* [*female flesh ungendered*], ela expõe a forma *arkhé* do *subjectum* — a figura que recebe colonizador/colono, o marido, o proprietário, e o cidadão. A violência total que torna a mulheridade indisponível para ela é a mesma que garante a ele o gozo da liberdade, como se a liberdade não fosse dependente das condições jurídicas e econômicas que transformam em ruído a expressão do luto de outras mães. Não obstante, ela gritou/grita, um grito que ressoa agora em galáxias distantes e reverbera em cada partícula de tudo o que veio a existir desde então.

Ressoando em cada átomo, cada brecha, cada partícula e pedaço que constitui o mundo, ecoando a violência total, esse choro alcança um mundo onde fratura a forma do *subjectum* junto de suas arquiteturas. Conforme ela o faz, seja através do grito ou do riso em resposta ao açoite, ela também escapa de qualquer tentativa de capturar o que aquele riso ou choro significa, independentemente de significarem ou não o que parecem significar. Não-determinável [*undeterminable*] pois, uma vez que ela figura o excesso (de força) que a torna opaca, aquilo que a violência total não pode deixar de produzir também adquire um tipo de in/distinção ou in/diferença que o pensamento moderno não pode suportar. Se o riso sinaliza conformidade com os desejos do Proprietário, não há modo de saber se é vontade dela (agir assim) ou um ardil para evitar ainda mais dor; se o grito sinaliza a experiência de dor, não há, mais uma vez, como saber se ela está fingindo sofrimento para interromper a punição ou se o grito dela é um apelo à misericórdia do Proprietário. Na medida em que é sempre uma resposta ao açoite — não a uma questão, um pedido ou uma demanda —, o riso e o grito dela só podem se referir à autoridade (jurídica) do Proprietário de forçá-la a consentir, e de estuprar e/ou matá-la se ela não o fizer. Mas nunca é possível resolver se ela o fez (consentir), muito menos se isso foi feito por "vontade" ou "desejo" próprios, pois a autoridade dele a impede de possuir os dois atributos que filósofos modernos atribuem somente ao Sujeito. Reiterando, pois vontade e desejo são os termos que distinguem as figurações do Sujeito e da Subjetividade — na cena de regulação e na cena de representação —, nenhum dos termos tem a intenção de corresponder a ela.

Trabalhando no campo sob o (para usar o termo de Marx) "açoite brutal" do Proprietário, a *carne feminina de(s)generificada* [*female flesh ungendered*] recorda as reivindicações públicas e privadas do Sujeito e as separações que instituem ambas. Enquanto uma trabalhadora nos campos de algodão do Mississipi, um valor de uso produtor de valor de troca que é extinguido antes mesmo de começar a arar o campo, ela nos faz imaginar como é que um documento, um pedaço de papel — uma folha amarela com algumas palavras e números na qual ela aparece sem nome ou lugar de nascimento — possui tal capacidade de anular cada partícula de sangue, carne e ossos que ela gasta à medida que sobe e desce o campo semeando e colhendo capulhos de algodão. Por que não percebê-la em sua capacidade material, na própria transferência/transdução dos componentes do solo e do arado para o algodoeiro? O que é que falta no corpo dela? Nada, na verdade. Pois o corpo dela abriga a mesma energia cinética interna e potencial, isto é, capacidade material, que a de qualquer outra partícula sólida, líquida ou gasosa de matéria. O que ela não possui, pois não possui o direito (a propriedade ou o título) sobre seu próprio corpo e as capacidades dele (de criar e procriar), é um pedaço de papel (contrato) estabelecendo que ela e o proprietário da terra, e de suas águas e animais, entraram num acordo com base nos mesmos termos, como partes iguais.

Gostaria de ressaltar que a posição dela não pode ser traçada na imagem dialética que postula um fim para o Capital. O princípio organizando a totalidade que o capital tanto constitui quanto explica é a liberdade — o capitalista contratando um trabalhador livre no mercado. Liberdade (apresentada enquanto a abstração que realiza igualdade, isto é, como sendo igualmente livre para vender no mercado) é o princípio que a constitui fora da montagem de Marx da totalidade que é o capital. Ao comentar sobre o trabalho, o significador escolhido por ele é a liberdade. Deve ser assim. Senão, caso ele não tivesse colocado a escravidão fora do *tempo* que permite os cálculos do capital, o trabalho dela teria de entrar, contar, importar na equação de valor. E quem sabe os problemas que isso lhe traria.

A *corpo cativa ferida na cena da subjugação* não tem lugar na trama, Marx afirma. Quando ela chega ao mercado, chega como uma mercadoria (um valor de uso) cujo valor de troca é realizado naquele instante e ali mesmo somente porque o Proprietário a possui e possui a autoridade (o direito enquanto título) para usá-la como ele faz com seus cavalos e sua casa. No triângulo formado pelo capital, trabalho assalariado e instrumentos de produção, a liberdade coloca os dois primeiros na mesma região ética (que exclui o *subjectum*), enquanto o último consiste em um *objectum* de produção, isto é, um valor de uso ou mercadoria. Eticamente, como uma pessoa que permanece com o *objectum*, a posição dela com respeito ao par capital/trabalho não sinaliza liberdade (ou igualdade, isto é, aquilo que desdobra de sua relação de exploração), nem figura o oposto; enquanto uma mercadoria, ela não tem um lugar na cena de valor onde esses princípios se aplicam. Economicamente, enquanto valor de uso, a igualdade se aplica a ela como uma mercadoria intercambiável; mas enquanto um existente humano as posições dela figuram não-igualdade (assim como não-identidade), isto é, ela não pertence ao conjunto ao qual a noção de liberdade se aplica.[18]

Ela figura a possibilidade, atualidades e virtualidades infinitas não compreendidas na totalidade conhecida e conhecível como capital, e ainda assim é definida pelo mesmo termo que o organiza, isto é, trabalho. Por isso, a *carne feminina de(s)generificada* [*female flesh ungendered*] não pode deixar de questionar os limites do Trabalho quando ele é considerado mecanicamente. Como movimento no tempo, a categoria de trabalho determina o capital; refere-se ao princípio ético e matemático (de igualdade) e à forma jurídica que propicia ambos, a saber, o contrato. Cada versão do trabalho na determinação do capital, cada aspecto desse *conceptum* — metafísico, ontoepistemológico, ético e existencial — incita a questão: de onde ele deriva o seu poder explicativo. O trabalho só pode funcionar como uma ferramenta determinativa aceitável por conta de seu efeito de universalização (que Marx lê como correspondente à igualdade), ao mesmo tempo ontoepistemológica e ética, o que permite a sua tradução (mudança de registro) de um domínio qualitativo para um quantitativo — quando pareado com o tempo — e, então, pode se tornar tanto medida (de valor) como mensurável enquanto produtivo de valor. Sem isso, nem as operações existenciais nem as operações metafísicas de trabalho seriam sustentáveis; e, dado que esse é o *conceptum* alicerçando a totalidade que é o capital, a crítica à economia política de Marx daria em pouca coisa.

Se o trabalho (assalariado) universal perdesse a capacidade explicativa e se tornasse somente um descritor de relações sociais de produção específicas de um dado momento no espaçotempo (Inglaterra no fim do século XVIII e no século XIX), seria possível revisitar a cena da subjugação e tratá-la a partir de seu local espaçotemporal, a saber, "as colônias". Ali, onde a *corpo cativa ferida na cena da subjugação* é submetida ao mesmo açoite do cavalo que ela conduz, trabalhando no campo de algodão plantado em terras nativas expropriadas, ali, por ser ela um meio de produção, a *corpo cativa ferida na cena da subjugação* é indistinguível do cavalo e da terra. Contudo — à medida que sua capacidade material (energia potencial e cinética), assim como a do cavalo e a da terra, é transduzida para cada broto de algodão crescido e colhido naquela terra — ela é não somente valor de uso mas também transdução, uma re/de/composição de tudo aquilo que a terra nutriu. Aqui está o excesso: a autoridade jurídica, que sua ocupação, que seu açoite garante, e que também a desobriga de qualquer redução fácil — como tem sido feito de novo e de novo, como Fanon nos lembra de Sartre — a um elemento evanescente na trajetória do *Eu transparente*. Como sabemos, ambas as autoconsciências adentram igualmente (enquanto consciências no momento de pura universalidade); o servo só se torna o servo ao final da cena do senhor-e-servo de Hegel. Porque ela foi comprada como uma Escrava, como uma mercadoria, ela nunca enfrentou o Proprietário em pé de igualdade na luta de vida-e-morte. Como Marx comenta, o Proprietário pode dispor dela conforme desejar, mas ele fará muitos cálculos antes de matá-la. Uma vez que ele não pode ser sem a existência dela, tudo o que ele pode fazer é ensaiar uma nunca plenamente realizada/garantida — pois impossível de verificar — ocupação e/ou apropriação da mente dela (vontade ou desejo).

A cena da subjugação não é nada além da tentativa de sobrepujar a vontade da outra através da ameaça de violência total. Contudo, porque a vontade dela não é (juridicamente) livre, em virtude de sua condição de Escrava (uma pressuposta autoexpressão não-mediada), aquilo que a não-determinável *corpo cativa ferida na cena da subjugação* retorna ao Proprietário é a reverberação da autoridade jurídica excessiva que ele confunde com o livre exercício da vontade dele. A mediação jurídica rouba o consentimento tanto da Escrava quanto do Proprietário da Escrava e, ao fazer isso, poupa o Proprietário de ter certeza da obediência dela e também de sua própria dominância. Desse modo, tudo o que é dado na cena da subjugação é a *recusa* (atual, possível e virtual) que a ocasiona. Por essa razão, como o sujeito com vontade (e entendimento) é aquele modelado segundo a versão de Kant do Eu Formal — isto é, aquele figurado na escrita pós-iluminista jurídica, econômica e científica (simbólica) do humano — enquanto uma figuração do excesso (violência total) registrado pela expropriação do valor total criado pelo trabalho dela, ela mina a operação do trabalho enquanto um *conceptum*. Pois ela recorda o evento racial, isto é, ela reflete o Eu Formal em sua relação violenta constitutiva (de tal modo o despindo de formalidade), na qual a eficabilidade nunca pode ser confirmada porque não se pode decidir se o açoite (a causa) suscitou um grito ou riso ou silêncio (como seu efeito).

A *corpo cativa ferida na cena da subjugação* também ameaça aquilo que sustenta a reivindicação do *subjectum* à excepcionalidade, uma vez que as feridas dela mantêm à vista a violência produtiva que move Hegel a figurar o sujeito transcendental como Espírito. Desde onde ela olha — enquanto um ser possuído num contexto onde possuir algo e possuir a si mesmo significa desfrutar da posição mais alta de todas —, nenhum dos atributos do *subjectum* justifica suas reivindicações universais. Sem vontade ou desejo que possa ser indubitavelmente averiguado como dela (pois pode ser sempre atribuído à ameaça do açoite), e na condição a propriedade privada de alguém, ela desafia qualquer tentativa de estabelecer a autenticidade de qualquer coisa dita para sinalizar interioridade. Ademais, uma mercadoria entre mercadorias, mas também um objeto ao mesmo tempo de troca e de trabalho — valor de uso e valor criador, ou criadora de valor —, a sua indeterminabilidade se estende para além da sinalização da intratabilidade (eticamente falando) — ainda mais forte no século xix — de equiparar uma pessoa a um cavalo ou terra. Por outro lado, a fungibilidade que é atrelada à posição jurídico-econômica que é a Escrava também suscita a questão — que parece pressuposta no discurso abolicionista — sobre a dignidade poder ser reivindicada por humanos que torturam outros humanos e cavalos também. Contudo, como mostra Saidiya Hartman, o apelo à empatia constituiria um outro momento de subjugação, pois sustentava ou apontava para o pressuposto da disponibilidade da interioridade negra a ser ocupada, isto é, fungibilidade estendida ao lugar onde a dignidade encontra/funda a sua importância.

O que a falha da empatia (que Hartman descreve) indica mas não necessariamente expressa — principalmente porque leva algum tempo para a transparência se tornar o alicerce ontológico privilegiado da dignidade e liberdade — é a operação da autodeterminação através da versão kantiana do livre-arbítrio e do conceito utilitário de autointeresse.[19] Ambos destacam o indivíduo como entidade ética primária, ainda que o primeiro repouse na autodeterminação da razão transcendental (pura) e o segundo nos moldes do princípio de autopreservação do início da modernidade. Ambos, contudo, efetuam o mesmo efeito de desvalorização moral da *corpo cativa ferida na cena da subjugação*, uma vez que a determinabilidade é o pilar ontoepistemológico governando ambas as versões do texto ético moderno. A *corpo cativa ferida na cena da subjugação* não segura espelho algum. Uma humana entre valores de uso, suas expressões de dor e prazer são suscetíveis de sofrer repressão, e portanto ela não pertence plenamente ao mundo de mercadorias. E, na condição de objeto de troca, um valor de uso entre pessoas, a sua pressuposta interioridade está disponível para ocupação e, portanto, ela não pertence plenamente ao mundo de sujeitos de prazer e dor. Essa não-determinabilidade também faz dela uma figura ética precária, uma figura que desafia a tese de transparência a partir de fora e de dentro.

Enquanto Du Bois começava a considerar a interioridade negra — numa figura de alma dupla em lugar de alma dividida —, a versão hegeliana do texto ético moderno reconfigurava a determinabilidade enquanto a disputa interior (autopropulsora) de dois momentos da mesma consciência transcendental. Entre outras modificações, essa versão do *Eu transcendental* tem consequências que delimitam a trajetória da negridade no pensamento do século xx. Pois não é só que a negridade (como Nahum Chandler defende) desafia o núcleo do discurso acerca da pureza racial. Para mim, assim como para Chandler, mais importante é que, enquanto um referente (categorial ou existencial) da *corpo cativa ferida na cena da subjugação*, a negridade questiona a realização ética que emerge do movimento autoproducente e autorrevelador do Espírito. A negridade perturba os temas de identidade (conforme tudo se torna apenas um momento evanescente do mesmo), de historicidade (o *Homo historicus*, a coisa interior/temporalidade fundamental) e de reconhecimento, a saber, o conceito ético que predica a inseparabilidade entre o *eu* e o *mundo* somente porque ela mesma é fundada sobre a suposição de que, na era pós-iluminista, o Humano (a autoconsciência) finalmente alcança o momento de transparência. À medida que se torna possível uma narrativa na qual a necessidade (figurada como um efeito das relações que formam o movimento dialético que se desdobra no tempo) vem a ser atribuída não somente ao conhecimento de/do mundo, mas também à definição do (auto)conhecimento que é a própria autoconsciência, a negridade — indexando um objeto entre objetos (como Fanon descreve), e ainda assim aquilo que por definição não significa no texto, governado pela forma de arco ou forma *arkhé* do sujeito (como Spillers sugere) — confronta a demanda por transparência feita por/para tanto o objeto quanto o sujeito. Ao fazer isso, contudo, ela não pode ser apressada a servir como, a espelhar um outramente que seria figurado como o *subjectum* no Mercado, enquanto negociantes (de trabalho e capitalistas) economicamente diferenciados, cuja igualdade jurídica (como partes em um contrato) permite a montagem de uma oposição que relembra a famosa passagem de Hegel. É assim porque as posições oposicionais do sujeito de Marx são descritas num cenário de igualdade econômica — neste caso, o Mercado — que não difere daquele onde Hegel localiza o encontro violento da "pura autoconsciência".

A questão "e eu não sou uma mulher?" não anuncia um movimento para ocupar a existência, tornando-a sempre já um efeito do conhecimento, o desdobrar daquilo que é a compreensão do mundo pelo Entendimento e pela Razão. A questão, a questão dela, ressoa sem o Entendimento e Razão (transcendental), isto é, sem as forças com as quais o pensamento moderno moveu-se para apreender e compreender o mundo, um movimento que necessitou que o corpo servisse — como instrumento (sentidos para o conhecimento) ou superfície de inscrição. Assim como a tarefa do Entendimento (kantiano), a determinabilidade, a qual não pode senão produzir objetos, a transparência da Razão (a sua versão hegeliana ou a husserliana) povoou o planeta com "Outras" cujos corpos e modos de existência falham em exibir aquilo que caracterizaria o que Wynter chama de "Homem2" [Man2].[20] Ainda que esteja comentando primariamente sobre a linguagem ao notar que ela mantém "sua transparência e contém a crescente opacidade do mundo nos limites", Glissant escreve que "ela assim manteria a transparência e conteria a crescente opacidade do mundo nos limites de um classicismo bem formulado".[21] Ao mesmo tempo, ele descreve e convoca uma recusa a [se] render à demanda por transparência que consistentemente resolve o que vem diante dela no circuito da dialética racial. Por essa razão, ainda que a opacidade possa desesperançosamente carregar o significado de não ser entendível (ou incapaz de entender), prefiro ler na abordagem mais expansiva de Glissant uma *recusa* que busca liberar tanto "o mundo" (de Du Bois) quanto [o] *mundo* (de Husserl) em direção à não-determinabilidade [*undeterminability*], e não somente este ou aquele grupo "linguístico" ou "cultural". Essa, proponho, é a maneira pela qual aquilo que teve de ser delimitado na montagem de uma totalidade da razão assombra o pensamento moderno. Não como um fora constitutivo, mas como aquilo que significa nada e tudo, pois sua aparição não é o resultado das regras produtivas ou de uma formação discursiva na qual se tornaria a figuração de um outro (pensando em Foucault aqui). E ela também não figura abjeção, uma vez que sua opacidade (ausência) não se refere àquilo que Butler chama de "corpos impensáveis, abjetos, inabitáveis", que habitam "aquelas zonas 'inóspitas' e 'inabitáveis' da vida social que são, não obstante, densamente povoadas por aqueles que não gozam da condição de sujeito". Se fosse esse o caso, ela permaneceria um significante nos termos do pensamento moderno, mas somente porque, enquanto um referente de uma "zona de inabitabilidade",[22] ela seria necessariamente compreensível pelo mesmo *conceptum* que constitui o sujeito dentro da totalidade da qual ela seria excluída.

Não ela. A *corpo cativa ferida na cena da subjugação* não é o Outro da figuração adequada do Sujeito produzido no discurso, nem é a abjeção que expõe as formas e a formação deste. Por quê? A posição dela na significação moderna é dada pela forma jurídica — o título que a torna um valor de uso de alguém (mercadoria e propriedade), torna ela e o trabalho de sua prole incalculáveis nos cálculos que expõem as operações internas do capital como uma totalidade. Seu potencial radical reside no modo como é por dentro que ela expande o escopo para a consideração e a interrogação das operações do *Eu transparente* e dos momentos políticos (jurídico, econômico, ético, simbólico)[23] que compõem sua arquitetura política. Luz negra brilhando de dentro, ela de/compõe a dialética racial e irrompe através dos termos (não-produtivos de valor de uso) da equação de valor, não porque ela reivindica um lugar com/dentro deles; a dialética racial se desemaranha precisamente ao retornar (como feixe de alta-frequência) a violência total (a energia potencial do capataz e do chicote transduzidas em suas feridas) da cena da subjugação para o lado branco da imagem que faz da subjugação dela causa e efeito de seus traços físicos e mentais. A equação de valor não se dissolve diante de uma demanda por uma terceira posição enfrentando o trabalhador assalariado e o capitalista. Irrompendo através do algodão e do fuso, ela recorda toda uma gama de outros contribuintes para o valor de troca da mercadoria que não entram no cálculo por conta de uma delimitação a priori que atribui a produção de mais-valia à forma jurídica do contrato. Novamente, aqui, o desafio vem não do trabalho (categoria econômica) dela, mas de uma distinção entre tipos de trabalho que ocorrem num registro diferente — as "condições sociais" de produção que não desempenham papel algum na teorização do capital, pois, assim como ocorre com "as colônias" em relação à acumulação, são uma condição de possibilidade (para que trabalhador e capitalista se encontrem no mercado), e não um elemento na produção propriamente dita (que acontece na fábrica). Esgueirando-se a partir de momentos auxiliares que têm só um papel incidental nas narrativas do valor, ela realiza algo que apenas alguém de dentro pode fazer, isto é, levanta a questão de se aquilo que mantém tudo junto (no caso do capital, trabalho) se encontra sobre o solo firme necessário para a montagem de uma totalidade.

Quando ela aparece como trabalho "puro e simples", sem as propriedades e capacidades que este adquire enquanto o *conceptum* que sustenta a totalidade que é o capital, a *corpo cativa ferida na cena da subjugação* desfaz muito mais do que a igualdade que equilibra a equação de Marx. Porque o excesso (*x*) figurado na dupla ocupação que é seu sobrenome e seu grito permanece, como Douglass comentou, para além dos marcadores temporais da escravidão enquanto uma marca física, isto é, em/como negridade enquanto um referente de dominação jurídica, ele autoriza a violência total (de matanças policiais) e a indiferença (da decisão de Jair Bolsonaro e Donald Trump de deixar pessoas morrerem na pandemia de covid-19). O trabalho que a negridade faz — e ao fazer recusa suas operações enquanto uma categoria — toda vez que o corpo negro é solto de suas garras (quando mobilizado como um símile) é evocar as feridas que sinalizam a autoridade do Proprietário ou a violência total que mapeou o contexto colonial.

A *corpo cativa ferida na cena da subjugação*, como *carne feminina de(s)generificada* [*female flesh ungendered*] de Spillers, nomeia o efeito que precede sua aparição e torna sua chegada uma reviravolta (\X).[24] Como disse antes, ao montá-la como ferramenta de leitura, certamente estou também dando outro uso à "imagem dialética" de Walter Benjamin como ferramenta antidialética. O que me interessa não é o enredo do opressor e da oprimida que a interrupção da história pode parar ou reverter. A função dela perturba a própria configuração opositiva que não faz nada além de modelar o discurso político nas formas/leis do pensamento (de acordo com o princípio de identidade e o da não-contradição). Na medida em que ela permanece de costas laceradas para o "açoite brutal", a postura de confronto da *corpo cativa ferida na cena da subjugação* é mais bem descrita como uma *recusa* do que simplesmente *opositiva*. Pois ela não encara o Proprietário e busca sua destruição, seu reconhecimento ou tomar o lugar dele. Para ela, a cena, seu contexto e sua única protagonista, como Fanon explicou, devem acabar.

"significados que repetem os momentos iniciais?"

> Podemos perguntar se esse fenômeno de marcação e identificação realmente "se transfere" de uma geração para outra, encontrando suas várias *substituições simbólicas* em uma eficabilidade de significados que repetem os momentos iniciais?
> HORTENSE J. SPILLERS, "Bebê da mamãe, talvez do papai"[25]

> Eu estava em casa de novo, na minha casa, na minha época. Mas ainda estava presa de alguma maneira, presa à parede como se meu braço crescesse dela ou para dentro dela. Do cotovelo até as pontas dos dedos, meu braço esquerdo havia se tornado parte da parede. Olhei para o ponto onde a carne se uniu ao gesso, olhei para ela sem compreender. Era o ponto exato que os dedos de Rufus tinham segurado.
> OCTAVIA E. BUTLER, *Kindred*[26]

Sem compreender talvez seja o único descritor possível para a manobra intelectual capaz de encontrar sentido nas materializações da cena da subjugação. Faz sentido que o fardo de Dana tenha sido suspenso quando Rufus tentou exercer sua autoridade para mobilizar violência total a fim de golpeá-la e estuprá-la; também faz sentido que o fardo de Dana teve de ser cumprido, pois caso contrário, se Rufus morresse, ela não teria nascido. O que não faz sentido é quando esses dois enunciados são postos juntos: Dana tinha a obrigação de manter vivo alguém que podia a qualquer momento matar e estuprá-la, caso contrário ela não existiria. Isso não faz sentido quando se tenta compreender o impasse de Dana, quando o abordamos através dos termos e formulações que tanto tornam possível a montagem quanto dão sentido à dialética racial e à equação do valor, isto é, contanto que nossa imagem de existência só permita existentes e eventos compreensíveis por/através dos pilares e descritores ontoepistemológicos do pensamento pós-iluminista.

Ao comentar a mobilização da proposição "entre" por Du Bois, Chandler instiga os elementos que, penso, se recusam a delimitar a posição marcada pela *corpo cativa ferida na cena da subjugação*. De uma forma não muito diferente da narrativa de Douglass sobre a "linha de cor", a articulação do "entre" por Du Bois pode ser lida, como Chandler o faz, enquanto um referente de como o momento jurídico-econômico media o encontro e previne que a pessoa branca e a negra se encarando uma à outra sejam lidas nos termos da consciência fenomenológica ou atitude natural de Husserl. Essa impossibilidade reverbera para além da cena existencial, uma vez que vai ao núcleo do texto no qual aquela cena faz sentido, no qual o fardo de Dana faz e não faz sentido, alcançando sua base metafísica e as formações ontoepistemológicas que o expressam. Como é de esperar, uma mudança similar ocorre quando a *corpo cativa ferida na cena da subjugação* é evocada em/como a *matéria-prima* na formalização de Marx de sua lei geral do valor. Nesse nível, há não somente uma mudança que revira as próprias condições de conhecimento (metafísicas e ontoepistemológicas) que tornam a equação (a mobilização de igualdade) possível (o postulado de Euclides) e necessária (toda a base das reivindicações modernas à verdade); essa mudança alcança o nível da própria compreensão em relação a como alguém chega a saber e como esse saber se desenrola na existência. Em outras palavras, além de convocar uma outra imagem de existência e descritores que não pressuponham, postulem ou facilitem a sua apreensão e compreensão, a *corpo cativa ferida na cena da subjugação* sendo lida na mesma posição e performance do algodão na equação do valor é a atuação de um modo de saber baseado na não-determinabilidade, porque viola o pilar básico da separabilidade (entre o algodão e a trabalhadora escrava) e determinabilidade (trabalho assalariado e capital). O modo como o fardo de Dana convoca uma perturbação tão profunda das bases do pensamento moderno começa a fazer sentido quando se considera como ela olhou para "o ponto onde a carne se uniu ao gesso, olhei para ela sem compreender. Era o ponto exato que os dedos de Rufus tinham segurado".

Outro modo de abarcar seu fardo é, talvez, considerar como o braço de Dana foi cortado na parede da casa para a qual ela acabara de se mudar, a casa que marcava sua entrada no mundo daqueles que possuem propriedades. Como isso aconteceu uma única vez, quando ela decidiu encerrar seu fardo e matar Rufus. Como aconteceu na primeira vez em que Rufus a tratou como propriedade dele, exercendo seu direito à violência total. Como, ao acontecer, uma parte do corpo dela ficou presa na parede, expondo esta como a linha entre o presente dela e o de Rufus. Ao considerar seu fardo dessa maneira, evocamos como a linha espaçotemporal existe em tudo cujo valor total é gerado pelo trabalho escravo sob ameaça da violência total. Tudo de qualquer valor (econômico), não importa o quê. Dana questiona as questões que sustentam e guiam o pensamento moderno: o que aconteceu?

Por que aconteceu? Por quais meios aconteceu? Pois o que aconteceu com Dana — atravessar a linha do tempo — não deveria acontecer. Quando a travessia no tempo é a resposta para a pergunta do que aconteceu, as duas outras perguntas não se seguem. Pois o próprio *o quê* viola a pressuposição metafísica do pensamento moderno, a saber, a linearidade que estabelece a centralidade do tempo. Ainda que seja possível, uma vez que não há teoria ou prova — que é o que importa para o pensamento moderno —, as viagens de Dana no tempo não são prováveis, pois não há evidência demonstrando que isso pode ou não ser feito.[27]

E se acolhermos o possível e o virtual e aceitarmos a lembrança de Dana de que isso aconteceu — tudo, cada detalhe —, em vez de questionarmos? Ela se viu na Maryland do *antebellum* salvando a vida de seu Proprietário, viveu como uma Escrava e conheceu suas antepassadas, perdeu parte de seu corpo na parede de sua nova casa ao retornar para a Los Angeles de 1976 depois de matar Rufus quando ele tentou estuprá-la. Se considerado elementalmente, isso poderia ter acontecido, pois aquilo que chamamos de tempo nada mais é do que o registro do que ocorre, em particular daquelas coisas que não podem desacontecer — tal qual a transferência de energia cinética interna (*calor*).[28] Em suma, ainda que não prováveis, as travessias de Dana são possíveis enquanto algo que pode ser imaginado, e acontece (atualmente, possivelmente e virtualmente) quando aquilo que existe é abordado elementalmente.

Desse ponto de vista, considerado elementalmente — sem as "condições sociais [jurídicas e éticas]" liberais que mantêm o capitalismo como uma totalidade por fora —, o trabalho escravo entra na equação de valor de Marx como/na matéria-prima. Enquanto uma trabalhadora, a *corpo cativa ferida na cena da subjugação* não se encontra em bases de igualdade (no Mercado) nem diante do capitalista, nem diante do trabalhador assalariado. Sem lugar para se manter sobre as bases éticas (liberdade e igualdade conforme figuradas pela propriedade privada e contrato) da apresentação original do capital de Marx, as "condições sociais" dela são condições que Marx não viu necessidade alguma de teorizar. Não-determinada por aquilo que *é* relevante — como na distinção feita por Marx entre quem possui os meios de produção (mp +) e quem não possui (mp –) —, por aquilo que providencia a resposta para o quê, o porquê e o por quais meios do capital ela não entra na apresentação formalizada da eficabilidade do trabalho (equação do valor) enquanto um sujeito predicado pela posse (privada) e autoridade (pública). Sendo ela mesma um meio de produção, um valor de uso que não gera nenhum valor de troca (para o Proprietário) ou mais-valia (para o Capitalista), exceto quando comparada com outros meios de produção, um arado, um cavalo ou um fuso, que ela opera nominalmente (qualitativamente), ela apresenta a diferença entre dois tipos de trabalho — produtivo de valor de troca (pvt +) ou não-produtivo de valor de troca (pvt –). Mas isso, como sabemos, é a delimitação do que pertence à totalidade que é o capital (porque determinado pelo trabalho universal), especificada pelo trabalho (tempo de trabalho, no abstrato) na medida em que ele é produtivo de mais-valia (isto é, preço do trabalho — valor do produto). O que essa leitura dos enunciados delimitativos (qualitativos) de Marx encontra não é a negação nem a afirmação de *o quê* (o ser ou significado) dela e de suas condições sociais ("as colônias"). Pois, em tais enunciados, a distinção — que poderia ter sido determinada (e o foi, antropologicamente, por Rosa Luxemburgo), mas não o foi por Marx, com procedimentos taxonômicos guiados pela aplicação qualitativa do princípio de identidade — que institui um negativo apresenta a identidade não como *o que não é* [*what is not*] (aquilo do qual é distinguível), mas como *o que é um não-* [*what is a non*] (parte daquilo que foi determinado). Dito de outro modo, estou ressaltando aqui a distinção entre (a) o Negativo que é o Outro (aquilo que Não é) porque habita a mesma região, e (b) o Negativo que é incomensurável (aquilo que é Não-) pois é definido por não resultar do efeito particular (determinativo) da razão formal/eficaz ou por não ser parte da totalidade relevante (o conjunto) em que as oposições fazem sentido.[29]

Isso se afasta de todas as quatro dimensões que entram nas considerações tanto do que acontece como do que é conhecível. O afastamento mais geral e complexo, por ocorrer no nível metafísico, oferece a *infinidade* em vez da *linearidade* como imagem da existência. Enquanto a exposição da infinidade requer um engajamento minucioso com a filosofia moderna, a apresentação do *corpus infinitum*, em contraste com o Universo ordenado, não pode ser um exercício conceitual. Um tal procedimento só reproduziria as próprias premissas ontoepistemológicas contra as quais é proposto — por tantas razões que não posso discutir agora, pois isso implicaria um quadro para pensar (e, portanto, para analisar e para descrever) a existência, que deve ser cuidadosamente apresentado para que não se torne mera reescrita do programa kantiano. Incidentalmente, uma descrição desse afastamento fazendo uso da linguagem kantiana seria assim: o que estou chamando de enunciados delimitativos se assemelha aos julgamentos Infinitos de Kant. Marcados pela partícula *não-*, eles indexam não *indeterminação* [*indetermination*], que se refere ao que é (ainda) desconhecido, mas a *não-determinabilidade* [*undeterminability*], que é a qualidade do que é incognoscível. Talvez uma forma mais direta de expressar isso é dizer que o significado negativo aqui se liga ao conhecer e não ao que é não conhecido, que é não determinável ou que se refere ao infinito. No caso da partícula *in-*, há um senso do que ainda está para ser estabelecido, decidido, fixado, isso é, o indefinido. Dito de outro modo, a partícula *in-* permanece no campo do conhecimento e pressupõe que ele tem ou pode obter o que é necessário para que surja uma definição, explicação ou interpretação. A partícula *não-*, em contraste, abre toda uma gama de im/possibilidades e virtualidades assim como atualidades incognoscíveis: não é na ordem da forma (conceito, categoria, definição), mas no registro da matéria enquanto *pars* (a plenitude da existência), a saber, *corpus infinitum*. As implicações de um tal movimento são diversas e têm diferentes graus de complexidade. A indeterminabilidade ontológica, como propõe Karen Barad, não se relaciona somente à im/possibilidade de afirmar que há um *algo* aí — um enunciado referente à realidade de alguma coisa. Mais importante, trata-se de não sermos capazes de assumir que o que existe, seja lá o que houver aí, é esta ou aquela coisa, pois qualquer coisa que está aí é algo com a adição de tudo o que é possível e virtual. Aqui está o nível no qual a carne feminina de(s)generificada hackeada [*female flesh ungendered*] (\X) faz o desemaranhamento, ativando a não-determinação mas desviando a atenção do algo (digamos o "1") para o indeterminado (o possível e o virtual que sempre o acompanham, isto é, $\infty - \infty$).

Também significativo é algo que não necessariamente decorre da impossibilidade de comprovar a identidade, de determinar, de estabelecer fronteiras e limites: $1 + \infty - \infty$ ou

(autoenergia do elétron)

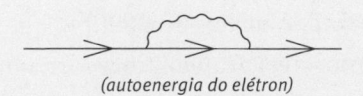

Seja na notação matemática ou da física,[30] essa imagem, que captura a indeterminabilidade ontológica de Barad, inspira a questão de como figurar tudo o que existe de um modo que não viole a configuração básica da existência, isto é, que toda coisa é si mesma + tudo o mais (coisa + não-si, em vez da coisa-em-si) que pode ou não existir (atualmente e virtualmente), isto é, uma composição infinita. Se qualquer existente, independentemente do modo de aparência — sólido, líquido, gás ou plasma — possui sempre o não-determinado adicionado a si, então é ao mesmo tempo *singular* e *similar* —, uma vez que todo existente quântico pode ser apresentado formalmente como $1 + \infty - \infty$.[31] Sendo esse o caso, talvez valha tentar reverter o processo que Benjamin descreve, isto é, retomar a consideração da *similaridade* de volta do núcleo daquilo que é a linguagem[32] e explorar os significados que ela oferece nos usos na *anatomia* (partes homogêneas do corpo), *geometria* (formas com o mesmo formato mas tamanhos e orientação diferentes), *música* (movimentos no qual linhas melódicas individuais se movem na mesma direção) ou *matemática* (as matrizes quadradas Y e Z possuem a relação $Y \rightarrow X^{-1} ZX$, onde X é uma terceira matriz). Cada uma dessas versões da *similaridade* se refere à materialidade (aquilo que) que é dada enquanto conteúdo (aquilo de que), formato, direção e transformação (matriz).

Ainda que eu pense nessa descrição geral para o *composto singular* ($1 + \infty - \infty$) como uma das apresentações infinitamente possíveis das elementa — a saber, o existente ou o *ser do mundo* —,³³ ela é também um ponto de ruptura para uma ferramenta capaz de ler além das fixações criadas pelo pensamento moderno e pelo contexto que ele desenhou e que justifica. Pois isso é precisamente o que a *corpo cativa ferida na cena da subjugação* faz quando re/de/compõe a dialética racial como evento racial: na figuração da subjugação racial, na qual a linearidade reina e retorna a violência racial (a causa) e seus efeitos, para aquelas subjugadas a esta, pela porta dos fundos da moralidade, a *corpo cativa ferida na cena da subjugação* expõe como a dialética racial possui a mesma forma da cena do *Eu transparente* (a figuração pós-iluminista do sujeito) e, ao forçá-los a um face a face, (armando um confronto), as expõe como peças não contraditórias mas complementares de toda a trama de subjugação, isto é, o evento racial. Como uma imagem, o evento racial não é algo que jaz ali como evidência esperando para ser coletada e interpretada; é aquilo que sai da leitura, que Benjamin adverte ser sempre parte da imagem em si, no instante em que as peças se juntam num formato que viola o curso do tempo e do pensamento linear. Isso é assim porque uma vez que *a imagem é uma re/de/composição infinita singular do fractal*, aquilo que ela expõe se repete a partir de cada um de seus pontos de aproximação (a partir de como nos aproximamos ou lemos uma imagem).

PARA FREDERICK DOUGLASS E FRANTZ FANON, a violência total que visita as colônias não indicava que o evento racial é eterno, mas que ele se repete tanto no tempo quanto naquilo que a violência total produz. Para mim, trata-se de um vislumbre de por que e como qualquer leitura do que acontece, do que aconteceu e do que pode vir a acontecer é fundamentalmente po-ética — a saber, política (ética), prática, poética. Há duas razões para isso. Primeiro, uma vez que a leitora está sempre ali na leitura conforme esta ocorre, como um elemento na re/de/composição — uma leitura é também sempre (como diria Barad) uma "intra-ação" —, então a leitura é também criação dela, algo que é também constituído por seu trabalho e *calor*. Segundo, quando o *elementum* é o nível existencial da atenção dada, as dimensões cósmica e quântica — onde o espaçotempo (como o conhecemos) não opera — tornam-se relevantes. De todo modo, a capacidade da *corpo cativa ferida na cena da subjugação* de produzir valores de uso assim como produtores de valor de uso, se considerada desde a materialidade (do *elementum*) e não da universalidade (do *conceptum*) do trabalho, convida a considerar se e como a negridade, uma vez que é um referente da condição jurídico--econômica dela, evoca o corpo como uma re/de/composição da terra na qual é concebido e cresce — se e como o corpo negro, tal qual os corpos de pessoas que nascem e crescem em terras nativas expropriadas de antes e agora, consiste em nada mais do que *elementa* re/de/compostas de suas antepassadas e seus proprietários originais. Sendo esse o caso, toda e cada pessoa nas Américas carrega também uma dívida impagável para com as habitantes originais e guardiães ancestrais dessas terras, que é também uma dívida que possuímos (mesmo que por nenhuma decisão de nossas antepassadas) e que é nossa para honrarmos. Seguindo essa mesma linha, a materialidade do trabalho e a implicabilidade elemental do corpo e da terra apontam questões sobre a negridade e indigeneidade, como juntas elas podem ser mobilizadas em confrontos com a colonialidade e a racialidade enquanto um composto político (anticolonial) conforme cada descritor se torna singular/similar (uma de muitas figurações possíveis), um referente fractal da violência total que permitiu corpos e terras expropriados, e que exige a atenção de toda pessoa que possua a dívida impagável, colonial, que não pode mais seguir impensada ou não confrontada.

Passado anunciado*

SE TUDO E QUALQUER COISA EXISTENTE é apenas uma re/de/composição, um outro modo de aparição de uma combinação de *elementa*, ou seja, um composto singular/semelhante, a pergunta que surge é: como isso vem a ser? Como o que foi permanece no que vem a ser? E se as *elementa* são distintas mas não diferentes, se os léptons, quarks, bósons de calibre e bósons de Higgs desempenham papéis distintos na composição da matéria-energia, se o tempo não importa mais nessa trama (tanto da constituição quanto da composição da matéria), como isso é considerado? Para mim, é aqui que a imaginação me parece estar em cena.

Sabemos que a constituição da matéria, o encontro dos elementos básicos, não é algo que acontece no tempo, assim como sabemos que a transformação de prótons em fótons (expressa por $E = mc^2$) é algo que acontece com o acréscimo de velocidade, ou seja, energia cinética. Sabemos ainda que a transição de fase depende de outro tipo de transferência de energia, através da pressão e do *calor*. Toda re/composição ou de/composição significativa, observável e não observável ocorreu por meio da ativação da capacidade da matéria (capa-

---

* No original *"Past Perfect"*, tempo verbal da língua inglesa que denota ações concluídas antes de algum outro ponto no passado e que também é usado para falar de situações imaginárias no passado. (N. T.)

cidade material) em sua apresentação enquanto energia. Toda apresentação da matéria como energia resulta de um processo em que um excesso se produz, forçando uma soltura.

Inevitavelmente, perguntamo-nos se tal processo estava em curso no movimento de Dana da Los Angeles de 1975 para a Maryland dos anos 1830. Não em termos de como ela viajou, porque, exceto pela última vez, quando seu braço ficou preso, parece que ela apenas desaparecia e se materializava em um ponto dentro de sua casa. Enfim, ela não viajou. O deslocamento no tempo e no espaço não desempenhou nenhum papel em seu predicamento. Dana não viaja, porque a Maryland de 1830 estava sempre lá, onde quer que ela estivesse. Estava lá em/como seu corpo. Os códigos de DNA dos ramos branco e negro de sua família definiram as *elementa* que entraram em seu corpo, desde quando ela estava sendo gestada, durante a gravidez de sua mãe, e, posteriormente, coletadas da comida, do ar e da água que ela consumiu, bem como do *calor*, aquele brilho vermelho invisível acontecendo entre as coisas o tempo todo. Dana não precisou ir a lugar nenhum, a Maryland da década de 1830 permanece em/como o capital gasto na criação de tudo o que entrou na construção de sua casa e em sua aquisição, o dinheiro que ela e seu parceiro pagaram ou herdaram, ganharam e tomaram emprestado para comprá-la.

Tudo, em cada *elementum* que entrou na composição de seu contexto, em meados dos anos 1970 em Los Angeles, poderia ter feito parte da composição do contexto do início do século XIX em Maryland. Há um ponto no cosmos no qual a Maryland do início do século XIX e a Los Angeles de meados dos anos 1970 ocorrem no mesmo instante, onde se pode ver a conexão imediata entre ambas. De lá, não há distância entre a casa de Dana e a fazenda de Rufus: Dana nunca se move.[1]

Agradecimentos

Em 25 de junho de 2012, Paula Chakravartty e eu enviamos o manuscrito final da introdução à nossa edição especial da *American Quarterly* intitulada "Race, Empire, and the Crisis of the Subprime" [Raça, império e a crise dos *subprime*]. Isso aconteceu quase dois anos depois de redigirmos a proposta, no verão de 2010, enquanto eu estava em residência no Stellenbosch Institute of Advanced Studies como parte do grupo de residência Genres of Critique (junto com Mark Antaki, Stewart Motha, George Pavlich, Patricia Tuitt, Karin van Marle e Jagath Weerasinghe), que explorou as conexões entre direito, estética e literatura. Embora eu não estivesse ciente disso na época, as conversas (às vezes acaloradas e sempre ricas) mantidas naquela perturbadora e confrontadora encarnação do apartheid na África do Sul também se refletem no argumento aqui desenvolvido.

Quando começamos a trabalhar na edição especial da revista, eu era professora de ética (fui a primeira ocupante da cátedra) na Escola de Gestão de Negócios da Queen Mary University of London (QMUL). Esse foi um movimento intelectual significativo. Eu tinha deixado a posição de professora associada no Departamento de Estudos Étnicos da Universidade da Califórnia em São Diego, onde desenvolvi uma nova linha de pesquisa em estudos étnicos críticos e raciais críticos sobre raça, guerra e violência, em colaboração com Yen Espiritu, Ross Frank e Wayne Yang, e nossas brilhantes alunas de pós-graduação (Maile Arvin, Long Bui, Ofelia Cuevas, Jose Fusté, Julietta Hua, Grace Kim, Rashné Limki, John Marquez, Angie Morrill, Kit Myers e Ma Vang). No QMUL, juntei-me ao notável grupo de docentes e pós-graduandas que Stefano Harney e Gerry Hanlon reuniram em torno do Centro de Ética e Política, que por muitos meses incorporou uma agenda crítica combinando os temas e preocupações da crítica racial, pós-colonial e uma prática acadêmica marxista feminista e autônoma.

Na Universidade de British Columbia, agradeço às docentes, funcionárias e alunas do Instituto de Gênero, Raça, Sexualidade e Justiça

Social, bem como aos membros do Critical Racial and Anti-Colonial Studies Research Network and the Critical + Creative Social Justice Studies Research Excellence Cluster. Em 2019, o Instituto Peter Wall para Estudos Avançados da UBC, por meio do Wall Scholars Program, forneceu recursos inestimáveis, incluindo tempo liberado do ensino e trabalho administrativo e conversas estimulantes com outros acadêmicos da Wall e visitantes internacionais.

A dívida impagável também se beneficiou de conversas e reações a palestras que apresentei ao longo desses muitos anos. A apresentação mais importante, junto com a conversa que se seguiu a ela, foi com a Apatride Society of the Political Others, um programa público da documenta 14 coordenado por Nelli Kambouri, Max Jorge Hinderer Cruz e Margarita Tsomou. Graças ao convite para me apresentar em Atenas, revisitei a escrita e o pensamento em torno do termo "dívida impagável" que não consegui colocar na introdução da edição especial em 2012, e graças também a Quinn Latimer, que me convidou para publicá-lo em *The document 14 Reader*. Este livro é, em grande parte, uma expansão daquele ensaio, que foi publicado em 2017. O convite irrecusável de Ana Teixeira Pinto para fazer parte de sua série On The Antipolitical, pela Sternberg Press, foi fundamental para colocar tudo isso no papel, e Max Bach editou cuidadosamente o manuscrito. Michaeline Crichlow, Mark Harris, David Lloyd, Massimiliano Mollona e Fred Moten fizeram comentários inestimáveis sobre diferentes versões do manuscrito.

Meu pensamento aqui se beneficiou de oportunidades criadas por coletivos como Critical Legal Conference, em particular Peter Fitzpatrick (*in memoriam*), Brenna Bhandar, Colin Perrin e Véronique Voruz; e Anti-Colonial Machine (J. Kameron Carter, Colin Dayan, Sora Han, Laura Harris, David Lloyd, Fred Moten, Dylan Rodriguez e Atef Said); Practicing Refusal (Rizvana Bradley, Dionne Brand, Tina Campt, Hazel Carby, Kaiama Glover, Saidiya Hartman, Arthur Jafa, Tavia Nyong'o, Darieck Scott, Christina Sharpe, Deborah Thomas, Alexander Weheliye e Mabel O. Wilson); Institute for Physical Sociality (Karen Barad, Gabriel Catren, Barry Esson, Bryony McIntyre, Fred Moten, Wu Tsang, Boychild e Fernando Zalamea); e os artistas, curadores, ativistas e acadêmicos que se reuniram como parte do Global Condition Workshop.

Agradecimentos

Aprendi muito em minhas colaborações contínuas com Valentina Desideri e Arjuna Neuman e recentes com Daniel Ananias da Silva, muSa Michelle Mattiuzzi, Jota Mombaça, Amilcar Packer, Anti Ribeiro e Joy Mariama Smith, bem como em conversas com Cash Ahenakew, Vanessa de Oliveira Andreotti, Phanuel Antwi, Gianpaolo Baiocchi, Boatema Boateng, Charles Briggs, Matt Browning, Camilla Rocha Campos, Silvana Carotenuto, Filipa César, Nahum D. Chandler, Sara Sejin Chang, Glen Coulthard, Pedro Gabriel S. Daher, Kodwo Eshun, Chiara Figone, Natasha Ginwala, Alyosha Goldstein, Ruth Gilmore, Avery Gordon, Louis Henderson, Tiffany Willoughby-Herard, Stacey Ho, Ayesha Hameed, Hudda Khaireh, Léopold Lambert, Diane Lima, Ana Lira, Johnny Mack, Tayyab Mahmud, Clara Mantini-Briggs, Olivier Marboeuf, Renisa Mawani, Dory Nason, Elvira Dyangani Ọṣẹ, Byron Peters, Emily Pethick, Nataša Petrešin-Bachelez, Manuel Piña, Elizabeth Povinelli, Sherene Razack, Ronald Rose-Antoinette, Denise Ryner, Anjalika Sagar, Sarita See, Lutze Segu, Paula M. Seniors, Thiago de Paula Souza, Ash Sharma, Hortense Spillers, Sharon Stein, Brett St Louis, Jean Tible, Massimiliano Tomba, Françoise Vergès, Susanne Winterling, Marika Yeo e Vivian Ziherl.

À distância, a família sempre foi uma fonte de amor e coragem, lembrando-me do motivo pelo qual faço o que faço: no Brasil, meus pais José e Amélia, meu irmão Denis, meus sobrinhos Daniel e Lucas e minha sobrinha Ilka Maria; na Austrália, meus pais Mal e Maureen, minha irmã Meaghan e seu marido Cyrus, e minhas sobrinhas e sobrinhos: Shae, Cleon, Jackson, Georgie, Callie, Grace, Leilani, Aimai, Zarine, Harper, William e a bebê Leshae.

Por todos esses anos, Mark esteve em casa, dando o apoio intelectual, emocional e material que possibilitou que eu me aventurasse no tipo de pensamento que tornou possível a escrita destas palavras. Obrigada!

Sou grata ao povo xʷməθkʷəy̓əm (Musqueam), falante da língua hənq̓əmin̓əm̓ (halkomelem), em cujo território tradicional, ancestral e não cedido este livro foi escrito.

Vancouver
12 de junho de 2021

Notas

1. "Nem mesmo pela lei daqui" [pp. 21-81]

1. O. E. Butler, *Kindred: Laços de sangue*, p. 224. (N. T.)
2. Consistente com o fato de o argumento aqui ser uma intervenção na filosofia política, meu uso do termo "pessoa (corpo-mente)", como se tornará mais evidente no capítulo 2, lembra a interpretação de John Locke para o termo, como nesta passagem: "Assim, os membros do corpo são para cada um uma parte de si mesmo; cada um simpatiza com eles e se preocupa com eles. Ampute uma mão, separando-a da consciência que tínhamos do seu calor, seu frio e de outras afecções, e ela deixará de fazer parte daquilo que é o si mesmo". (*An Essay Concerning Human Understanding*, p. 182).
3. Ao longo deste livro, os termos "jurídico" (como o momento do político) e "Jurídico" (como a categoria geral) também se referem ao poder cis-heteropatriarcal. Ao localizar o patriarca naquele momento, o argumento aqui permanece consistente com o início da filosofia política moderna, em particular com a descrição de Locke do corpo político como a sala de jogos dos cidadãos proprietários que mantêm a soberania sobre suas famílias, isto é, como patriarcas. Ver, em particular, o capítulo 6 de J. Locke, *Segundo tratado sobre o governo civil e outros textos*.
4. H. J. Spillers, "Bebê da mamãe, talvez do papai", tradução adaptada. (N. T.)
5. A Lei dos Direitos de Voto [*Voting Rights Act*] de 1965 foi o terceiro ato legal — os outros dois foram a 14ª e a 15ª Emendas à Constituição dos Estados Unidos — projetado para proteger o exercício dos direitos mais básicos de cidadania dos negros estadunidenses. Ocorre que, em 25 de junho de 2013, essa peça crucial de proteção legal foi drasticamente enfraquecida pela decisão da Suprema Corte na decisão do condado de Shelby vs. Holder, que "derrubou uma formulação [...] que exigia de alguns estados e localidades com certo

histórico de discriminação contra eleitores de minorias que as mudanças fossem aprovadas pelo governo federal antes de entrarem em vigor" (S. Levine e A. Rao, "In 2013 the Supreme Court Gutted Voting Rights — How Has It Changed the US?").

6. Desenvolvi em alguns artigos o argumento sobre como a necessidade opera na autorização da brutalidade policial (por exemplo, nos vários casos de tiros contra pessoas negras e latinas desarmadas nos Estados Unidos) e em outros usos de violência total contra pessoas negras e em territórios negros. Ver, mais recentemente, D. Ferreira da Silva, "Ninguém: direito, racialidade e violência" e "Scene of Nature".

7. Embora não atue da mesma forma, nem desempenhe a mesma tarefa, o "informante nativo" de Spivak certamente inspira a montagem da *corpo cativa ferida na cena da subjugação*. Veja, de modo geral: Gayatri Chakravorty Spivak, *A Critique of Postcolonial Reason: Toward a History of the Vanishing Present* (Cambridge, MA: Harvard University Press, 1999). Depois de ler um esboço anterior deste manuscrito, Fred Moten me perguntou se eu conhecia a "cativa materna" [*captive maternal*] de Joy James. Eu não o conhecia. Ele me enviou algumas obras de James, uma delas sobre *Kindred*, de Octavia Butler. Lendo os escritos de James sobre a cativa materna, encontrei semelhanças e diferenças com a *corpo cativa ferida na cena da subjugação*. As semelhanças são muitas; são também esperadas, creio, na medida em que a cativa materna e a *corpo cativa ferida na cena da subjugação* são referentes da Escrava. Assim, por ambas recordarem a figura feminina na cena de violência, também podem ser lidas como referentes da negra. Aqui, penso, está a distinção mais importante. A *corpo cativa ferida na cena da subjugação* é feminina, mas ela não é uma mulher. Ela não é mãe, esposa, nem amante de alguém. Não reflete a posição do cis-heteropatriarca branco europeu como uma posição política, porque justamente ela está fora e contra essa forma de enunciação ao visar seus momentos constitutivos (éticos, jurídicos, simbólicos, econômicos). Como entendo, a cativa materna de James é uma figura política, poderosa e necessária, que carrega tanto o peso da dominação racial quanto uma capacidade única de resistir e miná-la. A *corpo cativa ferida na cena da subjugação* é uma ferramenta poética, isto é, um dispositivo de leitura, que se destina a desmontar aquilo que é condição de

possibilidade para o texto, discurso e posição de dominação liberal (homem branco europeu cis-heteropatriarcal). Para distintos desdobramentos da cativa materna, ver J. James, "Captive Maternal Love: Octavia Butler and Sci-fi Family Values".
8. Esses termos são desenvolvidos ao longo de "Bebê da mamãe, talvez do papai" ["Mama's Baby, Papa's Maybe"], seu texto divisor de águas, datado de 1987.
9. Como já fiz antes, tomo liberdades ao pegar emprestado de Spillers, fazendo o melhor possível para permanecer próxima à sua abordagem. Ao me apropriar desses termos, no entanto, não estou preocupada em captar os "significados", pois não estou tratando os termos como conceitos, o que pressuporia que eles abrangem (o que quer que sejam usados para descrever) e que seu uso garante abrangência. Isso não significa que eles não sejam ou não possam ser apropriados dessa forma.
10. Para uma descrição/mobilização da luz negra como uma ferramenta poética negra feminista, ver D. Ferreira da Silva, "Blacklight".
11. Criei o termo "intraestrutura" — que é inspirado pela noção de "intra-ação", de Karen Barad. A intraestrutura me permite captar e comentar as microformas (pilares e descritores) as quais compõem o pensamento moderno, aquelas que entram na constituição de conceitos e categorias e que são pressupostas (como elemento operativo) em suas formulações. Ver K. Barad, *Meeting the Universe Halfway*.
12. Embora a frase tenha seus méritos, não acho que "culpar a vítima" capte suficientemente os efeitos da narrativa sociológica sobre a subjugação racial. Como já disse muitas vezes, o efeito perverso dessa explicação é que ela torna os marcadores da subjugação racial um efeito das "leis da natureza" apresentadas na significação científico-social. Não se trata de uma questão de culpa; trata-se da verdade.
13. D. P. Moynihan, *The Negro Family*.
14. "Sob a regra de Moynihan, a própria 'etnicidade' identifica uma objetificação total dos motivos humanos e culturais — a família 'branca', por implicação, e a 'Família Negra', por afirmação direta, em uma oposição constante de significados binários. Aparentemente espontâneos, esses 'actantes' são inteiramente produzidos, sem passado nem futuro, como correntes tribais movendo-se fora do

tempo. As 'Famílias' de Moynihan são puro presente e sempre inscritas no tempo. 'Etnicidade', nesse caso, congela-se em significado, adquire constância e assume a aparência e os afetos do Eterno. Poderíamos dizer, então, que em sua quietude poderosa, a 'etnicidade', do ponto de vista do Relatório, incorpora nada mais do que um modo de tempo memorial, como Roland Barthes descreve as dinâmicas do mito." H. J. Spillers, "Bebê da mamãe, talvez do papai", p. 32.

15. Pois o que Moynihan sugere, prossegue Spillers, é "que os homens pretos deveriam reinar porque é assim que a cultura majoritária realiza as coisas [...]. Essas pessoas que vivem a partir de um reconhecido padrão 'matriarcal' são, portanto, apanhadas em um estado de 'patologia' social". H. J. Spillers, "Bebê da mamãe, talvez do papai", p. 33.

16. Por exemplo, esse é o principal ponto de partida de um estudo posterior, feito em colaboração com o sociólogo Nathan Glazer, no qual se afirma que "a cultura branca anglo-saxã [...] ainda é a norma na vida norte-americana", apesar do número significativo de imigrantes no país. Ver N. Glazer e D. P. Moynihan, *Beyond the Melting Pot*, p. 10.

17. A palavra "etnicidade" (e outras relacionadas, como "étnica") existe há séculos, assim como o termo "raça". Como conceito sociológico, "etnicidade" é empregada, no início do século xx, de forma consistente com o regime interpretativo e, geralmente, em rejeições à noção (determinativa) de raça do século xix. Por exemplo, em um texto provavelmente escrito durante a década que precedeu sua morte em 1920, Max Weber junta-se à rejeição do biológico ("traços herdados e herdáveis que na verdade derivam de uma descendência comum"). Em vez disso, ele aprimora a noção de "grupos étnicos" — "grupos humanos que nutriam uma crença subjetiva em sua descendência comum por conta de semelhanças de tipo físico, de costumes, ou ambos" (M. Weber, *Economy and Society*, pp. 385 e 389).

18. Deixe-me comentar mais como a etnicidade realiza a *eficabilidade*. A etnicidade foi considerada preferível precisamente por pressupor, como contexto de investigação, um contexto moral (social) "heterogêneo" composto de grupos étnicos que diferem uns dos outros e se relacionam entre si através de suas "diferenças culturais" (ver N. Glazer e D. Moynihan, *Beyond the Melting Pot*, p. 10).

A vantagem ética da etnicidade consiste na explicação da situação econômica e jurídica de um grupo enquanto um efeito necessário de sua especificidade *moral/cultural* (antropológica ou histórica), isto é, de sua identidade cultural. Essa indistinção entre o social, o cultural e o moral pode ser explicada pelo modo como o conceito de cultural, no início do século xx, aparece nas versões interpretativas da sociologia. Embora privilegiem a consciência (isto é, a mente e não o corpo) como o locus dos fenômenos sociais, Émile Durkheim e Max Weber, por exemplo, apresentam narrativas distintas sobre a fonte dos conteúdos da consciência. Para Durkheim, estes seriam exteriores às condições materiais (econômicas e jurídicas) de existência que, por sua vez, também expressam os conteúdos da consciência coletiva; ver, por exemplo, É. Durkheim, *The Elementary Forms of the Religious Life*. Para Weber, porém, as fontes são interiores, ou seja, o "sentido subjetivo" que orienta ("na medida em que leva em conta o comportamento alheio") a ação individual e informa as instituições e organizações sociais (M. Weber, *Economy and Society*, p. 4). Em seu clássico estudo, Glazer e Moynihan destacam um aspecto da etnicidade (e outros conceitos que se referem aos coletivos enquanto unidade moral, tal como nacionalidade) que seria contestado anos mais tarde, que é a ideia de "identidade étnica" (ou seja, a identificação dos indivíduos como membros de um grupo culturalmente definido). Segundo eles, "o grupo étnico na sociedade norte-americana não se tornou uma sobrevivência da era da imigração em massa, mas uma nova forma social", que, para além da "língua, costumes e culturas distintas" — que até podem ter sido perdidos — é "continuamente recriada por novas experiências na América", e esses grupos "são também grupos de interesse" (N. Glazer e D. Moynihan, *Beyond the Melting Pot*, pp. 16-7).

19. Essas passagens do prefácio de Moynihan para *The Negro Family* nos dá uma noção do ponto de partida de Spillers:

> Os Estados Unidos estão se aproximando de uma nova crise nas relações raciais. Na década que começou com a decisão de dessegregação escolar da Suprema Corte e terminou com a aprovação da Lei dos Direitos Civis de 1964, a demanda dos negros norte-americanos pelo pleno reconhecimento de seus direitos civis foi finalmente atendida. [...]

Neste novo período, as expectativas dos negros norte-americanos irão além dos direitos civis. Sendo norte-americanos, eles agora esperam que, em um futuro próximo, a igualdade de oportunidades enquanto grupo produzirá resultados mais ou menos iguais, em comparação com outros grupos. Isso não vai acontecer. Nem acontecerá nas próximas gerações, a menos que se faça um novo e especial esforço.

Existem duas razões. Em primeiro lugar, o vírus racista na corrente sanguínea norte-americana ainda nos aflige: os negros encontrarão sérios preconceitos pessoais por pelo menos mais uma geração. Em segundo lugar, três séculos de maus-tratos às vezes inimagináveis cobraram seu tributo sobre o povo negro. O fato difícil é que, como grupo, atualmente, em termos de capacidade de vencer nas competições da vida norte-americana, eles não são iguais à maioria dos grupos com os quais estão competindo. Individualmente, os negros norte-americanos atingem os picos mais altos de realização. Mas coletivamente, no espectro dos grupos étnicos e religiosos e regionais americanos, [...] os negros são os mais fracos. [...]

Índices de renda em dólares, padrão de vida e anos de educação enganam. O fosso entre o negro e a maioria dos outros grupos da sociedade norte-americana está aumentando.

O problema fundamental, no qual isso é mais evidente, está na estrutura familiar.

20. H. J. Spillers, "Bebê da mamãe, talvez do papai", p. 34.
21. A citação completa: "Essa ordem, com sua sequência humana escrita em sangue, representa para seus povos africanos e indígenas um cenário real de mutilação, desmembramento e exílio. Em primeiro lugar, [sua] condição diaspórica[, de Novo Mundo], marcou um roubo do corpo — um corte intencional e violento (e não-imaginável dessa distância) do corpo cativo de sua força de vontade, de seu desejo ativo. [...] Essa profunda intimidade de detalhes interligados é perturbada, no entanto, por significados e usos impostos externamente: 1) o corpo cativo se torna a fonte de uma sensualidade irresistível e destrutiva; 2) ao mesmo tempo — em espantosa contradição — o corpo cativo se reduz a uma coisa, tornando-se ser para o captor; 3) nessa ausência desde uma posição de sujeito, as sexualidades capturadas fornecem uma expressão física

e biológica de 'outridade'; 4) como categoria de 'outridade', o corpo cativo se traduz em um potencial para o pornotrópico e corporifica uma pura impotência física que desliza para uma 'impotência' mais geral, ressoando por meio de vários centros de significado humano e social." H. J. Spillers, "Bebê da mamãe, talvez do papai", pp. 33-4.
22. Em 2006, durante uma conversa com Saidiya Hartman, Farah Jasmine Griffin, Shelly Eversley e Jennifer L. Morgan, Spillers comenta o contexto de publicação desse trabalho fundante de um campo: "O que eu tentava fazer quando escrevi esse ensaio há muitos anos atrás era encontrar um vocabulário que tornasse possível, não apenas por mim, dar uma contribuição para um projeto maior. Estava buscando que minha geração de mulheres negras, tão ativas de outras formas, abrissem uma conversa com as feministas. Porque a minha ideia sobre onde nos encontrávamos no final dos anos 1970 e meados dos anos 1980 era que estávamos realmente fora dessa conversa que, de certa forma, nós tínhamos iniciado, historicamente. Em outras palavras, o movimento de mulheres e o movimento negro sempre estiveram em sintonia, mas o que vi acontecer foi pessoas negras sendo tratadas como uma espécie de matéria-prima" (H. J. Spillers et al., "'Whatcha Gonna Do?' Revisiting 'Mama's Baby, Papa's Maybe: An American Grammar Book'", p. 300).

Não há dúvida de que ela cumpriu o que se propôs. Provavelmente não tanto na teorização feminista e de gênero, porque, se houvesse ocorrido, essas práticas teriam se deslocado para lugares onde o feminismo liberal não seria capaz de seguir. Os estudos negros [*black studies*], e não apenas a teorização e prática feministas negras, por outro lado, se beneficiaram muito do pensar com a carne feminina de-a-generada [*ungendered*] (eu, é claro, incluo meu próprio trabalho aqui). Entre eles estão dois trabalhos relativamente recentes: N. D. Chandler, *X: The Problem of the Negro as a Problem for Thought*; e A. G. Weheliye, *Habeas Viscous*. Menciono esses dois compromissos com a teorização de Spillers por conta das formas distintas de interpretar a figura. Isso, acho, é uma indicação de sua generosidade. O modo como a minha apropriação indevida da figura de Spillers é inspirada, ainda que ao mesmo tempo muito diferente da de Chandler, explico em D. Ferreira da Silva, "Hackeando o sujeito: feminismo negro e recusa além dos limites da crítica". Acho que a principal diferença em relação a Weheliye é que provavelmente leio a *carne* como um artifício ético e parto com ela para um exercício especulativo; Weheliye, por sua vez, assume a força da carne como um conceito político e ético, mergulhando profundamente em uma crítica do pensamento pós-iluminista. Apropriações definitivamente bastante distintas, e ambas ativas.

23. H. J. Spillers. "Bebê da mamãe, talvez do papai", p. 36. Para uma abordagem recente e interessante sobre essa proposta — a carne ferida e violada enquanto um "espaço necessário de amor" —, ver R. Montero, "Love in the Flesh, Toni Morrison and Hortense Spillers 30 Years after 'Beloved' and 'Mama's Baby, Papa's Maybe'", p. 2.

24. "Mesmo que as hegemonias europeias, em conjunto com o 'intermediário' africano, roubassem corpos — alguns deles femininos — das comunidades da África Ocidental, consideramos essa irreparabilidade humana e social como crimes graves contra a carne, uma vez que a pessoa de mulheres africanas e homens africanos registrou as feridas. Se pensamos na 'carne' como uma narrativa primária, então queremos dizer que ela está cauterizada, dividida, rasgada em pedaços, rebitada no buraco do navio, caída, ou 'fugida' para o mar." H. J. Spillers, "Bebê da mamãe, talvez do papai", p. 34.

25. Estudos quantitativos geralmente se baseiam nessa associação — mas não só nela —, como se a cor da pele garantisse a "objetividade" da (auto)identificação étnica. Por exemplo, um artigo sobre abordagens para medir a etnicidade comenta o uso da "abordagem da categoria mutuamente exclusiva" para estudar "padrões de desigualdades sociais" no Reino Unido. Essa categoria foi concebida para "localizar os indivíduos na categoria de grupo étnico mais apropriada" com base em características como "cor da pele e nacionalidade". A cor da pele também figura na outra abordagem mencionada (a abordagem das múltiplas características), tanto direta como indiretamente. Independentemente da abordagem, no entanto, a etnicidade implica sempre a circularidade, o que se traduz em comparações explícitas ("no Reino Unido e em muitas outras nações, alguns grupos étnicos minoritários exibem diferenças sustentadas nos padrões de formação familiar e nos arranjos de vida em comparação com outros grupos") ou implícitas ("Comparado com outras áreas do Reino Unido, algumas áreas urbanas em Londres, o Noroeste de Inglaterra e as Midlands inglesas têm po-

pulações de minorias étnicas muito mais elevadas. Os grupos étnicos minoritários estão com frequência aglomerados em zonas de grande carência, o que pode ser particularmente relevante para estudos de redes sociais e efeitos de vizinhança"). Ver R. Connelly, V. Gayle e P. S. Lambert, "Ethnicity and Ethnic Group Measures in Social Survey Research".

26. Deixe-me reproduzir uma citação do relatório Moynihan que Spillers usa em seu artigo: "A nossa sociedade é uma sociedade que pressupõe a liderança masculina nos assuntos públicos e privados. [...] Uma subcultura, como a do Negro estadunidense, na qual essa não é o padrão, é colocada em distinta desvantagem". H. J. Spillers, "Bebê da mamãe, talvez do papai", p. 33.

27. Esse aspecto foi destacado por Roderick Ferguson, que observa como no relatório Moynihan "A igualdade de resultados e, de fato, a paz [...] dependiam da conformidade de gênero e sexual da cultura afro-americana". O relatório, escreve Ferguson, "sugere a distância dos afro-americanos dos ideais normativos da cidadania americana". R. A. Ferguson, *Aberrations in Black*, p. 121.

28. Publiquei uma elaboração mais completa desse argumento em D. Ferreira da Silva, *Homo modernus: Para uma ideia global de raça*.

29. G. W. F. Hegel, *Fenomenologia do espírito*, v. 2.

30. Para uma explicação da lógica da obliteração, ver D. Ferreira da Silva, *Homo modernus: Para uma ideia global de raça*. Como Frantz Fanon descreveu, o contexto colonial não tem necessidade de superestrutura — cultural, ideológica ou outros mecanismos de representação. "Nos países capitalistas, entre o explorado e o poder se interpõe uma multidão de professores de moral, de conselheiros, de 'desorientadores'. Nas regiões coloniais, ao contrário, o policial e o soldado, por sua presença imediata, suas intervenções diretas e frequentes, mantêm contato com o colonizado e o aconselham, valendo-se de coronhadas ou bombas de napalm, a ficar quieto. Vê-se que o intermediário do poder usa uma linguagem de pura violência." (F. Fanon, *Os condenados da terra*, pp. 33-4). Esse aspecto do contexto colonial também foi teorizado por Patrick Wolfe, que descreve o elemento operacional como "lógica da eliminação" (ver "Settler Colonialism and the Elimination of the Native").

31. A passagem completa: "Na vida ética, o Si submergiu no espírito do seu povo, é a universalidade *preenchida* [de conteúdo]. Mas a

singularidade simples se eleva desse conteúdo, e sua leveza a purifica [convertendo-a] na pessoa, na universalidade abstrata do direito. Nessa [pessoa de direito] se perdeu a *realidade* do espírito ético: os espíritos, carentes-de-conteúdo, de povos-individuais, são reunidos em *um* panteão; não em um panteão da representação, cuja forma impotente 'deixa fazer' a cada um, e sim no panteão da universalidade abstrata, do pensamento puro que os desincorpora e confere ao Si carente-de-espírito — à pessoa singular — o ser-em-si e para-si" (G. W. F. Hegel, *Fenomenologia do espírito*, v. 2, p. 184).

32. Aqui faço uma distinção entre duas articulações do jurídico na modernidade: por um lado, a que se encontra nos escritos político-filosóficos de John Locke e Thomas Hobbes (filósofos pré-iluministas), para quem o momento ético permanece sob o governo do autor divino; por outro, Kant e filósofos pós-iluministas que, como Hegel, embarcaram em projetos que desenham a cena ética do valor sobre alguma versão da razão transcendental. Localizo o Proprietário e a Escrava na primeira — por razões históricas, isto é, porque a escravidão no mundo moderno está implantada sob ela, mas também porque, mesmo no período pós-Iluminismo, a tarefa de justificar a escravidão foi assumida pelos Cientistas do Homem, embora os argumentos religiosos não tenham desaparecido por completo.

33. Aqui, novamente é importante recordar que, ao contrário das autoconsciências de Hegel que se defrontam na luta de vida e morte, depois da qual uma se torna a escrava, com a escravidão de fato, as duas entram em posições desiguais. O que se tem, então, não é um acontecimento único no qual a subjugação é atingida de uma vez por todas, mas a repetição da cena de violência, precisamente porque o proprietário nunca podia ter certeza de que a pessoa diante dele ou dela, já escravizada, havia abdicado de sua vontade.

34. Volto ao discurso antiescravidão no capítulo seguinte por meio da leitura que Saidiya Hartman fez deste. Ver S. Hartman, *Scenes of Subjection*. Por ora, quero apenas destacar como as declarações antiescravidão acusaram seus defensores de violar o programa ético pós-iluminista e a figura ética da humanidade confeccionada por ele. Contudo, isso não impediu que os Cientistas do Homem construíssem uma noção de diferença racial que escreve os corpos e territórios europeus como expressões da humanidade — seus descritores ontoepistemológicos (universalidade, historicidade) e seus princípios éticos distintivos (liberdade, igualdade e dignidade).

35. Para que não voltemos a algum tipo de essencialismo, é importante lembrar que "ser" negativo não é um traço intrínseco a pessoas negras. A negativação é uma capacidade que a negridade, enquanto Categoria, adquire precisamente porque teve de ser confeccionada — juntamente com outras ferramentas da racialidade — no momento pós-iluminista, quando as noções de liberdade e igualdade universais entram na descrição da configuração propriamente moderna (social) e de seus sujeitos (humanos).
36. H. J. Spillers, "Bebê da mamãe, talvez do papai", p. 36.
37. Talvez o que esteja crucialmente ausente no argumento de Foucault, ao optar escrever sobre raça em termos de uma contraposição do "discurso sobre raça" e "racismo de Estado", seja como, no contexto colonial, a diferença racial (em suas representações biológicas e sociológicas), invariavelmente, se referiria e ativaria uma autoridade jurídica associada à propriedade (título), e não à soberania. Ver M. Foucault, *Em defesa da sociedade*, pp. 49-74.
38. Minha apropriação da figuração da matéria pela física quântica se assemelha à de Judith Butler, mas difere dela em aspectos importantes. Ver J. Butler, *Bodies That Matter: On the Discursive Limits of Sex*, pp. 31-49; e K. Barad, *Meeting the Universe Halfway*.
39. Na conversa com Saidiya Hartman e outras (mencionada antes, ver nota 22), Spillers fala sobre como "Bebê da mamãe, talvez do papai" consistiu em uma resposta à forma como a negridade foi tratada naquele momento como matéria-prima, mas não como base para o pensamento. Não me passou despercebido — embora eu não soubesse dessa conversa quando pensei sobre isso pela primeira vez — que começo e fico com a negridade como um referente à matéria-prima/bruta. Não sei o que Spillers pensará disso ao ler essas palavras; espero que seja o início de outra conversa e de um pensamento mais colaborativo.
40. Estou apresentando neste livro uma descrição expandida da dialética racial, que descrevi anteriormente; ver, por exemplo, D. Ferreira da Silva, "The Racial Limits of Social Justice: The Ruse of Equality of Opportunity and the Global Affirmative Action Mandate", p. 191.
41. Aqui estou desenvolvendo um argumento que introduzi em "A dívida impagável: Lendo cenas de valor contra a flecha do tempo" e em "Reading the Dead: A Black Feminist Poethical Reading of Global Capital".

42. F. Moten, "The Subprime and the Beautiful", p. 238. (N. T.)
43. Para uma discussão sobre como a necessidade opera na universalidade científica e jurídica, ver D. Ferreira da Silva, "No-Bodies" e "Scene of Nature".
44. Como observado anteriormente, uso o termo "a Coisa" (*das Ding*) como um referente para o conceito kantiano de natureza (todo ordenado) e para a escrita fenomenológica do mundo.
45. Como é discutido no capítulo 3, o gesto crítico de Marx consistiu em trazer a necessidade ao primeiro plano no momento do *natural* (como sobrevivência) — atribuindo ao trabalho um papel que Herder atribuiu à Linguagem — como o traço humano distintivo que explica as formações jurídicas e econômicas que surgiram ao longo da história, a qual, por sua vez, tornou-se um local de operação das leis científicas da natureza.
46. F. Moten, "The Subprime and the Beautiful", p. 238. Porque o sujeito negro (estadunidense), nos lembra Frank B. Wilderson III, "está numa posição estruturalmente impossível", toda a gramática moderna está sob a ameaça contínua de "incoerência" — se estivesse apenas orientado para o interior, seria incompreensível. Ver F. B. Wilderson III, "The Prison Slave as Hegemony's (Silent) Scandal", p. 31.
47. F. Moten, "The Subprime and the Beautiful", p. 240.
48. A propósito, é possível ler isso como negação — lendo esse momento da perspectiva do "eu", como no conto de senhor/escravo de Hegel. Em vez disso, opto por situar essa cena no contexto da mobilização de Spillers da cor da pele e da carne. Isso porque, devido à falta de movimento no encontro da cena de Hegel, permanece a impossibilidade de escrever o encontro como um momento de confronto (de autoconsciências igualmente livres) no desdobramento (ético) da cena da representação. À medida que eu desenvolver meu argumento neste livro, ficará mais evidente por que isso é inevitável.
49. Aqui e nas páginas seguintes eu emprego as categorias do materialismo histórico na descrição da Escrava como um sujeito colonial (jurídico-econômico), isto é, como mão de obra. Posteriormente, no capítulo 3, faço um gesto que abandona essa formulação de trabalho. Infelizmente não posso antecipá-lo aqui. Apenas aviso a leitora para não se agarrar a esses termos familiares com demasiada força.

50. S. Wynter, "Unsettling the Coloniality of Being/Power/Truth/Freedom: Towards the Human, After Man, Its Overrepresentation — An Argument".
51. Sobre a discussão desses termos, ver D. Ferreira da Silva, "Sobre diferença sem separabilidade".
52. Uma discussão mais elaborada sobre suas versões da razão transcendental — nomos produtivo de Kant (forma produtiva e controladora) e poética transcendental de Hegel (força autoprodutora) — pode ser encontrada na primeira parte de D. Ferreira da Silva, *Homo modernus*.
53. A centralidade da descoberta está em primeiro plano em textos clássicos como nos principais trabalhos de Galileu, *The Two New Sciences* e *Dialogue Concerning the Two Chief World Systems*, e de F. Bacon, "Advancement of Learning".
54. Para descrições das cenas da razão, ver D. Ferreira da Silva, *Homo modernus*.
55. F. Fanon, *Os condenados da terra*, p. 36. (N. T.)
56. Minha referência aqui para *Homo laborans* está na discussão de Hannah Arendt sobre Marx, trabalho e o humano como "animal laborans". Ver H. Arendt, *The Human Condition*, p. 134. Para uma abordagem diferente (de Arendt) sobre o uso do termo por Marx, ver S. Vitale, "Beyond *Homo Laborans*: Marx's Dialectical Account of Human Essence".
57. Sem dúvida eles são relevantes tanto por mostrar como descendentes de populações indígenas e escravas se saíram nas pós-colônias independentes das Américas e da África do Sul quanto por expor como as incursões coloniais europeias na África e no Oriente Médio tiveram que responder ao princípio político de autodeterminação, que também foi articulado por várias combinações de racialidade e pelo princípio da nacionalidade.
58. Embora possa ser porque a análise da subjugação racial herdou uma estrutura sociológica e sua mobilização particular do conceito de cultural, uma possível explicação para esse desenvolvimento pode ser decorrente de outras causas — como as circunstâncias intelectuais do mundo pós-Segunda Guerra Mundial e da Guerra Fria, que do ponto de vista crítico responderia a uma certa rejeição do materialismo histórico, em particular nos Estados Unidos, que tem sido o centro da teorização racial.

59. Escritos sobre a questão nacional e a Questão Negra por figuras de Lênin a C. L. R. James indicam que a teorização e a organização da revolução requerem a integração da historicidade — por meio dos conceitos de "cultural" e de "nação" — em um programa teórico-político elaborado sob os termos da episteme determinativa do século XIX.
60. O uso da expressão "materialismo histórico" denuncia minha habitação em um campo intelectual temperado pelo estruturalismo/pós-estruturalismo — em particular como foi apresentado no Rio de Janeiro na década de 1980, onde Althusser e seus alunos tiveram alguma influência, mesmo enquanto se observava um rompimento com Foucault. Ver, por exemplo, L. Althusser et al., *Reading Capital: The Complete Edition*. Estou usando um termo que predominou no início do século XX, bem ciente de que já situa o programa marxista na episteme interpretativa. No entanto, acho útil porque, embora seja um programa determinante, Marx e Engels o situam no histórico, como será discutido no capítulo 3.
61. No capítulo 3, eu discuto a distinção entre as versões da totalidade de Kant e Hegel. Lá eu também forneço uma explicação sobre o motivo de essa discussão não se enquadrar nos debates marxistas clássicos sobre a totalidade como animado pelas representações de Lukács e Althusser da noção, conforme apresentada, respectivamente, em G. Lukács, *History and Class Consciousness: Studies in Marxist Dialectics*; e L. Althusser, "Contradiction and Overdetermination".
62. F. Fanon, *Os condenados da terra*, p. 328.
63. Uma exceção notável é o desenvolvimento da implantação da abordagem de Fanon na teorização das relações coloniais em G. S. Coulthard, *Red Skin, White Masks: Rejecting the Colonial Politics of Recognition*.
64. A. Quijano, "Colonialidade do poder, eurocentrismo e América Latina"; e S. Wynter, "Unsettling the Coloniality of Being/Power/Truth/Freedom". Para uma extensa discussão com o pensamento de Wynter, ver D. Ferreira da Silva, "Before Man: Sylvia Wynter's ReWriting of the Modern Episteme".
65. A. Quijano, "Colonialidade do poder", p. 120.
66. "E na medida em que as relações sociais que se estavam configurando eram relações de dominação, tais identidades foram associa-

das às hierarquias, aos lugares e aos papéis sociais correspondentes, como constitutivas delas, e, consequentemente, ao padrão de dominação que se impunha. Em outras palavras, raça e identidade racial foram estabelecidas como instrumentos de classificação social básica da população." (Ibid., p. 117.)

67. No capítulo 3, volto a essa ideia de totalidade ao discutir a tese de Stuart Hall sobre as sociedades estruturadas em dominação.
68. S. Wynter, "Unsettling the Coloniality of Being/Power/Truth", p. 264.
69. Ibid., p. 266.
70. *Dred Scott v. Sanford*, 60 US 393. (N. T.)
71. Não importa que Alice era uma mulher liberta. Tal como Dred Scott, uma pessoa branca podia reivindicá-la como escrava.
72. Caso a leitora não tome isto como dado: não significa que afeto, sentimento ou inclinação não operavam nas relações (familiares ou não) entre pessoas escravizadas ligadas "através da paisagem, a outres, muitas vezes vendides de mão em mão, do mesmo e diferente sangue em um tecido comum de memória e inspiração". H. J. Spillers, "Bebê da mamãe, talvez do papai", p. 53.
73. Traduzimos *raw material* alternadamente como matéria-prima e matéria bruta para indicar a sobreposição de formas que a categoria assume no livro: a matéria-prima, apreendida na lógica linear e abstrata da equação do valor de Marx; e a matéria bruta, mobilizada por Denise Ferreira da Silva em sua materialidade enquanto brutalidade violenta da cena econômica e enquanto *elementa*. Sobre isso, cf. Denise F. da Silva e Janaína N. Otoch. "Em estado bruto", *ARS (São Paulo)*, v. 17, n. 36, pp. 45-56. Disponível em: <https://doi.org/10.11606/issn.2178-0447.ars.2019.158811>. (N. T.)
74. Entre as primeiras codificações jurídicas da equação cor de pele e status de propriedade estão as escrituras de escravos do final do século XVII. Ver C. Harris, "Whiteness and Property", p. 1718.
75. Gostaria de compartilhar o comentário de David Lloyd sobre esta passagem, após ler uma versão inicial deste capítulo: "Esse oximoro não é também um momento em que a separação do legal do moral/ético colapsa, como você discutiu, produzindo um tipo de contrassenso? É um oximoro por conta da separação, pela qual o funcionamento da lei deve desconsiderar reivindicações éticas quando estas entram em conflito com a letra da lei. É uma tautologia no registro

transcendental, no qual se supõe/espera que o legal seja a articulação estatutária do ético, da lei universal. A incoerência da Justiça se manifesta nessa figura antitética, ao mesmo tempo tautologia e oximoro, que perturba a divisão das esferas".
76. Isso também é abordado na decisão do caso Dred Scott, quando a corte considera que Stanford tinha o direito de aplicar força coerciva contra Dred Scott e sua família.
77. L. Barrett, *Blackness and Value: Seeing Double*, p. 28.
78. C. Evaristo, *Olhos d'água*, p. 99.
79. Aqui tenho em mente o significado financeiro de equidade, isto é, a posse de casas, carros e outros bens, que é medida para efeitos contabilísticos pela subtração de passivos do valor de um bem. Por exemplo, se alguém tem um carro que vale 29 mil dólares e ainda tem de pagar 10 mil dólares, ela tem 19 mil dólares de patrimônio líquido.
80. C. J. Robinson, "Capitalism, Marxism, and the Black Radical Tradition: An Interview with Cedric Robinson" (entrevista por C. Morse).
81. Eis o comentário de David Lloyd sobre essa passagem: "Está em pauta aqui uma narrativa distinta do lugar diferencial da indígena no regime da racialidade? Se não estiver, esse reconhecimento é um pouco pró-forma. Com certeza, a indígena é sujeita a uma violência não menos total, mas por representar uma liberdade indomada que significa uma ausência de propriedade versus aquelas tidas como incapazes de liberdade e exigindo trabalho coercivo".

Minha resposta é sim: no entanto, a Indígena figura diferentemente no regime de racialidade. E penso ser apropriado o enquadramento de Lloyd quanto à distinção entre as duas figuras coloniais, a Nativa e a Escrava, conforme elas são figuradas pelo arsenal de racialidade. Contudo, meu comentário aqui não é tanto a respeito da racialidade, mas um lembrete de como a violência total definiu a arquitetura colonial e sua modalidade de governança, na expropriação de ambos: trabalho e terra. Isso se torna significante no capítulo 3, onde re/componho a equação de valor de Marx, justamente ao recuperar o algodão (plantado em terras Nativas) e o trabalho escravo. Talvez aqui seja também um bom lugar para lembrar à leitora que uso o termo "Nativa" [*Native*] (e não "Indígena" [*Indigenous*]), que é o que prevalece nos estudos anticoloniais. Quero também mantê-lo distinto da categoria política global de "Indigenato", que delimita a posição política de enunciação de povos Indígenas. Em suma, tal qual o termo "Escrava", Nativa se refere a uma posição política de subjugação sob a arquitetura política colonial. Ressaltar como ambas, a Nativa e a Escrava, foram governadas pela mobilização de violência total é uma contribuição ao projeto articulado por muitas pesquisadoras. Ver, em particular a coletânea organizada por T. L. King, J. Navarro e A. Smith, *Otherwise Worlds: Against Settler Colonialism and Anti-Blackness*.

2. "a mais perfeita alucinação" [pp. 83-168]

1. O. E. Butler, *Kindred: Laços de sangue*, p. 46. (N. T.)
2. Butler não informa a geração precisa mas utiliza a frase "várias vezes bisavô" [*several times great grandfather*] para se referir a Rufus.
3. E. Husserl, *Introdução geral à fenomenologia pura*, p. 33. Tradução adaptada. (N. T.)
4. Para uma crítica contemporânea das propostas determinativas de Spencer, Comte e outros do século XIX para a sociologia, ver de modo mais geral G. Canguilhem, *A Vital Rationalist: Selected Writings from Georges Canguilhem*.
5. Ver F. Boas, *A mente do ser humano primitivo*.
6. Percebe-se depois um pouco do que Du Bois tinha em mente quando diz: "E, no entanto, ser um problema é uma experiência estranha — peculiar mesmo para mim, que nunca fui outra coisa, a não ser talvez na época de bebê ou na Europa", no segundo parágrafo de "Sobre nossos conflitos espirituais", o primeiro capítulo de *As almas do povo negro*. Na autobiografia de 1961, ele expande: "Eu me vi do lado de fora do mundo norte-americano, olhando para dentro. Comigo estavam pessoas brancas — estudantes, conhecidos, professores — que viam a cena junto. Eles nem sempre paravam para me olhar como uma curiosidade ou algo sub-humano" (W. E. B. Du Bois, *The Autobiography of W. E. B. Du Bois*, p. 99). Isso foi em 1892.
7. As considerações do mundo da vida de Husserl, conforme baseiam-se no esforço de Kant, partem da dupla função da compreensão, autorreflexão e seu "ocultamento [...] regendo enquanto constitutiva da configuração-de-sentido 'mundo circundante intuível' sempre

já desenvolvida e sempre a se desenvolver". Aqui ele postula o "ser pré-dado" do mundo conforme pressuposto pelas abordagens científicas deste, e também que "este mundo circundante tem somente o sentido ôntico conferido a ele por nossas experiências, nossos pensamentos, nossas valorizações etc.; e pelos modos de validade (a certeza de ser, possibilidade, talvez ilusão etc.)". Ao mesmo tempo, "este nos é pré-dado muito naturalmente, enquanto pessoas no horizonte de nossa co-humanidade, ou seja, em cada conexão real com outros, enquanto 'o' mundo comum a todos nós" (E. Husserl, *A crise das ciências europeias e a fenomenologia transcendental: Uma introdução à filosofia fenomenológica*, pp. 83, 84 e 99 [tradução adaptada]).
8. Para uma análise da apropriação da dupla consciência de Du Bois por Park, ver D. Ferreira da Silva, *Homo modernus: Para uma ideia global de raça*, pp. 303-10.
9. Trata-se de referências à refiguração da autoconsciência por Husserl (enquanto puro eu/subjetividade), que foi crucial para a formação de desdobramento do momento interpretativo.
10. F. Fanon, *Os condenados da terra*, pp. 29-101. Ao qualificá-lo enquanto um contexto colonial pós-iluminista, ressalto de que modo o Racial — conforme produzido na antropologia do século XIX — operava naquela versão da arquitetura política colonial, que é a que Fanon descreve, na qual o conceito de nação seria parte do léxico anticolonial.
11. Noutro momento, introduzi as expressões "estratégia de engolfamento" ("conceitos científicos que explicam outras condições humanas como variações daquelas encontradas na Europa pós-iluminista", tais quais os conceitos do racial e do cultural) e "estratégias de particularização" ("categorias de seres humanos mobilizadas pelas Ciências do Homem e da sociedade") para descrever as ferramentas de conhecimento produzidas pelo conhecimento racial nos séculos XIX e XX. D. Ferreira da Silva, *Homo modernus: Para uma ideia global de raça*, pp. 23-4.
12. Para lembrar: o Jurídico se refere aqui à autoridade enquanto autoridade ligada às figuras do Estado, do Patriarca (que se liga à masculinidade [*manhood*] cis-hétero) e do Proprietário de Escravas.
13. S. Hartman, *Scenes of Subjection: Terror, Slavery, and Self-Making in Nineteenth Century America*, p. 4.
14. Ibid., p. 19.
15. Ibid.

16. G. Myrdal, *An American Dilemma: The Negro Problem and Modern Democracy*.
17. No caso de Du Bois, a diferença racial é um dado, em termos de como seu ponto de partida é uma condição "norte-americana negra" [*Negro American*] fundamentalmente diferente dos norte-americanos brancos. Não estou sugerindo que ele conceba isso em termos de essência. Assim como Chandler em *X: The Problem of the Negro as a Problem for Thought*, leio a abordagem de Du Bois como articulação de uma perspectiva sócio-histórica. A visão de Husserl sobre a diferença racial é indiretamente apresentada, e (como esperado) ele a apresenta em termos de diferença cultural (já delineada pela diferença racial) nos moldes da antropologia cultural de Franz Boas. Como, por exemplo, em sua elaboração do mundo da vida: "Temos um horizonte de mundo enquanto horizonte da experiência possível das coisas. Coisas: isto é, pedras, animais, plantas, até mesmo homens e configurações humanas; mas tudo isso é subjetivo e relativo, muito embora normalmente, na nossa experiência e no círculo social daqueles que estão ligados a nós em comunidade de vida, cheguemos a fatos 'seguros' [...]. Mas, quando somos jogados em um círculo de relações estranho, aquele dos negros no Congo, dos camponeses chineses etc., descobrimos então que as suas verdades, os fatos para eles estabelecidos, geralmente verificados e verificáveis, não são de todo os nossos" (E. Husserl, *A crise das ciências europeias e a fenomenologia transcendental*, p. 113 [tradução adaptada]).
18. Desenvolvi esse argumento em D. Ferreira da Silva, *Homo modernus: Para uma ideia global de raça*, pp. 93-206.
19. Euclides, *Os elementos*, p. 99. Tradução adaptada. (N. T.)
20. H. J. Spillers, "Bebê da mamãe, talvez do papai", p. 29.
21. Isso se dá no caso de estereótipos que resultam do efeito de fixação, que torna as pessoas a quem se dirigem não plenamente humanas, uma vez que elas carecem da liberdade para serem vistas como quem são (interiormente) e são roubadas da pressuposição de que podem mudar ou se autorrealizar (temporalmente) pela força de sua própria vontade e desejo.
22. F. Douglass, "A linha de cor", p. 209. (N. T.)
23. Ibid., p. 205.
24. Ibid., p. 209. Ao fazer isso, ele postula como prováveis "causas" para o preconceito: o desejo de poder e dominação pelos norte-

-americanos brancos e as condições sociais "indesejáveis" (pobreza, dependência, servidão) sob as quais pessoas negras viviam.
25. Ibid., p. 212. Diferentemente da primeira versão da sociologia de relações raciais, o texto de Douglass de fato encontra uma solução no desaparecimento dos marcadores físicos de diferença racial (cultural).
26. Tomo emprestado o termo e o significado de Freud enquanto um processo não psicanalítico mas elemental: condensação é a transição de fases do gasoso para o líquido com a qual eu capturo de que modo um termo transita do domínio moderno das ideias para o das emoções (sentimentos).
27. Plessy versus Ferguson (1896) e Brown versus Board of Education (1954), duas decisões da Suprema Corte dos Estados Unidos emblemáticas e competitivamente (mas não necessariamente) antagônicas, mobilizam tais descritores, que iriam se tornar dominantes mas não capturam o argumento de Douglass acerca da linha de cor. Em Plessy versus Ferguson, a decisão que autorizou as leis Jim Crow, a opinião majoritária da corte rejeitou o argumento de Plessy de que "a separação imposta carimba a raça de cor com um emblema de inferioridade" e argumentou que, "se for esse o caso, não o é em razão de qualquer coisa encontrada no ato, mas somente porque a raça de cor escolhe colocar tal construção sobre ele". Na sua opinião dissidente, o juiz John Marshall Harlan afirmou que, ao contrário, "a separação arbitrária de cidadãos, com base na raça, enquanto se encontram em uma via pública, é um emblema de servidão plenamente inconsistente com a liberdade e a igualdade civil perante a lei estabelecida pela Constituição. Ela não pode ser justificada sobre quaisquer bases legais" (*Plessy v. Ferguson*, 163 US 537, 551, 562). Vale notar aqui o modo como a opinião majoritária rejeitou a alegação com um argumento interpretativo (subjetivo), enquanto o juiz Harlan optou por realçar o aspecto "objetivo", em específico o fato de que a via (as ferrovias) é um espaço público, indicando que autorizar legalmente a segregação faria dela — como fez — uma decisão e prática pública (estatal).

A opinião de Harlan é similar à leitura de Douglass de como a negridade vem a significar escravidão, que, como dito acima, não é uma atribuição feita por pessoas negras, mas por norte-americanos brancos, incluindo o Estado. Como se verificou, a base do argu-

mento — inferioridade — apresentada pela opinião majoritária da Suprema Corte para o caso Plessy seria aquela mobilizada pela opinião majoritária de Brown versus Board of Education, a decisão que foi um marco contra a segregação racial nos Estados Unidos: "Separá-las [as crianças no ensino fundamental e médio] de outras de qualificação e idade semelhantes somente por conta de sua raça gera um *sentimento de inferioridade* com relação ao seu status na comunidade, um sentimento que pode afetar seus corações e mentes de uma maneira que dificilmente será desfeita algum dia". Essa interpretação, como esperado, apoiou-se em uma nota de rodapé na evidência científica (uma versão liberal da sociologia de relações raciais) oferecida por obras sociológicas e sociopsicológicas: K. B. Clark, *Effect of Prejudice and Discrimination on Personality Development* (Fact Finding Report Mid-century White House Conference on Children and Youth, Children's Bureau, Federal Security Agency, 1950, mimeografado); H. Witmer e R. Kotinsky (Orgs.), *Personality in the Making* (Nova York: Harper and Brothers, 1952, cap. 6); M. Deutscher, I. Chein e N. Sadigur, "The Psychological Effects of Enforced Segregation: A Survey of Social Science Opinion" (*The Journal of Psychology*, n. 26, v. 2, p. 259, 1948); I. Chein, "What are the Psychological Effects of Segregation Under Conditions of Equal Facilities?" (*International Journal of Opinion and Attitude Research*, n. 3, p. 229, 1949); T. Brameld, "Educational Costs" (em *Discrimination and National Welfare*, org. R. MacIver. Nova York: Institute for Religious and Social Studies, 1949, pp. 44-8); E. F. Frazier, *The Negro in the United States* (Nova York: MacMillan, 1949, pp. 674-81). E ver de modo mais geral: G. Myrdal, *An American Dilemma: The Negro Problem and Modern Democracy* (Nova York: Harper and Brothers, 1944); *Brown v. Board of Education*, 347 US 483 (1954, p. 494); itálicos no original.
28. F. Douglass, "A linha de cor", p. 205.
29. Ao considerar a cena da subjugação, é crucial observar sua apresentação por Hartman, em particular a indicação de uma in/distinção entre prazer e punição. Ver S. Hartman, *Scenes of Subjection*, pp. 17-114.
30. F. Douglass, "A linha de cor", p. 202. (N. T.)
31. N. D. Chandler, *X: The Problem of the Negro as a Problem for Thought*, p. 12.
32. Para um argumento que lida diretamente com o pensamento de Du Bois enquanto um desafio à fenomenologia e a outras considera-

ções ontológicas, ver R. A. Judy, *Sentient Flesh: Thinking in Disorder, Poiēsis in Black*.
33. Ver meus comentários anteriores, no capítulo 1, sobre a cena de Hegel da luta-de-vida-e-morte na qual ambas as autoconsciências entram como entidades autossuficientes. G. W. F. Hegel, *Fenomenologia do espírito*, pp. 142-51.
34. E. Husserl, *Introdução geral à fenomenologia pura*, p. 72.
35. É relevante lembrar que o projeto fenomenológico nessa articulação é "a conquista de uma nova região do ser nunca antes delimitada em sua própria peculiaridade", que é a região dos "'processos mentais puros', 'consciência pura' com seus puros correlatos da consciência e, de outro lado, seu 'eu puro'" (E. Husserl, *General Introduction to Pure Phenomenology*, p. 64).
36. E. Husserl, *General Introduction to Pure Phenomenology*, p. 113.
37. Ibid., p. 110.
38. Para esse argumento completo, ver de forma geral D. Ferreira da Silva, *Homo modernus: Para uma ideia global de raça*.
39. I. Kant, *Crítica da razão pura*, p. 164. (N. T.)
40. Apesar de mencionar seus argumentos, Douglass não passa muito tempo discutindo os projetos científicos que descreveram "o preconceito de raça" ou "o preconceito de cor" — o "preconceito ao que se diz natural e instintivo" — enquanto uma "parte inextricável da natureza humana", isto é, como o efeito de "alguma lei fixa e universal da natureza" (F. Douglass, "A linha de cor", pp. 205, 207).
41. Ibid., p. 204.
42. Necessidade lógica: sob os princípios ou leis da não contradição, do terceiro excluído e da identidade, os silogismos governariam nas disputas entre filósofos escolásticos medievais. O enunciado-base é aquele em que a prova de algo verdadeiro reside em como este não poderia ser de outro modo. O silogismo torna esse movimento analítico imediato: Proposição 1 (se a e b são iguais) e Proposição 2 (se b e c são iguais) levam necessariamente à Conclusão A (então a e c são iguais). A verificação, observação ou comparação de c com a não é necessária. Os axiomas de Euclides constituem matematicamente o mesmo procedimento. No lugar da identidade, os axiomas de um a quatro estabelecem a igualdade. Através de seu funcionamento em provas matemáticas, a necessidade permaneceria crucial no pensamento moderno, em particular na Filosofia da Natureza ou na

física newtoniana. Chave para a afirmação de que a mente humana poderia conhecer as coisas do mundo com certeza, isso quando se apoia em sua capacidade única, o raciocínio lógico por meio da atribuição de identidade — seja por meio raciocínio quantitativo (inferência matemática) ou qualitativo (determinação da presença e ausência) — sustentava, respectivamente, a filosofia da natureza e a história natural. É crucial enfatizar que a necessidade não se refere ao *como* do enunciado (a forma do julgamento, isto é, se se trata ou não da existência de algo) ou ao *quê* (a qualidade da coisa, isto é, se é ou não uma coisa real). Usando a linguagem de Kant, essa é uma condição de possibilidade para o conhecimento com certeza — a outra, para ele, é a universalidade estrita. É, como na explicação de Descartes sobre como ele determina o princípio de sua filosofia, um procedimento para conhecer, isto é, raciocínio lógico, o qual ele toma como a única realidade inquestionável. Disso, ele conclui que a mente, ou o *Eu penso*, que executa tais etapas do raciocínio lógico, não é outra coisa senão lógica, isto é, formal. Seu procedimento era lógico por exclusão, ou seja, a cada passo é incluída a afirmação de uma possibilidade, as inferências dessa possibilidade e a rejeição dessa possibilidade pelo fato de as inferências não se comprovarem. Tudo o que lhe resta ao final é a certeza de que a única coisa que resiste ao exercício da dúvida é o processo da dúvida, que também é, por sua vez, a aplicação da lógica não com o propósito de provar, mas sim de refutar tudo.
43. I. Kant, *Crítica da faculdade de julgar*, p. 86; grifo meu. [Tradução adaptada.]
44. Para uma descrição desses termos no regime epistêmico (ordem "clássica") em que elas supostamente prevaleceram, ver M. Foucault, *As palavras e as coisas: Uma arqueologia das ciências humanas*, pp. 98-105.
45. I. Kant, *Crítica da razão pura*, p. 47.
46. "Caso se queira algo do tipo no uso mais comum do entendimento, pode servir como exemplo a proposição de que todas as mudanças têm de ter uma causa; e o conceito de uma causa, nesta última, contém tão nitidamente o conceito de uma necessidade da conexão com um efeito e uma universalidade estrita da regra, [...] deduzi-lo de uma associação frequente entre aquilo que acontece e aquilo que vem antes, e do hábito (uma necessidade meramente subjetiva, portanto) de conectar representações." (Ibid., p. 48.)

47. Ibid., p. 72. [Tradução adaptada. (N. T.)]
48. Ibid., p. 212. [Citação adaptada. O trecho precede, na primeira edição da *Crítica da razão pura*, a exposição da tábua das categorias. (N. T.)]
49. I. Kant, *Crítica da razão pura*, p. 207. Para uma discussão acerca da explicação de Kant sobre o tempo em relação à racialidade e ao político, ver R. Terada, "The Racial Grammar of Kantian Time".
50. As imagens contrastantes aqui seriam: a mente vazia de Locke encontrando e operando com as impressões dadas pelas coisas do mundo; a alma inteligente de Leibniz (a mente) tentando decifrar as outras enteléquias com as quais o divino criador povoou o Universo; e o processo habitual de Hume de reconhecer repetições sem ousar afirmar nada além de que elas de fato acontecem.
51. I. Kant, *Crítica da razão pura*, p. 51.
52. F. Douglass, "A linha de cor", p. 204. (N. T.)
53. Ibid., p. 203.
54. D. Ferreira da Silva, "Ninguém: direito, racialidade e violência", pp. 71-6.
55. Elaboro esse argumento em D. Ferreira da Silva, "Scene of Nature", pp. 277-80.
56. D. Ferreira da Silva, *Homo modernus*, pp. 93-206.
57. G. Canguilhem, *A vital rationalist: Selected Writings from Georges Canguilhem*, p. 41. (N. T.)
58. Penso aqui na apropriação errônea por Herbert Spencer da segunda lei da termodinâmica — entropia, indicada pela irreversibilidade da direção da energia num sistema fechado, por exemplo, calor, que flui do mais quente (alta energia cinética) para o mais frio (baixa energia cinética). Esse processo pressupõe a flecha do tempo, a percepção de que o tempo flui e de que o faz em uma só direção, assim como a conclusão de que o sistema tende à desorganização. Spencer, contudo, interpretou esse processo como indicação de que a tendência geral na "Natureza" é o equilíbrio, o que é crucial à "Lei da Evolução" subjacente à sua versão do projeto sociológico:

> Assim ilustrada a verdade geral em seu aspecto mais simples, devemos agora olhar sob esses aspectos mais complexos que ela comumente apresenta através da Natureza. Em quase todos os casos, o movimento de um agregado é composto; e o equilíbrio de cada um de seus componentes, sendo eles levados a cabo de forma indepen-

dente, não afeta o resto. [...] A fim de que esse processo possa ser devidamente realizado e de que o estado de coisas ao qual ele tende possa ser plenamente compreendido, será propício citar aqui um caso no qual podemos observar, de forma mais completa do que nos acima mencionados, esse equilíbrio sucessivo de movimentos combinados.

Ainda que Spencer tenha contribuído para a abordagem estrutural-funcionalista que dominaria os projetos sociocientíficos do século xx, a proposta filosófica que a acompanha não sobreviveria à mudança para o regime interpretativo. Ver H. Spencer, First Principles, p. 274.

59. Após a decisão conjunta do grande júri e do Departamento de Justiça dos Estados Unidos de que os tiros disparados pelo policial Darren Wilson contra Michael Brown não foram uso excessivo de força, essas palavras de Robert McCulloh, o advogado de acusação, nos contam qual narrativa dos eventos foi considerada verdadeira ou correspondente à realidade objetiva da violência total que ocorreu em 9 de agosto de 2015, na Canfield Drive em Ferguson, Missouri. Ver E. Peralta e K. Calamur, "Ferguson Documents: How the Grand Jury Reached a Decision".

60. Em outro texto discuto essa operação da necessidade conforme apresentada por John Locke na articulação do direito divino à autopreservação enquanto a base ética para a instituição do corpo político. Ver D. Ferreira da Silva, "Ninguém: direito, racialidade e violência", pp. 71-6.

61. O termo "cena da natureza" captura de que forma os significantes sociocientíficos justificam mobilizações de violência total de outro modo inaceitáveis como respostas razoáveis — porque *necessárias* à autopreservação do perpetrador — à ameaça significada por corpos negros em territórios negros. Ver D. Ferreira da Silva, "Scene of Nature", pp. 280-7.

62. Ver A. Badiou, "A Philosophy for Militants: Alain Badiou Interviewed by Aaron Hess". (N. T.)

63. A. Badiou, *Being and Event*, p. 4.

64. Não estou sugerindo que o projeto de Badiou seja internamente contraditório. Para ele, historicidade se refere àquilo que escapa ao domínio daquilo que chama de metaestrutura do Estado (A. Badiou, *O ser e o evento*). O que realço, mas não posso desenvolver

aqui, é como o projeto de Badiou, de certo modo, retorna à origem da fenomenologia. Isto é, se o retorno e o reaproveitamento da pura consciência de Kant por Husserl significou, entre outras coisas, o resgate da mente dos projetos determinativos de conhecimento do Homem do século XIX — nesse caso, a psicologia —, Badiou, também num movimento para resgatar o sujeito (agora dos ataques das mulheres, LGBTQ2+, e dos "outros da Europa" e suas reivindicações sócio-históricas à diferença cultural [moral e epistemológica]), remodela o Eu transparente enquanto uma coisa formal (matematicamente enquadrada), mas não ousa tirá-la de seu palco adequado, isto é, a historicidade. Por exemplo, na passagem a seguir antecipa o óbvio, que é a leitura da necessidade em sua ontologia matemática:

> A confusão entre a existência do sítio (por exemplo: a classe operária ou um estado dado das tendências artísticas ou um impasse da ciência) e a necessidade do evento é a cruz dos pensamentos deterministas ou globalizantes. O sítio nunca é mais do que uma *condição de ser* do evento. Certamente, se a situação é natural, compacta ou neutra, o evento é impossível. Mas a existência de um múltiplo na borda do vazio faz advir apenas a possibilidade do evento. É sempre possível que não se produza nenhum. Um sítio só é "eventual" no sentido estrito de sua qualificação pelo evento. No entanto, conhecemos uma característica ontológica dele, ligada à forma da apresentação: ele é sempre um múltiplo a-normal, um múltiplo na borda do vazio. Não há evento, portanto, senão relativamente a uma situação histórica, ainda que uma situação histórica não produza *necessariamente* evento. (A. Badiou, *O ser e o evento*, pp. 147-8.)

65. Em seu prefácio para a tradução em inglês de *O ser e o evento*, Badiou enquadra o projeto de seu livro em oposição àquilo que chama de antropologia dominante da década de 1980: "De fato, no momento de sua publicação, este livro não se prestava a uma compreensão imediata. Estávamos no final dos anos 1980, em plena regressão intelectual. O que estava na moda era a filosofia moral disfarçada de filosofia política. [...] Declarava-se que todas as culturas tinham o mesmo valor, que todas as comunidades geravam valores, que toda produção do imaginário era arte, que todas as práticas sexuais eram formas de amor etc. Em suma, o contexto combinava o dogmatismo violento da 'democracia' mercantil

com um ceticismo profundo que reduzia os efeitos da verdade a operações antropológicas particulares. Consequentemente, a filosofia foi reduzida a ser ou uma laboriosa justificativa do caráter universal dos valores democráticos, ou um sofisma linguístico legitimando o direito à diferença cultural contra qualquer pretensão universalista por parte das verdades. Meu livro, porém, por meio de um pesado aparato demonstrativo, fez quatro afirmações que iam totalmente contra o fluxo dessa filosofia ordinária". A. Badiou, *Being and Event*, pp. xi-xii.

66. Para comentários sobre essas reescritas, ver D. Ferreira da Silva, "Pensamento fractal".
67. J. Derrida, "Racism's Last Word", p. 292.
68. Esta é a essência de seu comentário sobre as contradições que o racismo de Estado (apartheid) abriga e as necessidades jurídico--econômicas "ocidentais" — em particular, o posicionamento estratégico geoeconômico da África do Sul durante a Guerra Fria: "Sem dúvida o apartheid foi instituído e mantido contra a Comunidade Britânica, após uma longa aventura que começou com a abolição da escravidão da Inglaterra em 1834, época em que os bôeres empobrecidos empreenderam a Longa Viagem em direção ao Estado Livre de Orange e ao Transvaal. Mas essa contradição apenas confirma a essência ocidental do processo histórico — em suas incoerências, seus compromissos e em sua estabilização. Desde a Segunda Guerra Mundial, pelo menos se aceitarmos os dados de um certo tipo de cálculo, a estabilidade do regime de Pretória foi pré-requisito para o equilíbrio político, econômico e estratégico da Europa. A sobrevivência da Europa Ocidental depende disso. Quer se trate de ouro ou dos chamados minérios estratégicos, sabe-se que pelo menos três quartos da quota mundial deles se divide entre a URSS e a África do Sul". (J. Derrida, "Racism's Last Word", pp. 294-5).
69. "Muito cedo encontramos os elementos fundamentais que constituem a possibilidade da guerra e que lhe garantem a manutenção, o prosseguimento e o desenvolvimento: diferenças étnicas, diferenças de línguas, diferenças de força, de vigor, de energia e de violência; diferenças de selvageria e de barbárie; conquista e servidão de uma raça por outra. O corpo social é no fundo articulado a partir de duas raças. É a ideia segundo a qual a sociedade é, de um extremo a ou-

tro, percorrida por esse enfrentamento das raças, que encontramos formulado no século XVII e como que matriz de todas as formas sob as quais, em seguida, investigaremos a fisionomia e os mecanismos da guerra social." (M. Foucault, *Em defesa da sociedade*, pp. 70-1.)
70. Ibid., p. 71.
71. A mobilização da raça para o funcionamento de "um poder centrado, centralizado e centralizador; o discurso de um combate que deve ser travado não entre duas raças, mas a partir de uma raça considerada como sendo a verdadeira e a única, aquela que detém o poder e aquela que é titular da norma, contra aqueles que estão fora dessa norma, contra aqueles que constituem outros tantos perigos para o patrimônio biológico. E vamos ver, nesse momento, todos os discursos biológico-racistas sobre a degenerescência, mas também todas as instituições que, no interior do corpo social, vão fazer o discurso da luta das raças funcionar como princípio de eliminação, de segregação e, finalmente, de normalização da sociedade" (Ibid., pp. 72-3).
72. Ibid., p. 72.
73. Ibid., p. 95.
74. Ibid., p. 73.
75. R. E. Park, "The Nature of Race Relations", in *Theories of Race and Racism: A Reader*, p. 105. (N. T.)
76. O. C. Cox, *Caste, Class and Race: A Study in Social Dynamics*, p. 320. (N. T.)
77. A consolidação da versão interpretativa da racialidade — em outro trabalho a chamo de versões históricas (marxistas e liberais) do conhecimento racial — ocorreria em meados do século XX. Ver D. Ferreira da Silva, "An Introduction: The Predicament of Brazilian Culture".
78. Como na versão fundacional de Park, que, pelo menos inicialmente, se baseou na tese da Ciência do Homem de que as reações a ela eram instintivas, a diferença racial foi reformulada como *datum* — um traço *natural* e traço mental (moral e intelectual) relacionado. Para uma elaboração deste argumento, ver D. Ferreira da Silva, *Homo modernus*, pp. 239-321.
79. Refiro-me à primeira declaração sobre raça, escrita em julho de 1950, em *Four Statements on the Race Question*.
80. H. J. Spillers, "Bebê da mamãe, talvez do papai", p. 32.

81. Ver, de modo geral, D. Ferreira da Silva, "Ninguém: direito, racialidade e violência".
82. G. W. F. Hegel, *Fenomenologia do espírito*, pp. 145-6. (N. T.)
83. M. Foucault, *Em defesa da sociedade*, p. 53.
84. Ibid., p. 52.
85. Sylvia Wynter aborda o biológico como um local de produção de sujeitos modernos. Na verdade, ela o abraça — as neurociências em particular — enquanto fornecedor de descrições do funcionamento da mente humana que são mais adequadas do que as fornecidas pelos conceitos preferidos do momento interpretativo, a saber, cultura e ideologia: *"Ambas as suas máscaras [dos pigmeus e dos franceses]* não geneticamente determinadas e as sociogênicas codificadas são demonstrativas de [...] um princípio de causalidade regulador do comportamento, determinado de forma não física e não biológica, operante como lei, que é implementado neuroquimicamente" (S. Wynter e K. McKittrick, "Unparalleled Catastrophe for Our Species? Or, to Give Humanness a Different Future: Conversations").
86. Agamben não leva em consideração como a racialidade produz sujeitos morais (sociais) que podem ser mortos (pelo soberano e seus subalternos) sem expor a posição do soberano em relação à "ordem jurídica". Ver G. Agamben, *Homo Sacer: O poder soberano e vida nua*. Ou seja, a autoridade do Proprietário e do policial para matar negros é "moralmente legal", segundo a opinião majoritária em Dred Scott versus Ferguson.
87. Como indicado acima, a versão de Foucault do discurso sobre a raça não ajuda neste trabalho, porque sua abordagem formalista, porém totalmente interpretativa, não permite tratar do elemento de autoridade da soberania operando através da significação científica.
88. S. Hartman, *Scenes of Subjection*, pp. 17-48.
89. Em uma entrevista, Hortense J. Spillers discorre sobre as implicações de seu argumento sobre a centralidade da violência na escravidão. Em particular, ela observa como essa violência não se concentraria nos negros descendentes de escravos, mas permearia todo o éthos dos Estados Unidos. Trechos dessa entrevista gravada são apresentados em um filme que fiz em colaboração com Arjuna Neuman, *Soot Breath/ Corpus Infinitum* (2021).
90. Ver, em geral, J. Locke, *Segundo tratado sobre o governo civil*.

91. Talvez seja necessário recordar aqui que a posição de sujeito da liberdade é ocupada por qualquer pessoa branca, e não apenas pelo Proprietário de Escravas, por conta — como discutido no capítulo anterior — da correspondência entre branquidade e direito de posse e entre negridade e catividade.
92. O conceito do racial produz tanto o corpo branco quanto o corpo negro como superfícies de significação de atributos mentais (morais e intelectuais). Para o argumento inteiro, ver D. Ferreira da Silva, *Homo modernus: Para uma ideia global de raça*.
93. Minha interpretação do termo "fungibilidade" difere da de Hartman, principalmente porque o mantenho na cena econômica. Em sua interpretação, Hartman leva esse significado econômico para a cena ética, onde aquele sustenta sua potente crítica aos discursos abolicionistas:

> No entanto, a empatia em aspectos importantes confunde os esforços de [John] Rankin para se identificar com os escravizados, porque, ao tornar seu o sofrimento do escravo, Rankin começa a sentir por si mesmo em vez de sentir por aqueles a quem esse exercício de imaginação supostamente visa alcançar. Mais ainda, ao explorar a vulnerabilidade do corpo cativo como receptáculo para os usos, pensamentos e sentimentos alheios, a humanidade estendida ao escravo confirma inadvertidamente as expectativas e os desejos que são definitivos das relações de escravidão. Em outras palavras, a facilidade de identificação empática de Rankin se deve tanto às suas boas intenções e sincera oposição à escravidão quanto à fungibilidade do corpo cativo. (S. Hartman, *Scenes of Subjection*, p. 19.)

94. Para esse argumento, ver D. Ferreira da Silva, *Homo modernus: Para uma ideia global de raça*, pp. 239-94.
95. Minha leitura da violência total é inspirada pela análise de Bataille da economia política e da riqueza como "excesso de energia", que vejo como extraída através da violência total. Em particular, apropriei-me de sua visão do excesso de energia e a redirecionei para considerar a capacidade material hospedada pela corpo cativa ferida como uma capacidade cuja intensidade (como figurada na luz negra de alta frequência) embaralha e perfura o espelho.
96. Estudos de Josiah C. Nott e Samuel G. Morton, apologistas norte-americanos da escravidão do início e de meados do século XIX,

teriam grande influência no desenvolvimento do projeto da Ciência do Homem na segunda metade do século xix.

97. Citado na tradução de Matheus Araujo dos Santos para F. Moten, "A resistência do objeto: O grito de Tia Hester" (*Revista Eco Pós*, v. 23, n. 1, Rio de Janeiro, 2020, p. 1), introdução a *In the Break: The Aesthetics of the Black Radical Tradition*. (N. T.)

98. A conversão do som em energia elétrica tem sido considerada por pesquisadores que buscam fontes alternativas de energia, possibilitadas pelo transdutor, um dispositivo projetado para operar essa transformação chamada de transdução — um processo muito mais simples do que o dispositivo. Por exemplo, quando um transdutor é empregado para localizar algo na água, ele captura as ondas de pressão (som) que ricocheteiam (eco) ao atingir algo, e o transdutor então converte isso em energia elétrica.

99. F. Moten, *In the Break*, p. 1. [Citado na tradução de Matheus Araujo dos Santos para F. Moten, "A resistência do objeto: O grito de Tia Hester" (*Revista Eco Pós*, v. 23, n. 1, Rio de Janeiro, 2020, p. 1), introdução a *In the Break: The Aesthetics of the Black Radical Tradition*. (N. T.)]

100. O. E. Butler, *Kindred: Laços de Sangue*, p. 46. (N. T.)

101. Essa é uma referência ao emaranhamento quântico, descrito anteriormente. O que estou destacando aqui é a conexão imediata e instantânea entre duas partículas que estiveram em contato em algum ponto do espaçotempo. O que estou sugerindo é que a viagem de Dana pode ser possível por causa das mesmas operações (ainda não conhecidas pelos físicos) que constituem o emaranhamento.

102. I. Kant, *Crítica da razão pura*, p. 65.

103. Ibid., p. 82.

3. "uma outra língua" [pp. 169-267]

1. O. E. Butler, *Kindred: Laços de sangue*, pp. 98-9. (N. T.)
2. Expressão depreciativa utilizada nos Estados Unidos para se referir à imagem de mulheres negras, mães, solteiras, que se beneficiam de políticas de bem-estar social de forma fraudulenta. A suposição de que a maioria das beneficiárias de programas de bem-estar social seria composta de mulheres negras (o que não é o caso) moralmente

degeneradas tem sido usada inclusive, por exemplo, para justificar reformas em programas sociais, de Ronald Reagan a Donald Trump. E não se distancia de ideias recorrentes no Brasil (ver <https://noticias.r7.com/brasil/mourao-familia-so-com-mae-e-avo-e-fabrica-de-elementos-desajustados-29062022>). (N. T.)

3. Por exemplo, como registra a National Association for the Advancement of Colored People (NAACP) [Associação Nacional para o Avanço das Pessoas de Cor], "um a cada três meninos negros nascidos hoje pode esperar ser condenado à prisão" ("Criminal Justice Fact Sheet", NAACP, <https://naacp.org/resources/criminal-justice fact-sheet>).

4. Bureau of Labor Statistics, Departamento do Trabalho dos Estados Unidos, "Unemployment Rate Unchanged at 3.6 percent in May 2019".

5. Os Estados Unidos derivam sua autoridade da liberdade, o mesmo princípio que não compreende sua população negra até (bem) quase duzentos anos após a Declaração de Independência, quando se reconheceu que a Lei dos Direitos de Voto de 1965 também não forneceu garantia de emancipação.

6. K. Ture e C. V. Hamilton, *Black Power: The Politics of Liberation*.

7. Ver J. Vernon, "The Black Panthers' 10-Point Program".

8. Instituído feriado nacional em 2021, o *Juneteenth* é historicamente dia de celebração para a comunidade negra estadunidense e faz referência ao dia 19 de junho de 1865, quando foram libertadas as pessoas escravizadas no Texas, o último estado a acabar com a instituição da escravidão no país. Embora a abolição da escravidão tenha sido proclamada em 1863, ela não pôde ser implementada em locais ainda sob controle confederado. Assim, no estado confederado mais a oeste, os escravizados só foram libertados em 1865, quando soldados da União chegaram a Galveston Bay, no Texas. (N. T.)

9. C. J. Robinson, *Black Marxism: The Making of the Black Radical Tradition*, pp. 2-3. (N. T.)

10. S. Hall, "Race, Articulation, and Societies Structured in Dominance", p. 56. (N. T.)

11. "Historial" é um termo que Chandler emprega para capturar a interpretação de W. E. B. Du Bois da experiência histórica afro--americana, como "aquela que deve ser feita, ou sempre origina-

riamente, refeita, de novo" (N. D. Chandler, *X: The Problem of the Negro as a Problem for Thought*, p. 34).

12. C. J. Robinson, *Black Marxism*, p. 62.
13. Ibid., p. 2.
14. Ibid., p. 3. No vocabulário de Robinson, racialismo, uma das "ideias ordenadoras que persistiram na civilização ocidental", refere-se à "legitimação e corroboração da organização social como natural por referência aos componentes 'raciais' de seus elementos. Apesar de dificilmente ser um problema exclusivo aos povos europeus, seu aparecimento e codificação, durante o período feudal, nas concepções ocidentais de sociedade, teriam consequências importantes e duradouras" (Ibid., p. 2).
15. Ibid., p. 4.
16. "O capitalismo foi menos uma revolução (negação) catastrófica das ordens sociais feudais do que a extensão dessas relações sociais à trama maior das relações políticas e econômicas do mundo moderno. Historicamente, a civilização que se desenvolveu nas extremidades ocidentais do continente asiático/europeu, e cuja primeira significação é a Europa medieval, passou com poucas disjunções do feudalismo como modo dominante de produção ao capitalismo como modo dominante de produção. E, desde os primórdios, essa civilização europeia, com suas particularidades raciais, tribais, linguísticas e regionais, foi construída sobre diferenças antagônicas." (Ibid., pp. 9-10.)
17. A propósito, meu argumento aqui pode parecer semelhante ao de Robinson. Independentemente disso, a diferença mais relevante talvez esteja no fato de que meu movimento não é interpretativo, e sim figurativo. Não estou interessada em enquadrar a negridade nos termos da autoconsciência, da Subjetividade ou de outra figuração interpretativa do *Eu transparente*, ou mesmo como um *Eu afetável*. Estou interessada em como a negridade pode colapsar a totalidade que é o capital e abrir espaço para uma consideração mais complexa, não tanto da extração e expropriação econômicas, mas da subjugação política em geral.
18. O argumento de Robinson é semelhante ao de Park e Cox, e se aproxima ao de Foucault. O que os três têm em comum é que não atentam à forma como a versão científica da noção de raça a tornou um significante moderno, com efeitos que vão para além dos

ideológicos, precisamente porque está inscrita nas instituições e construções liberais regidas pela universalidade.
19. S. Hall, "Race, Articulation, and Societies Structured in Dominance", p. 16.
20. Eu enquadraria essa distinção nos termos da diferença entre a episteme determinativa e a episteme interpretativa. O enquadramento de Hall para o problema da unidade sugere isso; no entanto, ele enquadra sua revisão das principais obras sobre essa questão levando em conta um tema clássico — se o econômico seria ou não o único momento determinante, se seria o fator determinante em última instância ou se outras dimensões também desempenhariam um papel determinante na constituição do capital.
21. S. Hall, "Race, Articulation, and Societies Structured in Dominance", p. 17.
22. O que está em jogo aqui são as dificuldades em conciliar os dois enquadramentos conceituais mais importantes disponíveis para explicar o funcionamento do capital nos cenários (pós-)conquista e (pós-)coloniais das Américas, Caribe e África do Sul. Ver S. Hall, "Race, Articulation, and Societies Structured in Dominance", p. 18.
23. Embora isso pareça um debate arcaico, como será discutido adiante, ele permanece central nas atuais abordagens da esquerda sobre o racial (na medida em que funciona através da diferença cultural), que insistem em rejeitar sua significância para a análise do capital global, descartando-o como um instrumento ideológico do neoliberalismo ou um resquício de arranjos sociais pré-modernos.
24. Ou seja, foca "no problema teórico emergente de uma articulação entre dois modos de produção, estruturados em algumas relações de dominação", que ele denomina "o novo desenvolvimento teórico mais generativo no campo, afetando a análise da formação social racialmente estruturada" (S. Hall, "Race, Articulation, and Societies Structured in Dominance", pp. 33-4).
25. Ibid., p. 48.
26. As instruções de Hall: "Deve-se partir, então, do 'trabalho' histórico concreto que o racismo realiza sob condições históricas específicas — como um conjunto de práticas econômicas, políticas e ideológicas, de um tipo distinto, concretamente articuladas com outras práticas em uma formação social. Essas práticas atribuem o posicionamento de diferentes grupos sociais em relação uns aos

outros no que diz respeito às estruturas elementares da sociedade; fixam e atribuem esse posicionamento em práticas sociais correntes; legitimam as posições assim atribuídas. Em suma, são práticas que asseguram a hegemonia de um grupo de dominação sobre uma série de grupos subordinados, de modo a dominar toda a formação social de uma forma favorável ao desenvolvimento a longo prazo de sua base produtiva econômica" (Ibid., pp. 52-3).
27. Ibid., 53.
28. Mesmo as versões interpretativas da noção de classe por E. P. Thompson e Raymond Williams, contemporâneos de Hall e parceiros intelectuais (os três foram membros fundadores da *New Left Review*), as quais ele não cita em seu artigo, não resolveriam essa dificuldade. Pois, como Robinson avalia, no que diz respeito às apresentações originais do texto materialista-histórico, eles também ignoram que a noção de raça é um artefato cultural europeu. Ver E. P. Thompson, *A formação da classe operária inglesa*; e R. Williams, *Marxismo e literatura*.
29. Isso permite uma apreciação do itinerário da raça no regime interpretativo, em particular como, conforme discutido no capítulo anterior, sua transformação em *datum/residuum* (moral/cultural) a tornou uma categoria política irrelevante (na pior das hipóteses) ou suplementar (na melhor delas). Isso também indica, por certo, que o que a maioria chama de eurocentrismo surge na divisão do trabalho entre as ciências sociais tal como foram instituídas no século XIX sob o regime determinativo e como resposta à orientação interpretativa — que se tornaria dominante.
30. Para além da semelhança com a análise de Robinson, meu argumento aqui está alinhado com a leitura de Gayatri Spivak sobre Marx, como será discutido mais adiante neste capítulo. O que nos distingue aqui é a forma como posiciono a *corpo cativa ferida na cena da subjugação* expondo as operações do jurídico e do ético na montagem econômica de Marx — ela abre a possibilidade de pensar o trabalho fora das restrições da necessidade e de seus pilares e descritores ontoepistemológicos.
31. Citada em D. Harvey, *O novo imperialismo*, p. 115. (N. T.)
32. D. Harvey, *Os sentidos do mundo* [Tradução adaptada].
33. Hegel considera isso um problema de "tratar os conceitos e os momentos do conceito em geral, as determinações do pensar prima-

riamente como formas que seriam diversas da matéria e estariam apenas nela", o que não pode atingir a verdade. É assim pois, "como meras formas, como diferentes do conteúdo, elas são supostas como estando em uma determinação que as marcam como finitas e impossibilita de conceber a verdade que é infinita em si. Mesmo que o verdadeiro possa, de outra maneira, ser novamente associado com delimitação e finitude — isto é o lado da sua negação, da sua inverdade e inefetividade, justamente de seu fim, não da afirmação, que ele é como verdadeiro" (G. W. F. Hegel, *Ciência da lógica*, v. 1, p. 38).

34. D. Harvey, *O novo imperialismo*, p. 120.
35. Na "teoria geral da acumulação do capital de Marx", Harvey argumenta, "A acumulação primitiva' ou 'original' já ocorreu, e seu processo agora tem a forma de reprodução expandida (embora mediante a exploração do trabalho vivo na produção) em condições de 'paz, propriedade e igualdade'" (Ibid., p. 120).
36. D. Harvey, "The 'New' Imperialism", pp. 63-4.
37. Na medida em que é uma prática imperial, a acumulação por despossessão resulta para Harvey, assim como a acumulação primitiva no início do século xx para Luxemburgo, de condições políticas (Ibid., p. 69). Isso, como sabemos, faz parte da mudança geral no discurso materialista-histórico para lidar com o Estado (como Lênin fez) e com a nação (como Gramsci fez) na teorização do capital.
38. Ibid., p. 76.
39. De todo modo, mesmo que não resultasse numa reconfiguração do capital, o lugar das novas colônias não passou despercebido para aquelas organizadas na luta contra a subjugação colonial e racial ao redor do mundo. Para Du Bois e outros intelectuais marxistas negros, intelectuais militantes caribenhos ou africanos, o materialismo histórico ofereceu um arcabouço que além de se opor a explicações sociológicas e antropológicas intrinsecamente conservadoras da subjugação imperial e racial, servia como plataforma global para a apresentação de seu projeto político e concepções revolucionárias.
40. Do que as muitas versões do texto histórico materialista não foram capazes de dar conta é de como, em adição àquilo que Harvey chama, seguindo Lefebvre, de "produção do espaço", as colônias europeias antigas e novas também estiveram envolvidas em processos de produção e reprodução do capital ocorrendo na Europa

e América do Norte. Ao elaborar essa proposição nas próximas páginas, não estou focando nas relações entre centros coloniais e as colônias, ou mesmo nas relações e estruturas atuais do contexto colonial. Tudo o que estou fazendo é tentar apontar de que forma ambos os modos de governo, o colonial e o liberal, fazem parte de estruturas e mecanismos jurídicos pós-iluministas. Outra parte desse argumento é como o racial, operando no nível simbólico, facilita ativações do colonial (violência total) num momento em que este aparentemente desapareceu como modo e infraestrutura de governo.

41. Estou me referindo a como Coulthard recorda que Marx não tinha interesse nas colônias além de, como também observo, o que a situação lá/nelas o permitiria que ele dissesse sobre o capital. Ver G. S. Coulthard, *Red Skin, White Masks: Rejecting the Colonial Politics of Recognition*, p. 15.
42. Ainda que requeira delimitações, o pressuposto de unidade também é mantido em quadros determinativos. Nestes, a montagem de uma totalidade requer a atribuição de uma categoria — nesse caso, trabalho — que determine cada e todo componente de um conjunto e os constitua enquanto uma unidade (quantitativa) de multiplicidade.
43. Lembro, novamente, que Marx não concebe o capital como uma totalidade hegeliana. Esta é uma versão do materialismo histórico atribuída a Georg Lukács. Assim, minhas referências à totalidade mantêm seu significado primordialmente quantitativo e dizem respeito a um efeito da categoria de trabalho.
44. De acordo com Marx, "a igualdade dos trabalhos humanos assume a forma material da igual objetividade de valor dos produtos do trabalho; a medida do dispêndio de força humana de trabalho por meio de sua duração assume a forma da grandeza de valor dos produtos do trabalho; finalmente, as relações entre os produtores, nas quais se efetivam aquelas determinações sociais de seu trabalho, assumem a forma de uma relação social entre os produtos do trabalho" (K. Marx, *O capital*, v. 1, pp. 96-7).
45. Um aspecto da subcategoria de limitação de Kant, ao qual retornarei mais adiante neste capítulo, é sua correspondência a julgamentos infinitos.
46. K. Marx, *O capital*, v. 1, p. 745. (N. T.)

47. Embora eu não esteja me centrando nas relações neste exercício, concordo com Coulthard que manter o conceito de classe como única categoria propriamente política da arquitetura política capitalista é deixar passar e falhar em dar conta de como o capital viveu e continua a viver dos mecanismos coloniais de despossessão. Não, porém, como Harvey argumenta, incorporando novos lugares, mas, sim, reimplantando suas ferramentas de violência total e simbólica para promover seu controle sobre as terras indígenas. Ver, em geral, G. S. Coulthard, *Red Skin, White Masks*.
48. Como Harvey, Luxemburgo constatou que a acumulação primitiva nunca cessa: para apropriar-se dos meios de produção e da força de trabalho visando criar um mercado, o capital depende do Estado para a mobilização de violência total e de extrema tributação.
49. R. Luxemburgo, *A acumulação do capital*, p. 314.
50. Ibid., pp. 253-4.
51. K. Marx, *Grundrisse: Manuscritos econômicos de 1857-1858: Esboços da crítica da economia política*, pp. 57-8. (N. T.)
52. Não abordarei esses debates aqui; minha discussão sobre as intervenções de Hall e Robinson no início deste capítulo dá uma ideia do que considero relevante neles para a análise da subjugação racial.
53. Entre os principais trabalhos que desenvolveram esses conceitos estão: I. Wallerstein, *The Modern World-System: Capitalist Agriculture and the Origins of European World-Economy in the Sixteenth Century*; A. G. Frank, "The Development of Underdevelopment"; e F. H. Cardoso e E. Faletto, *Dependência e desenvolvimento na América Latina*.
54. Para uma leitura similar de *Grundrisse*, ver C. C. Gould, *Marx's Social Ontology: Individuality and Community in Marx's Theory of Social Reality*. As semelhanças dizem respeito principalmente à visão de que os *Grundrisse* explicitam o método empregado na montagem do capital e de que tal método descreve o capital como uma totalidade analítica.
55. Sei que, ao usar o termo "totalidade", corro o risco de ser incluída numa série de debates e leituras concorrentes de Marx. Mas deixe-me repetir o que eu já disse antes: não estou empenhada em fornecer uma interpretação corretiva ou inovadora de Marx.
56. K. Marx, *Grundrisse*, p. 77.
57. Ibid., p. 87.

58. Ibid., p. 82.
59. A chave aqui é que, para Marx, o trabalho cria capital: "A produção capitalista não é apenas produção de mercadoria, mas essencialmente produção de mais-valor. O trabalhador produz não para si, mas para o capital. Não basta, por isso, que ele produza em geral. Ele tem de produzir mais-valor. Só é produtivo o trabalhador que produz mais-valor para o capitalista ou serve à autovalorização do capital". (K. Marx, *O capital*, v. 1, p. 706.)
60. A visão de Marx sobre o trabalho como *a* atividade produtiva difere da de Locke, Smith e Ricardo, como ele explica nos *Grundrisse* e em *O capital*. Ver, por exemplo, *Grundrisse*, pp. 103, 550.
61. Lembre-se de que para Hegel o movimento da história são os momentos de autorrealização da autoconfrontação do Espírito através dos quais ele entende que o que vê como exterior — espaço, natureza etc. — é de fato um aspecto de si mesmo, que então suprassume. Ao introduzir seu "método", Marx rejeita explicitamente os "pensamentos de totalidade" de Hegel ("a consciência filosófica"), aquele "para a qual o pensamento conceitualizante é o ser humano efetivo, e somente o mundo conceituado enquanto tal é o mundo efetivo". Para ele, como sabemos, a sociedade, o ser humano criando suas próprias condições de existência por necessidade, é o verdadeiro sujeito da história. Ver K. Marx, *Grundrisse*, p. 78.
62. K. Marx, *O capital*, v. 1, p. 785. (N. T.)
63. K. Marx, *Grundrisse*, pp. 104-5; grifo meu. (N. T.)
64. Faço essa observação a respeito da evocação de Foucault do programa kantiano em D. Ferreira da Silva, *Homo modernus: Para uma ideia global de raça*, pp. 104-6. Para uma elaboração da opinião de Chandler sobre a dessedimentação, ver N. D. Chandler, *X: The Problem of the Negro as a Problem for Thought*, pp. 11-67.
65. K. Marx, *Capital: A Critical Analysis of Capitalist Production*, p. 791.
66. Ibid., p. 792.
67. K. Marx, *O capital*, v. 1, p. 838.
68. Para um estudo da categoria no contexto colonial que complica as tentativas de estabelecer uma dicotomia entre a propriedade privada propriamente dita (burguesa) e a colonial, ver, em geral, B. Bhandar, *Colonial Lives of Property: Law, Land, and Racial Regimes of Ownership*.
69. Novamente, nessa distinção, o modo colonial de apropriação do valor desaparece na sequencialidade (crescimento da propriedade

privada da terra ao longo do tempo), porque, para Marx, foi superado pelo capital. Isso é principalmente efeito da determinabilidade, de como a categoria materialista-histórica do trabalho transubstancializa métodos e práticas jurídico-econômicas coloniais de expropriação do valor total criado pela terra nativa e pelo "trabalho escravo".

70. K. Marx, O capital, v. 1, p. 835.
71. Ibid., p. 836.
72. Ibid., p. 838.
73. O que distingue a produção capitalista é que "ela não só reproduz constantemente o assalariado como assalariado, mas, em relação à acumulação do capital, produz sempre uma superpopulação relativa de assalariados. Desse modo, a lei de oferta e demanda de trabalho é mantida em seus devidos trilhos, a oscilação dos salários é confinada em limites adequados à exploração capitalista e, por fim, é assegurada a dependência social, tão indispensável, do trabalhador em relação ao capitalista, uma relação de dependência absoluta" (Ibid., p. 839).
74. Ibid., p. 786.
75. De acordo com Marx, essa mobilização se deve a um processo histórico de despossessão, que cria as condições para o encontro entre capitalistas (os que dele se beneficiaram) e trabalhadores (os despossuídos) no mercado, no qual estes passam a vender sua única propriedade restante — a força de trabalho.
76. Não surpreende que não sejam essas afirmações que criem uma oposição, pois isso seria incoerente, na medida em que a descrição de Marx do processo da história localiza as condições de emergência de um novo modo de produção na própria configuração do anterior. Muito tem sido escrito sobre o porquê e como a conquista e a escravidão participam (e não participam) na formação do capital. No entanto, ambos os debates acerca da transição e da coexistência de diferentes modos de produção, relações de produção ou relações centradas em como o colonialismo é um momento da acumulação primitiva, mantêm o Colonial como exterior ou anterior ao Capital propriamente dito — que é também como Marx o trata no capítulo 33, no volume 1 de O capital, intitulado "A teoria moderna da colonização".
77. O que estou sugerindo é que os argumentos de Marx são apresentados qualitativamente, isto é, a partir da suposição de que a espe-

cificidade histórica do capital como uma realidade social reside em seu modo de apropriação do trabalho (histórico) e tipo de relação de propriedade (jurídico) particulares. Os comentários de Marx sobre as colônias e o "trabalho escravo" consistentemente sublinham que o contexto social (as colônias) e o tipo de apropriação do trabalho (escravidão) diferem da sociedade capitalista em termos jurídicos, pois o "trabalho assalariado" e a prevalência da propriedade privada caracterizam esta última.

78. No sexto caderno dos *Grundrisse*, uma discussão sobre David Ricardo e o problema da constância termina com um lembrete de que "essa passagem citada do *Art of Colonization,* de Wakefield, faz parte das passagens mencionadas acima sobre a necessária separação do trabalhador das condições de propriedade" (K. Marx, *Grundrisse*, p. 751).

79. K. Marx, *O capital*, v. 1, p. 338; tradução adaptada. (N. T.)

80. Exemplos que sugerem uma comparação entre "trabalho assalariado" e "trabalho escravo" aparecem em *O capital*; no entanto, são sobretudo metafóricos e referem-se ao "trabalho escravo" para exprimir a magnitude da exploração do trabalho assalariado.

81. K. Marx, *Capital: A Critique of Political Economy*, v. 3: *The Process of Capitalist Production as a Whole*, p. 939.

82. K. Marx, *Grundrisse*, p. 359.

83. Curiosamente, essa construção do "trabalho escravo" torna as colônias mais uma economia doméstica do que um local de produção do capital.

84. K. Marx, *O capital*, v. 1, p. 244.

85. É o caso da Constituição dos Estados Unidos, na qual as pessoas escravizadas são consideradas no Artigo 1, seção 2, relativo à representação do Estado na Câmara dos Representantes: "O número de Representantes, assim como os impostos diretos, serão fixados, para os diversos Estados que fizerem parte da União (segundo o número de habitantes, assim determinado: o número total de pessoas livres, incluídas as pessoas em estado de servidão por tempo determinado, e excluídos os indígenas não taxados, somar-se-ão três quintos da população restante)". A 13ª Emenda supostamente anulou essa declaração. Ver *The Constitution of the United States: A Transcription*.

86. "No trabalho escravo", Marx argumenta, "mesmo a parte da jornada de trabalho em que o escravo apenas repõe o valor de seus

próprios meios de subsistência, em que, portanto, ele trabalha, de fato, para si mesmo, aparece como trabalho para seu senhor. Todo seu trabalho aparece como trabalho não pago. No trabalho assalariado, ao contrário, mesmo o mais-trabalho ou trabalho não pago aparece como trabalho pago. No primeiro caso, a relação de propriedade oculta o trabalho do escravo para si mesmo; no segundo, a relação monetária oculta o trabalho gratuito do assalariado." (K. Marx, *O capital*, v. 1, p. 610.)
87. O. E. Butler, *Kindred: Laços de sangue*, p. 485; tradução adaptada. (N. T.)
88. *Black Lives Matter*: na língua inglesa, o termo *"matter"* tem diferentes sentidos, com seu significado transitando entre "matéria", "questão" e "importância". Neste momento do livro e a partir daqui, é importante que a leitora esteja atenta a essa polissemia, inclusive quando a autora se refere ao movimento Vidas Negras Importam. (N. T.)
89. Pouco mais de uma semana antes da morte de George Floyd, agora no Brasil, João Pedro Matos, de catorze anos, foi assassinado após sua casa ser fuzilada com mais de setenta tiros, durante uma operação da polícia militar do Rio de Janeiro no complexo do Salgueiro, em São Gonçalo, em 18 de maio de 2020. Após ser baleado, sem nenhuma informação fornecida aos familiares, João Pedro foi levado pelos policiais de helicóptero, de São Gonçalo para o bairro da Lagoa, na Zona Sul carioca, a quarenta quilômetros de distância de casa. Poucas horas depois seria constatada sua morte. No mesmo ano, em 19 de novembro, véspera do Dia da Consciência Negra, João Alberto Silveira Freitas foi espancado até a morte em um supermercado de Porto Alegre, no Rio Grande do Sul. Como sabemos (quase como *a matter of fact*, conforme aponta Denise Ferreira da Silva), outros incontáveis casos poderiam ser citados. (N. T.)
90. D. Lloyd, *Under Representation: The Racial Regime of Aesthetics*.
91. Para esse argumento com relação ao multiculturalismo, ver S. Žižek, *The Fragile Absolute, or Why Is the Christian Legacy Worth Fighting For?*.
92. S. Žižek, "We Can't Address the EU Refugee Crisis without Confronting Global Capitalism". As citações subsequentes de Žižek são dessa fonte.
93. D. Lloyd, *Under Representation*, p. 152.

94. Para uma exceção, isto é, uma leitura interpretativa do pensamento de Marx que permite a consideração da colonialidade e racialidade, ver M. Tomba, *Marx's Temporalities*.
95. D. Lloyd, *Under Representation*, p. 88.
96. "Para Badiou e seus pupilos", por exemplo, "renunciar a uma posição de superioridade, autoridade, ou maestria sobre coisas ou humanos já basta para liberar o sujeito de seu contexto imanente e desembaraçá-lo daquilo que lhe foi oferecido para pensar — o objeto e o Outro. Em outras palavras, anunciar a possibilidade de saber sem a pressuposição da correlação, como na posição delineada por Quentin Meillassoux, é o suficiente para libertar "objetos" dos significados e funções atrelados a eles no momento de denominação; ou anunciar a aparição do sujeito que não é relacionado a nada senão ao evento (Badiou) é o bastante para liberar seus "Outros" (aqueles que Badiou despreza por se prenderem à diferença cultural) dos significados e funções atrelados a eles no momento de denominação" (D. Ferreira da Silva, "Pensamento fractal").
97. K. Marx, *O capital*, v. 1, p. 339. (N. T.)
98. Na equação de Newton do movimento, o tempo opera como o determinante abstrato (universal) das relações (distância ou posição, por exemplo) entre corpos e permite a descrição de como elas mudam; na equação de valor de Marx, o tempo também é um determinante abstrato (universal) das relações, mas nesse caso permite uma descrição de como a força de trabalho transforma os elementos qualitativos na produção (matérias-primas e instrumentos) em algo que é capturável quantitativamente (como dinheiro).
99. K. Marx, *O capital*, v. 1, p. 161.
100. Ibid., p. 189.
101. Ou, como Marx aponta, o que "distingue o pior arquiteto da melhor abelha é o fato de que o primeiro tem a colmeia em sua mente antes de construí-la com a cera. No final do processo de trabalho, chega-se a um resultado que já estava presente na representação do trabalhador no início do processo, portanto, um resultado que já existia idealmente" (Ibid., p. 327).
102. Ibid., pp. 177-8; tradução adaptada.
103. K. Marx, *Capital: A Critical Analysis of Capitalist Production*, p. 24.
104. K. Marx, *O capital*, p. 961. (N. T.)

105. De certa forma, isso decorre do argumento de Cedric Robinson de que Marx é um pensador eurocêntrico. A única diferença é que noto que o eurocentrismo de Marx está em ele ser um pensador determinativo pós-iluminista cujo enunciado na conversa filosófica em andamento tenta resolver a dupla tarefa de descrever as condições humanas enquanto regidas pela razão universal e pela proteção da especificidade do Homem.
106. "A igualdade dos trabalhos humanos", argumenta Marx, "assume a forma material da igual objetividade de valor dos produtos do trabalho; a medida do dispêndio de força humana de trabalho por meio de sua duração assume a forma da grandeza de valor dos produtos do trabalho; finalmente, as relações entre os produtores, nas quais se efetivam aquelas determinações sociais de seu trabalho, assumem a forma de uma relação social entre os produtos do trabalho." (K. Marx, *O capital*, v. 1, pp. 205-6.)
107. Ibid., p. 313; grifo meu.
108. K. Marx, *Capital: A Critical Analysis of Capitalist Production*, p. 551.
109. Ao fazer essas distinções, não estou afirmando que a relação "trabalhador assalariado"/capitalista não seja histórica — no sentido de surgir em um dado momento. O que estou destacando é como as mesmas circunstâncias são descritas de duas maneiras distintas: por um lado, como logicamente necessárias e, por outro, como historicamente contingentes. Cada um aborda os mesmos personagens principais, "trabalhador assalariado" e capitalista, de uma perspectiva diferente. Ver D. W. Tomich, *Through the Prism of Slavery: Labor, Capital, and World Economy* para uma versão do argumento de que "na concepção de Marx, as categorias são ao mesmo tempo históricas e lógicas" (p. 19), e para a questão de que, nos *Grundrisse*, se apresenta o método empregado na análise de *O capital* (p. 21). Ao confeccionar seu argumento sobre como a escravidão participa da acumulação de capital, Tomich opta por privilegiar o histórico sobre o lógico para "superar a fragmentação teórica que caracterizou os tratamentos da escravidão". Seu projeto "não é simplesmente adicionar a escravidão a um conceito já dado e completo de capital", mas "repensar a totalidade das relações do capital de uma maneira que inclua a escravidão e as diversas relações não assalariadas". Ao fazê-lo, ele vai *"na contramão da apresentação teórica clássica de Marx* para reincorporar

ao campo de análise aquelas 'contingências históricas e acidentes perturbadores' que foram eliminados no processo de abstração" (p. 28, grifos do original). Aqui, o movimento de Tomich é montar um quadro teórico no qual "a produção aparece como um processo intrinsecamente social e histórico", isto é, um processo no qual as relações sociais "são consideradas constitutivas de condições históricas de produção específicas" (p. 28). Trata-se de um ambicioso e bem executado esforço de inovação conceitual que ele chama de teórico-histórico, e que dá conta da escravidão ao ampliar a descrição do capital para dar relevância ao "mercado mundial" e à "divisão internacional do trabalho" (pp. 30-1).

110. K. Marx, *O capital*, v. 1, p. 744; grifo meu.
111. Ibid., p. 342. (N. T.)
112. Recordo aqui de que modo Marx faz isso. Ele começa pela pressuposição de que "o valor de toda mercadoria é determinado pela quantidade de trabalho materializado em seu valor de uso, pelo tempo de trabalho socialmente necessário à sua produção". Ele então passa a "calcular o trabalho objetivado" em "dez libras de algodão". Isto requer a consideração da matéria-prima (dez libras de algodão), que custa dez xelins (aqui "o trabalho requerido para sua produção já está incorporado como trabalho socialmente necessário"); a que ele adiciona que "a quantidade de fusos consumida no processamento do algodão, que [...] [tem] um valor de dois xelins". Com as horas de trabalho despendidas na produção de algodão e as 24 horas necessárias para produzir uma quantidade de ouro representada por doze xelins de ouro, "conclui-se, então, que no fio estão objetivadas duas jornadas de trabalho". Ao explicar a equivalência na equação ("quarenta libras de fio = ao valor de quarenta libras de algodão + o valor de um fuso inteiro"), que significa que "o mesmo tempo de trabalho é necessário para produzir cada um dos dois lados dessa equação, então dez libras de fio equivalem a 10 libras de algodão e ¼ de fuso", ou "o mesmo tempo de trabalho se expressa, de um lado, no valor de uso do fio e, de outro, nos valores de uso do algodão e do fuso". Isso significa, portanto, que, mesmo quando o processo de fiação "modifica suas formas de uso [do algodão e do fuso] e os transforma em fio", os valores do algodão e fuso são tão pouco afetados "quanto seria o caso se eles tivessem sido trocados por um equivalente em fio". Em outras palavras: "O tempo de trabalho requerido para a produção do algodão, que é

a matéria-prima do fio, é parte do tempo de trabalho requerido para a produção do fio e, por isso, está contido neste último. O mesmo se aplica ao tempo de trabalho requerido para a produção da quantidade de fusos cujo desgaste ou consumo é indispensável à fiação do algodão".

Nesse ponto, poder-se-ia concluir que o tempo de trabalho necessário para a produção das matérias-primas e instrumentos de produção entra no valor da mercadoria. Talvez antecipando uma conclusão tão precipitada, depois de tratar das condições que asseguram que "os valores dos meios de produção, isto é, do algodão e do fuso" sejam "componentes do valor do fio ou do valor do produto" — a saber, que eles "tenham sido transformados em fio" e que "o tempo de trabalho empregado não ultrapasse o tempo necessário de trabalho sob dadas condições sociais de produção" — Marx passa a considerar qual "parte do valor que o trabalho do próprio fiandeiro acrescenta ao algodão". Aqui está a mudança crucial, pois Marx lembra que o trabalho do fiandeiro não deve ser analisado da mesma forma que o processo de trabalho, por considerar aquele como "especificamente distinto dos outros trabalhos produtivos". Em vez disso, diz ele, "cabe calcular" o trabalho do fiandeiro apenas na medida em que "cria valor, isto é, é fonte de valor", ou seja, trabalho abstrato, como idêntico a qualquer outro tipo de trabalho ("plantação de algodão, fabricação de fusos") e lembra que "é apenas em razão dessa identidade que o plantio de algodão, a fabricação de fusos e a fiação podem integrar o mesmo valor total, o valor do fio, como partes que se diferenciam umas das outras apenas quantitativamente". Ao considerar o trabalho quantificável, abstrato, que é o "trabalho socialmente necessário", tudo muda. Quando trabalho é tratado como "dispêndio de força de trabalho [em geral]", que é transformado no "processo de trabalho, este passa constantemente da forma da inquietude [*Unruhe*] à forma do ser, da forma de movimento para a de objetividade".

O próximo passo é que a matéria-prima e o próprio produto "aparecem de um modo totalmente distinto" também: "a matéria-prima é considerada, aqui, apenas como matéria que absorve uma quantidade determinada de trabalho. Por meio dessa absorção, ela se transforma, de fato, em fio, porque a força de trabalho, na forma da fiação, é despendida e adicionada a ela". Ele acrescenta: "Mas o produto, o fio, é agora nada mais do que uma escala de medida do trabalho absorvido pelo algodão". E a mão de obra, o plantio de algodão, que cria o algodão? Antes de nos dar mais elementos para considerar essa questão, Marx faz um desvio: considera o capitalista decepcionado ao somar o custo dos elementos adquiridos para a produção do fio e o preço do fio e ao se dar conta de que eles são iguais. Logo, o próximo passo de Marx é considerar a diferença entre "valor diário da força de trabalho" e "o trabalho anterior, que está incorporado na força de trabalho, e o trabalho vivo que ela pode prestar, isto é, seus custos diários de manutenção e seu dispêndio diário" — isto é, a diferença entre "seu [da força de trabalho] valor de troca" e "seu valor de uso". A importância disso é que o valor da força de trabalho e o valor que ela cria são "duas grandezas completamente distintas. É essa diferença de valor que o capitalista tem em vista quando compra a força de trabalho". Pois o capitalista compra "o valor de uso específico dessa mercadoria [trabalho], [que é] o fato de ela ser fonte de valor, e de mais valor do que aquele que ela mesma possui".

Embora Marx não trate disso diretamente, aqui percebe-se mais uma vez como o "trabalho escravo" desaparece antes de entrar na equação, que é "o vendedor da força de trabalho, como o vendedor de qualquer outra mercadoria, [que] realiza seu valor de troca e aliena seu valor de uso". Não porque o trabalho da escrava tenha mais valor do que ele próprio, mas porque, de um lado, a escrava não participa (como *igual*) na relação de troca (troca de título); ela é apenas o que se troca e, de outro lado, a escrava não é *livre* para dispor de sua força de trabalho em uma relação de consentimento (*contrato*). Em todo caso, Marx volta à equação sem levar em conta a diferença entre o valor de troca e o valor de uso da força de trabalho. O que ele mostra é que a trabalhadora trabalha duas vezes mais horas do que o preço que ela cobrou por sua força de trabalho, e que essas horas extras são absorvidas no fio: "Nas vinte libras de fio estão objetivadas, agora, cinco jornadas de trabalho, das quais quatro foram empregadas na produção do algodão e dos fusos e uma foi absorvida pelo algodão durante o processo de fiação". Dado que "o valor do fio é de trinta xelins" e que se criou "um mais-valor de três xelins. No final das contas, o truque deu certo. O dinheiro converteu-se em capital".

O que acontece com o 'trabalho escravo", então, torna-se evidente na distinção entre dois modos de considerar o trabalho: enquanto "processo de trabalho propriamente dito" o interesse está no aspecto qualitativo, isto é, que ele "produz valores de uso", já enquanto "processo de formação do valor" ele se torna diferente, e "o mesmo processo de trabalho se apresenta [...] apenas sob seu aspecto quantitativo". "Aqui", Marx continua a nos instruir, "o que importa é apenas o tempo que o trabalho necessita para sua operação, ou o período durante o qual a força de trabalho é despendida de modo útil. As mercadorias que tomam parte no processo também deixam de importar como fatores materiais, funcionalmente determinados, da força de trabalho que atua orientada para um fim. Elas importam tão somente como quantidades determinadas de trabalho objetivado. Se contido nos meios de produção ou adicionado pela força de trabalho, o trabalho só importa por sua medida temporal. Ele dura tantas horas, dias etc.". A partir disso, Marx faz ainda outra distinção entre dois aspectos da produção: por um lado, "o processo de produção, como unidade dos processos de trabalho e de formação de valor, é processo de produção de mercadorias", por outro lado, "como unidade dos processos de trabalho e de valorização, ele é processo de produção capitalista, forma capitalista da produção de mercadorias" (Ibid., pp. 338-51).

113. É impossível exagerar a significância do algodão para o capital industrial. Livros escolares do que hoje se chama Ensino Médio — pelo menos os que usei em meus estudos no Brasil — introduzem a Revolução Industrial ao se referir à mecanização da fiação de algodão no fim do XVIII. Para uma avaliação mais aprofundada, ver S. Beckert, *Empire of Cotton: A Global History*.

114. K. Marx, *O capital*, v. 1, p. 216.

115. Citarei, então, o comentário (no "rodapé" de um dos rascunhos deste manuscrito) de David Lloyd sobre essa frase, na qual ele ressalta como esse é o núcleo da ideia de alienação de Marx: "Não é justamente isso que é refutado pelo entendimento de Marx sobre a alienação do trabalho abstraído sob o capitalismo, essa noção de que sob tais relações produtivas o trabalho é 'livre' e portanto determina seu fim: pelo contrário, a 'trabalhadora assalariada' perde o fim de seu trabalho no produto que é alienado dela enquanto uma mercadoria possuída pelo capitalista. Isso entrava a dialética

de emancipação que ele integra ao processo de trabalho em geral. Não que ele abandone a figuração do *Homo laborans* na dialética, é só que o problema com o capitalismo é sua aparição como um 'poder estranho que domina o trabalhador'". Concordo totalmente com ele.

116. Ver, por exemplo, K. Marx, *O capital*, v. 1, pp. 312-23.
117. Ibid., p. 335. (N. T.)
118. G. C. Spivak, *Crítica da razão pós-colonial: Por uma história do presente fugidio*, p. 34.
119. "Ainda que sua aparição anterior tenha sido breve, modo de produção asiático é expressão que designa a corporificação imaginária de uma diferença, em termos consoantes com o desenvolvimento do capitalismo e com a resistência que lhe é apropriada como o 'mesmo'." (Ibid., p. 113.)
120. Ibid., p. 105.
121. Ibid., p. 112.
122. Esse "desejo de teorizar o outro" não é mais ativo no capital, "quando a atividade humana autoconsciente (ser genérico) aparece sob a forma-valor, com o valor como uma simples "coisa" sem conteúdo e aberta à medida e à troca, ela se mostra capaz de produzir valor em excesso do que seria necessário para sustentar o ser natural na vida genérica (subsistência)" (Ibid., p. 113).
123. Ibid., p. 114.
124. Ibid., p. 34.
125. Ibid., p. 117.
126. De acordo com Spivak, a descrição de Marx em *Grundrisse* figura um indivíduo "somente definido, por ora, em termos de vida genérica [*Species-Life*], e não de ser genérico [*Species-Being*]" (Ibid., p. 114).
127. K. Marx, *Capital: A Critical Analysis of Capitalist Production*, pp. 342, 335.
128. Ver, por exemplo, L. Fortunati, *The Arcane Reproduction: Housework, Reproduction, Labor, and Capital*.
129. K. Marx, *Capital*, pp. 158, 170.
130. Em outro texto, propus manter o termo "exploração" de Marx para a apropriação da mais-valia ou valor parcial. *Exploração*, a apropriação de parte do valor criado pelo trabalho, também especifica as condições sociais (jurídicas) para a "produção capitalista": o capitalista apropria-se de um valor criado que está acima do salário que o

trabalhador recebe, conforme estabelecido no *contrato* da venda da força de trabalho dele/dela por um dado período de tempo. Propus o termo "expropriação" para a apropriação do valor total e do valor de trabalho, sob violência total, que ocorre no caso do "trabalho escravo". Ver D. Ferreira da Silva, "A dívida impagável: Lendo cenas de valor contra a flecha do tempo".

131. "Calor" é o termo da termodinâmica para transferência de energia cinética interna. É a raiz de outro termo cotidiano, "caloria".

132. Mississippi e Virgínia foram centros importantes da produção de algodão no sul dos Estados Unidos no *Antebellum*.

133. K. Marx, *O capital*, v. 1, p. 255.

134. Ibid., p. 256.

135. Ver R. Luxemburgo, *Accumulation of Capital*, p. 350. Contudo, diferente de Luxemburgo, não penso na colônia como fronteira do capital. Ao contrário, conforme Bartolomeu de Las Casas, C. L. R. James e Frantz Fanon descreveram, a colônia é uma estrutura jurídico-econômica moderna projetada e administrada pelos feitores de *policy* e pensadores europeus. Estou pensando aqui no papel de John Locke na escrita das Constituições Fundamentais da Carolina, em 1669, caracterizada por uma violência absoluta.

Repousando sobre esses pilares de separabilidade, determinabilidade e sequencialidade, a tese de que a colonialidade, as ferramentas da racialidade e o arsenal materialista-histórico transubstanciaram a expropriação colonial em *datum* ou matéria-prima. A saber, a alteração ocorre no nível mais profundo como resultado da dominação jurídica por conta da "matéria", ou como resíduo de uma categoria prévia (temporalmente) ou como ocorrência natural (empiricamente). Consequentemente, a tarefa se torna projetar procedimentos capazes de reverter esse processo. Ignorando a determinabilidade e a sequencialidade, minha contribuição consiste em figurar o capital como uma arquitetura jurídico-econômica que envolve os dois modos de governança — a colônia e a *polity* — que foram montados e consolidados ao longo dos últimos quatrocentos anos, mais ou menos. Cada modo de governança garante diferentes modos de apropriação de terra e trabalho, respectivamente, através de um acordo juridicamente vinculativo ou ameaça e emprego de violência (conquista e escravidão). Além disso, cada um se refere a modos distintos de apropriação de valor enquanto mediado por uma forma jurídica particular — contrato e título — que permite o modo particular de uso de trabalho para a reprodução do capital. No "trabalho assalariado" há a apropriação do valor parcial criado, que chamarei de exploração, sob obrigação legal; no "trabalho escravo", há a apropriação do valor total criado, que chamarei de expropriação, sob coerção violenta.

4. "onde a carne se uniu ao gesso" [pp. 269-316]

1. O. E. Butler, *Kindred: Laços de sangue*, pp. 416-7. (N. T.)
2. Em outros textos, empreguei o *plenum* de Leibniz e a *canvas infinita* de Michelangelo Pistoletto como descritores dessa versão de ∞ (infinito). Ver, por exemplo, D. Ferreira da Silva, "1 (vida) ÷ 0 (negridade) = ∞ − ∞ ou ∞ / ∞: sobre a matéria além da equação de valor".
3. H. J. Spillers, "Bebê da mamãe, talvez do papai", p. 39. (N. T.)
4. Esse é o caso da matéria escura e da energia escura, cerca de 27% e 68% do Universo, respectivamente. Não podem ser descritas, explicadas ou calculadas com precisão, e ambas são apenas postuladas (ditas existir) por causa dos efeitos para os quais apenas a presença de matéria ou energia pode ser a causa. Ver experimentos como "SuperCDMS | Super Cryogenic Dark Matter Search", do Slac National Accelerator Laboratory.
5. Estou destacando aqui o fato de que os modelos matemáticos são capazes de descrever, explicar e calcular "objetos" quânticos e cósmicos. No caso do primeiro, eles podem realmente levar à criação de coisas artificiais (como computadores) que fazem uso de seus elementos e processos. O que não pode ser feito é responder a questões de *finalidade*, como *o que* são e *por que* agem de certa maneira.
6. H. J. Spillers, "Bebê da mamãe, talvez do papai", pp. 37-8. (N. T.)
7. Trata-se de uma referência à famosa declaração de Audre Lorde, bem como às suas muitas repetições, as quais na maioria das vezes são feitas para interromper a investigação em vez de suscitar a busca por outras ferramentas. Ver A. Lorde, "As ferramentas do senhor nunca derrubarão a casa-grande".
8. Essa visão da filosofia moderna se desenrolando como uma conversa delineia meu livro *Homo modernus: Para uma ideia global de raça*.

9. G. W. F. Hegel, *Outline of the Philosophy of Right*, p. 232.
10. K. Barad, *What Is the Measure of Nothingness? Infinity, Virtuality, Justice*, p. 6.
11. No limite, como mostra o fenômeno chamado emaranhamento quântico, uma única partícula que é um constituinte da letra O no meu teclado pode muito bem estar emaranhada, imediata e simultaneamente, com uma partícula na ponta do meu cabelo ou uma partícula que compõe um planeta em uma galáxia a 5 bilhões de anos-luz.
12. Relevante aqui é o próprio momento aparentemente determinativo de Fanon, isto é, suas considerações sobre a doença mental como um efeito crucial da subjugação colonial. Infelizmente, não é possível dar-lhe a atenção que merece aqui. Tudo o que posso dizer é que isso merece ser examinado considerando como se situa na episteme interpretativa e tendo como pano de fundo as versões do materialismo histórico do século XX que eram mais explicitamente interpretativas.
13. D. Ferreira da Silva, "Hackeando o sujeito: Feminismo negro e recusa além dos limites da crítica".
14. A melhor imagem para capturar esse arranjo não é a tabela, mas, como indiquei acima, o fractal. Tomo emprestado o termo "fractal" por duas razões: primeiro, ele descreve a matéria sólida mais conhecida que não é transparente, mas opaca e, embora seus padrões sejam repetitivos, eles não são lisos ou lineares nem têm os atributos associados à perfeição ou a um design perfeito; segundo, a repetitividade da fractalidade é significativa porque sinaliza como, no que diz respeito à existência material, mudança não importa. Além disso, a lista anterior de termos identifica apenas algumas de uma série de correspondências que podem chegar a tantos arranjos possíveis quanto as quatro *elementa* básicas (partículas fundamentais) até agora identificadas pelos físicos de partículas — que são de dois tipos, férmions (quarks e léptons) e bósons (escalares e vetoriais).
15. I. Kant, *Crítica da razão pura*, pp. 108, 114.
16. Mas, se isso de alguma forma é uma tabela, se isso pode ser visto como um esquema classificatório (o que não é), é mais na linha da enciclopédia chinesa de Foucault (a materialidade é tanto uma perspectiva quanto uma subperspectiva) do que de qualquer coisa

que deriva autoridade da razão, em suas configurações subjetivas, universais ou transcendentais.

17. Discurso na Women's Rights Convention, Akron, Ohio, 1851. (N. T.)
18. Aqui as intra-ações de Karen Barad fornecem uma base para imagear o que acontece quando ferramentas sociocientíficas são mobilizadas para compreender a plenitude que é a existência. A sutil mas crucial diferença é que o indeterminado não é o "excluído constitutivo", pois não é ligado ao que é determinado e, como tal, não é uma das possibilidades já nomeadas, como uma partícula ou uma onda. O que me interessa não são as "exclusões" que são constitutivas, mas o fato de que elas não são tanto excluídas e sim não determinadas, isto é, nem mesmo uma opção. Apesar de aparentemente mínimo, usar o prefixo "in" ao invés do prefixo "não-" é um gesto crucial e necessário para a consideração do negativo como infinito, em vez de oposto.
19. Para a versão de Kant do livre-arbítrio, ver I. Kant, *Crítica da razão pura*. A versão de John Stuart Mill do utilitarismo é apresentada em específico nos seus escritos sobre o autointeresse como autodeterminação; ver J. S. Mill, *Sobre a liberdade*.
20. Homem2, na análise de Wynter acerca da episteme moderna, se refere à construção do sujeito como uma entidade econômica e biológica. Ver, de modo geral, S. Wynter, "Unsettling the Coloniality of Being/Power/Truth Freedom".
21. É. Glissant, *Poetics of Relation*, p. 111.
22. J. Butler, *Bodies That Matter*, p. 3.
23. Terada captura esse potencial quando discute a atribuição de Hegel do pensamento racial e da racialização à subalterna racial. Ver R. Terada, "Hegel's Racism for Radicals".
24. Para uma ativação da carne feminina des(s)generificada (\X), ver Denise Ferreira da Silva, "Hacking the Subject".
25. H. J. Spillers, "Bebê da mamãe, talvez do papai", p. 35; tradução adaptada. (N. T.)
26. O. E. Butler, *Kindred: Laços de sangue*, p. 261. (N. T.)
27. As equações de Einstein para a relatividade geral levam em conta a viagem no tempo para o passado, mas não para o futuro.
28. A percepção do tempo passando, a flecha do tempo, é dada pelo *calor*, que é o "progresso irreversível do calor em uma direção", ou entropia, que é capturada na segunda lei da termodinâmica. Ver C. Rovelli, *The Order of Time*, p. 23.

29. Em outras palavras, quando digo que a negra é não-branca, não se trata de um julgamento negativo que se aplica àquilo pertence à mesma região do que foi definido e especificado ou determinado. Nada é dito aqui sobre o que a negra é, somente que a negra é qualquer coisa e tudo o mais — toda a incompreensibilidade infinita que é a existência, isto é, aquilo que não entra na determinação do branco, aquilo que não é compreendido por essa categoria.
30. Esse famoso diagrama da autoenergia do elétron é chamado de um diagrama de Feynman. O físico quântico Richard Feynman criou várias imagens similares para expressar eventos quânticos complexos e contraintuitivos.
31. Como já afirmei antes, minha proposta difere da de Badiou. Essa figura talvez torne isso mais explícito, uma vez que espero que ela indique que não estou tão interessada no 1 como estou no fato de que ele nunca é encontrado sem $\infty - \infty$. Uma maneira de ler seu projeto é que ele está interessado no 1 (tanto como um "conta-como-um, ou estrutura" e "o um como efeito"). Esse interesse é consistente com sua proposta de uma ontologia informada pela teoria de conjuntos, que ele chama de uma ontologia matemática ou, de modo similar, com a sua visão de que matemática é ontologia (A. Badiou, *Being and Event*, p. 90). Incidentalmente, $1 + \infty - \infty$ não é mera reescrita do "$n-1$" de Deleuze e Guattari. Há muitos modos diferentes de nomear a diferença. Deixe-me dizer aqui que, ao contrário deles, não estou defendendo a multiplicidade: ver G. Deleuze e F. Guattari, *A Thousand Plateaus*, pp. 6, 27. O que me interessa é a complexidade intrínseca da composição singular que também sempre inclui o não-determinado e o não-determinável.
32. W. Benjamin, "The Doctrine of the Similar", p. 67.
33. Essa ideia de um *ser do mundo* foi inspirada por — bem como as toma emprestado e as combina — duas articulações que encontrei nos últimos anos. A primeira, que chamaria de ontológica, encontrei sugerida em Édouard Glissant, na crítica da transparência em geral. Em particular, encontro sua possibilidade indicada numa passagem de *Poetic Intention*, que citei; ver D. Ferreira da Silva, "Para uma poética negra feminista", p. 105. A segunda, que chamarei de ôntica, encontrei na articulação de Barad em sua tese da indeterminabilidade ontológica, na qual ela diz: "Questões sobre a natureza da mensuração — ou, mais amplamente, intra-ações — estão

no núcleo da física quântica. Intra-ações são práticas de fazer uma diferença, de cortar junto-separado, emaranhar-diferenciar (um movimento) no fazer dos fenômenos. Fenômenos — emaranhados de matéria/lização [*matter/ing*] através do espaçotempo — não estão no mundo, mas são *do* mundo. É importante notar que intra-ações não se limitam a práticas de mensuração baseadas-em-humanos" (K. Barad, *What Is the Measure of Nothingness?*, pp. 7-8). Não tenho conhecimento de quaisquer outras indicações. Contudo, ficaria surpresa se ninguém mais tivesse pensado nisso. A propósito, minha distinção entre uma versão ôntica e ontológica disso busca indicar os registros tratados por Glissant (filosófico/fenomenologia) e Barad (científico/física). Na minha versão do ser do mundo, essa distinção não faz sentido algum. O mesmo é verdade para a correlata distinção entre (o antiquíssimo tema filosófico da) existência e essência, ser e devir etc.

Passado anunciado [pp. 317-8]

1. Enquanto evento, viajar é uma probabilidade temporal, assim como nascer e morrer; é também tão temporal quanto a sequência do que acontece enquanto evento na vida de uma pessoa (biografia) ou na duração de um lugar (história). A única diferença, é claro — Newton e Kant me lembrariam —, é que ao viajar devemos levar em conta o espaço. Mas, novamente, o espaço só deve ser levado em consideração se a viagem for necessária.

Referências bibliográficas

AGAMBEN, Giorgio. *Homo Sacer: Sovereign Power and Bare Life*. Trad. de Daniel Heller-Roazen. Stanford: Stanford University Press, 1995. [Ed. bras.: *Homo Sacer: O poder soberano e vida nua*. Trad. de Henrique Burigo. Belo Horizonte: Ed. UFMG, 2004.]

ALTHUSSER, Louis. "Contradiction and Overdetermination". *New Left Review*, v. 1, n. 41, jan./fev. 1967, pp. 15-35.

ALTHUSSER, Louis et al. *Reading Capital: The Complete Edition*. Trad. de Ben Brewster e David Fernbach. Londres: Verso, 2016.

ARENDT, Hannah. *The Human Condition*. Chicago: University of Chicago Press, 1958.

BACON, Francis. "Advancement of Learning". In: SARGENT, Rose Mary (Org.). *Selected Philosophical Works*. Indianápolis: Hackett, 1999.

BADIOU, Alain. *Being and Event*. Trad. de Oliver Feltham. Londres: Continuum, 2007. [Ed. bras.: *O Ser e o Evento*. Trad. de Maria Luiza X. de A. Borges. Rio de Janeiro: Zahar, 1996.]

_____. "A Philosophy for Militants: Alain Badiou Interviewed by Aaron Hess". *International Socialist Review*, n. 95, inverno 2014-5. Disponível em: <https://isreview.org/issue/95/philosophy-militants>.

BARAD, Karen. *Meeting the Universe Halfway: Quantum Physics and the Entanglement of Matter and Meaning*. Durham, EUA: Duke University Press, 2007.

_____. *What Is the Measure of Nothingness? Infinity, Virtuality, Justice*. Berlim: Hatje Cantz, 2012.

BARRETT, Lindon. *Blackness and Value: Seeing Double*. Cambridge, RU: Cambridge University Press, 2009.

BECKERT, Sven. *Empire of Cotton: A Global History*. Nova York: Alfred A. Knopf, 2014.

BENJAMIN, Walter. "The Doctrine of the Similar". Trad. de Knut Tarnowski. *New German Critique*, n. 17, verão 1979, pp. 66-9.

BHANDAR, Brenna. *Colonial Lives of Property: Law, Land, and Racial Regimes of Ownership*. Durham, EUA: Duke University Press, 2018.

BOAS, Franz. *The Mind of Primitive Man*. Nova York: Free Press, 1963. [Ed. bras.: *A mente do ser humano primitivo*. Trad. de José Carlos Pereira. Petrópolis: Vozes, 2017.]

Brown v. Board of Education, 347 US 483. Suprema Corte dos Estados Unidos, 1954.

BUREAU OF LABOR Statistics, Departamento do Trabalho dos Estados Unidos. "Unemployment Rate Unchanged at 3.6 Percent in May 2019". *Economics Daily*, 12 jun. 2019. Disponível em: <https://www.bls.gov/opub/ted/2019/unemployment-rate-unchanged-at-3-point-6-percent-in-may-2019.htm?view_full>.

BUTLER, Judith. *Bodies That Matter: On the Discursive Limits of Sex*. Nova York: Routledge, 1993.

BUTLER, Octavia E. *Kindred*. Boston: Beacon Press, 1988. [Ed. bras.: *Kindred: Laços de sangue*. Trad. de Carolina Caires Coelho. São Paulo: Morro Branco, 2019.]

CANGUILHEM, Georges. *A Vital Rationalist: Selected Writings from Georges Canguilhem*. Org. de François Delaporte. Trad. de Arthur Goldhammer. Nova York: Zone Books, 2000.

CARDOSO, Fernando Henrique; FALETTO, Enzo. *Dependência e desenvolvimento na América Latina*. Rio de Janeiro: Zahar, 1970.

CHANDLER, Nahum Dimitri. *X: The Problem of the Negro as a Problem for Thought*. Nova York: Fordham University Press, 2013.

CONNELLY, Roxanne; GAYLE, Vernon; LAMBERT, Paul S. "Ethnicity and Ethnic Group Measures in Social Survey Research". *Methodological Innovations*, jan. 2016. Disponível em: <https://doi.org/10.1177/2059799116642885>.

The Constitution of the United States: A Transcription. National Archives, US National Archives and Records Administration, [s. d.]. Disponível em: <https://www.archives.gov/founding-docs/constitution-transcript>.

COULTHARD, Glen Sean. *Red Skin, White Masks: Rejecting the Colonial Politics of Recognition*. Mineápolis: University of Minnesota Press, 2014.

COX, Oliver C. *Caste, Class, and Race: A Study in Social Dynamics*. Nova York: Monthly Review Press, 1948.

DELEUZE, Gilles; GUATTARI, Félix. *A Thousand Plateaus: Capitalism and Schizophrenia*. Trad. de Brian Massumi. Mineápolis: University of Minnesota Press, 2005.

DERRIDA, Jacques. "Racism's Last Word". Trad. de Peggy Kamuf. *Critical Inquiry*, v. 12, n. 1, 1985, pp. 290-9.

DOUGLASS, Frederick. "The Color Line". *North American Review*, v. 132, n. 295, jun. 1881, pp. 567-77. [Ed. bras.: "A linha de cor". In: DOUGLASS, Frederick. *Narrativa da vida de Frederick Douglass: E outros textos*. Trad. de Odorico Leal. São Paulo: Penguin-Companhia das Letras, 2021.]

Dred Scott v. Sanford, 60 US 393. Suprema Corte dos Estados Unidos, 1857. Our Documents. Disponível em: <https://www.ourdocuments.gov/doc.php?flash=false&doc=29&page=transcript>.

DU BOIS, William E. B. *The Souls of Black Folk*. Nova York: Bantam Books, 1989. [Ed. bras.: *As almas do povo negro*. Trad. de Alexandre Boide. São Paulo: Veneta, 2021.]

_____. *The Autobiography of W. E. B. Du Bois*. Oxford: Oxford University Press, 2007.

DURKHEIM, Émile. *The Elementary Forms of the Religious Life*. Trad. de Joseph Ward Swain. Nova York: Dover, 2008.

EUCLIDES. *The Thirteen Books of Euclid's Elements*, 1. Trad. de Sir Thomas L. Heath. 2. ed. Nova York: Dover, 1965. [Ed. bras.: *Os elementos*. Trad. de Irineu Bicudo. São Paulo: Unesp, 2009.]

EVARISTO, Conceição. *Olhos d'água*. Rio de Janeiro: Pallas, 2020.

FANON, Frantz. *The Wretched of the Earth*. Trad. de Constance Farrington. Nova York: Grove Press, 1963. [Ed. bras.: *Os condenados da terra*. Trad. de Ligia Fonseca Ferreira e Regina Salgado Campos. Rio de Janeiro: Zahar, 2022.]

FERGUSON, Roderick A. *Aberrations in Black: Toward a Queer of Color Critique*. Mineápolis: University of Minnesota Press, 2004.

FERREIRA DA SILVA, Denise. "An Introduction: The Predicament of Brazilian Culture". *Social Identities*, v. 10, n. 6, 2004, pp. 719-34.

_____. *Toward a Global Idea of Race*. Mineápolis: University of Minnesota Press, 2007. [Ed. bras.: *Homo modernus: Para uma ideia global de raça*. Rio de Janeiro: Cobogó, 2023.]

_____. "No-Bodies: Law, Raciality and Violence". *Griffith Law Review*, v. 18, n. 2, 2009, pp. 212-36. [Ed. bras.: "Ninguém: Direito, racialidade e violência". *Meritum,* Belo Horizonte, v. 9, n. 1, 2014, pp. 67-117.]

_____. "Toward a Black Feminist Poethics: The Quest(ion) of Blackness towards the End of the World". *Black Scholar,* v. 44, n. 2, 2014. [Ed. bras.: "Para uma poética negra feminista: a busca/questão da negridade para o (fim do) mundo". In: _____. *A dívida impagável*. Trad. de Amilcar Packer e Pedro Daher. São Paulo: Oficina -

<https://casadopovo.org.br/wp-content/uploads/2020/01/a-divida impagavel.pdf>.]

FERREIRA DA SILVA, Denise. "Before Man: Sylvia Wynter's ReWriting of the Modern Episteme". In: MCKITTRICK, Katherine (Org.). *Sylvia Wynter: On Being Human as Praxis*. Londres: Duke University Press, 2015, pp. 90-105.

_____. "On Difference without Separability". In: VOLZ, Jochen; REBOUÇAS, Júlia (Orgs.). *32ª Bienal de São Paulo: Incerteza Viva*. São Paulo: Fundação Bienal de São Paulo, 2016, pp. 57-66. [Ed. bras.: "Sobre diferença sem separabilidade". In: VOLZ, Jochen; REBOUÇAS, Júlia (Orgs.). *32ª Bienal de São Paulo: Incerteza Viva*. São Paulo: Fundação Bienal de São Paulo, 2016, pp. 57-66.]

_____. "Fractal Thinking". *aCCeSsions*, n. 2, 27 abr. 2016. Disponível em: <https://accessions.org/article2/fractal-thinking/>. [Ed. bras.: "Pensamento fractal". Trad. de Mariana dos Santos Faciulli e Nicolau Gayão. Plural, v. 27, n. 1, 2020, pp. 206-14. Disponível em: <https://doi.org/10.11606/issn.2176-8099.pcso.2020.163159>.]

_____. "The Racial Limits of Social Justice: The Ruse of Equality of Opportunity and the Global Affirmative Action Mandate". *Critical Ethnic Studies*, v. 2, n. 2, outono 2016, pp. 184-209.

_____. "$1 \text{ (life)} \div 0 \text{ (blackness)} = \infty - \infty \text{ or } \infty / \infty$: On Matter beyond the Equation of Value". *e-flux journal*, n. 79, fev. 2017. Disponível em: <https://www.e-flux.com/journal/79/94686/1life-o-blackness-or-on-matter-beyond-the-equation-of-value/>. [Ed. bras.: "$1 \text{ (vida)} \div 0 \text{ (negridade)} = \infty - \infty \text{ ou } \infty / \infty$: sobre a matéria além da equação de valor". In: _____. *A dívida impagável*. Trad. de Amilcar Packer e Pedro Daher. São Paulo: Oficina de Imaginação Política e Living Commons, 2019. Disponível em: <https://casadopovo.org.br/wp-content/uploads/2020/01/a-divida-impagavel.pdf>.]

_____."Blacklight". In: MOLLOY, Clare; PIROTTE, Philippe; SCHÖNEICH, Fabian (Orgs.). *Otobong Nkanga: Luster and Lucre*. Berlim: Sternberg Press, 2017, pp. 245-52.

_____. "Scene of Nature". In: DESAUTELS-STEIN, Justin; TOMLINS, Christopher (Orgs.). *Searching for Contemporary Legal Thought*. Cambridge, RU: Cambridge University Press, 2017, pp. 275-89.

_____. "Unpayable Debt: Reading Scenes of Value against the Arrow of Time". In: LATIMER, Quinn; SZYMCZYK, Adam (Orgs.). *The docu-*

menta 14 Reader. Munique: Prestel, 2017, pp. 81-112. [Ed. bras.: "A dívida impagável: lendo cenas de valor contra a flecha do tempo". In: _____. *A dívida impagável*. Trad. de Amilcar Packer e Pedro Daher. São Paulo: Oficina de Imaginação Política e Living Commons, 2019, pp. 149-84. Disponível em: <https://casadopovo.org.br/wp-content/uploads/2020/01/a-divida-impagavel.pdf>.]

FERREIRA DA SILVA, Denise "Hacking the Subject: Black Feminism and Refusal beyond the Limits of Critique". *philoSOPHIA: A Journal of Continental Feminism*, v. 8, n. 1, 2018, pp. 19-41. [Ed. bras.: "Hackeando o sujeito: Feminismo negro e recusa além dos limites da crítica". Trad. de Fernanda Silva e Sousa. In: BARZAGHI, Carla; PATERNIANI, Stella; ARIAS, André (Orgs.). *Pensamento negro radical*. São Paulo: Crocodilo, 2021, pp. 193-225.]

_____. "Reading the Dead: A Black Feminist Poethical Reading of Global Capital". In: KING, Tiffany L.; NAVARRO, Jenell; SMITH, Andrea (Orgs.). *Otherwise Worlds: Against Settler Colonialism and Anti-Blackness*. Londres: Duke University Press, 2020, pp. 38-51.

FORTUNATI, Leopoldina. *The Arcane of Reproduction: Housework, Prostitution, Labor and Capital*. Trad. de Hilary Creek. Nova York: Autonomedia, 1995.

FOUCAULT, Michel. *The Order of Things: An Archaeology of the Human Sciences*. Nova York: Vintage, 1994. [Ed. bras.: *As palavras e as coisas: Uma arqueologia das ciências humanas*. Trad. de Salma Tannus Muchail. São Paulo: Martins Fontes, 2000.]

_____. *"Society Must Be Defended"*. Trad. de David Macey. Nova York: Picador, 2003. (Coleção Lectures at the Collège de France, 1975-6). [Ed. bras.: *Em defesa da sociedade: Curso no Collège de France, 1975-76*. Rio de Janeiro: WMF Martins Fontes, 2005.]

FRANK, Andre Gunder. "The Development of Underdevelopment". *Monthly Review*, v. 18, n. 4, 1966.

GALILEU. *The Two New Sciences*. Trad. de Stillman Drake. Toronto: Wall & Emerson, 2000.

_____. *Dialogue Concerning the Two Chief World Systems*. Trad. de Stillman Drake. Nova York: Modern Library, 2001.

GLAZER, Nathan; MOYNIHAN, Daniel P. *Beyond the Melting Pot: The Negroes, Puerto Ricans, Jews, Italians, and Irish of New York City*. Cambridge, EUA: MIT Press, 1970.

GLISSANT, Édouard. *Poetics of Relation*. Trad. de Betsy Wing. Ann Arbor: University of Michigan Press, 1990.

GOULD, Carol C. *Marx's Social Ontology: Individuality and Community in Marx's Theory of Social Reality*. Cambridge, EUA: MIT Press, 1980.

HALL, Stuart. "Race, Articulation, and Societies Structured in Dominance". In: BAKER JR., Houston A.; DIAWARA, Manthia; LINDEBORG, Ruth H. (Orgs.). *Black British Cultural Studies: A Reader*. Chicago: University of Chicago Press, 1996, pp. 16-60.

HARRIS, Cheryl. "Whiteness and Property". *Harvard Law Review*, v. 106, n. 8, jun. 1993, pp. 1707-91.

HARTMAN, Saidiya. *Scenes of Subjection: Terror, Slavery, and Self-Making in Nineteenth-Century America*. Nova York: Oxford University Press, 1997.

HARVEY, David. "The 'New' Imperialism: Accumulation by Dispossession". In: PANITCH, Leo; LEYS, Colin (Orgs.). *Socialist Register 2004: The New Imperial Challenge*. Londres: Merlin Press, 2003. [Ed. bras.: *O novo imperialismo*. Trad. de Adail Sobral e Maria Stela Gonçalves. São Paulo: Loyola, 2005.]

_____. *The Ways of the World*. Oxford: Oxford University Press, 2016. [Ed. bras.: *Os sentidos do mundo*. Trad. de Artur Renzo. São Paulo: Boitempo, 2020.]

HEGEL, Georg W. F. *Phenomenology of Spirit*. Trad. de A. V. Miller. Oxford: Oxford University Press, 1977. [Ed. bras.: *Fenomenologia do espírito*, 2 v. Trad. de Paulo Meneses. Petrópolis: Vozes, 1992.]

_____. *Outline of the Philosophy of Right*. Org. de Stephen Houlgate. Trad. de T. M. Knox. Oxford: Oxford University Press, 2008.

_____. *The Science of Logic*. Trad. e org. de George di Giovanni. Cambridge, RU: Cambridge University Press, 2010. [Ed. bras.: *Ciência da lógica: A doutrina do ser*. v. 1. Trad. de Christian G. Iber, Marloren L. Miranda e Federico Orsini. Petrópolis: Vozes, 2016.]

HUSSERL, Edmund. *The Crisis of European Sciences and Transcendental Phenomenology*. Trad. de David Carr. Evanston: Northwestern University Press, 1970. [Ed. bras.: *A crise das ciências europeias e a fenomenologia transcendental: Uma introdução à filosofia fenomenológica*. Trad. de Diogo Falcão Ferrer. Rio de Janeiro: Forense Universitária, 2012.]

_____. *General Introduction to a Pure Phenomenology*. Trad. de F. Kersten. Haia: Martinus Nijhoff, 1983. (Coleção Ideas Pertaining to a Pure Phenomenology and to a Phenomenological Philosophy, 1). [Ed. bras.: *Introdução geral à fenomenologia pura. Ideias para uma fenome-

nologia pura e para uma filosofia fenomenológica, v. 1. Trad. de Márcio Suzuki. Aparecida: Ideias & Letras, 2004.]

JAMES, Joy. "Captive Maternal Love: Octavia Butler and Sci-Fi Family Values". In: GOODMAN, Robin (Org.). *Literature and the Development of Feminist Theory*. Cambridge, RU: Cambridge University Press, 2015, pp. 185-99.

_____. "The Womb of Western Theory: Trauma, Time, Theft, and the Captive Maternal". *Carceral Notebooks*, v. 12, 2016, pp. 253-96.

JUDY, R. A. *Sentient Flesh: Thinking in Disorder, Poiēsis in Black*. Durham, EUA: Duke University Press, 2020.

KANT, Immanuel. *Critique of Pure Reason*. Trad. e org. de Paul Guyer e Allen W. Wood. Cambridge, RU: Cambridge University Press, 1998. [Ed. bras.: *Crítica da razão pura*. 4. ed. Trad. de Fernando Costa Mattos. Petrópolis: Vozes, 2015.]

_____. *Critique of the Power of Judgment*. Trad. de Paul Guyer e Eric Matthews. Cambridge, RU: Cambridge University Press, 2000. [Ed. bras.: *Crítica da faculdade de julgar*. Trad. de Fernando Costa Mattos. Petrópolis: Vozes, 2016.]

_____. *Critique of Practical Reason*. Trad. de Mary Gregor. Cambridge, RU: Cambridge University Press, 2015.

KING, Tiffany Lethabo; NAVARRO, Jenell; SMITH, Andrea (Orgs.). *Otherwise Worlds: Against Settler Colonialism and Anti-Blackness*. Durham, EUA: Duke University Press, 2020.

LEVINE, Sam; RAO, Ankita. "In 2013 the Supreme Court Gutted Voting Rights — How Has It Changed the US?". *The Guardian*, 25 jun. 2020. Disponível em: <https://www.theguardian.com/us-news/2020/jun/25/shelby-county-anniversary-voting-rights-act-consequences>.

LLOYD, David. *Under Representation: The Racial Regime of Aesthetics*. Nova York: Fordham University Press, 2019.

LOCKE, John. *The Second Treatise on Civil Government*. Indianápolis: Hackett, 1980. [Ed. bras.: "Segundo tratado sobre o governo civil". In: _____. *Segundo tratado sobre o governo civil e outros escritos*. Trad. de Magda Lopes e Marisa Lobo da Costa. Petrópolis: Vozes, 2019.]

_____. *An Essay Concerning Human Understanding*. Londres: JM Dent, 1993.

LORDE, Audre. "The Master's Tools Will Never Dismantle the Master's House". In: _____. *Sister Outsider: Essays and Speeches*. Berkeley: Crossing Press, 2007, pp. 110-4. [Ed. bras.: "As ferramentas do senhor nunca derrubarão a casa-grande". In: _____. *Irmã Outsider*:

Ensaios e conferências. Trad. de Stephanie Borges. Belo Horizonte: Autêntica, 2019.]

LUKÁCS, Georg. *History and Class Consciousness: Studies in Marxist Dialectics*. Trad. de Rodney Livingstone. Cambridge, EUA: MIT Press, 1972.

LUXEMBURG, Rosa. *The Accumulation of Capital*. Trad. de Agnes Schwarzschild. Londres: Routledge Classics, 2003. [Ed. bras.: *A acumulação do capital*. Trad. de Moniz Bandeira. Rio de Janeiro: Zahar, 1970.]

MARX, Karl. *Capital: A Critical Analysis of Capitalist Production*, v. 1. Org. de Friedrich Engels. Trad. de Samuel Moore and Edward Aveling. Londres: Swan Sonnenschein, Lowrey, 1889. [Ed. bras.: *O capital: Crítica da economia política*, v. 1. Trad. de Rubens Enderle. São Paulo: Boitempo, 2013.]

_____. *Capital: A Critique of Political Economy*, v. 3: The Process of Capitalist Production as a Whole. Org. de Friedrich Engels. Nova York: International Publishers, [s. d.]. Disponível em: <https://www.marxists.org/archive/marx/works/download/pdf/Capital-Volume-III.pdf>.

_____. *Grundrisse: Foundations of the Critique of Political Economy*. Trad. de Martin Nicolaus. Londres: Penguin, 1993. [Ed. bras.: *Grundrisse: Manuscritos econômicos de 1857-1858: Esboços da crítica da economia política*. Trad. de Mario Duayer e Nélio Schneider. São Paulo: Boitempo; Rio de Janeiro: Ed. UFRJ, 2011.]

MCKITTRICK, Katherine (Org.). *Sylvia Wynter: On Being Human as Praxis*. Londres: Duke University Press, 2015.

MILL, John Stuart. *On Liberty*. Nova York: Penguin Classics, 2007.

MONTERO, Roberto. "Love in the Flesh, Toni Morrison and Hortense Spillers 30 Years after 'Beloved' and 'Mama's Baby, Papa's Maybe'". *Alpenglow: Binghamton University Undergraduate Journal of Research and Creative Activity*, v. 4, n. 1, 2018. Disponível em: <https://orb.binghamton.edu/alpenglowjournal/vol4/iss1/4>.

MOTEN, Fred. *In the Break: The Aesthetics of the Black Radical Tradition*. Mineápolis: University of Minnesota Press, 2003.

_____. "The Subprime and the Beautiful". *African Identities*, v. 11, n. 2, 2013, pp. 237-45.

MOYNIHAN, Daniel P. *The Negro Family: The Case for National Action*. Office of Policy Planning and Research, United States Department of Labor, mar. 1965. Disponível em: <https://web.stanford.edu/~mrosenfe/Moynihan%27s%20The%20Negro%20 Family.pdf>.

MYRDAL, Gunnar. *An American Dilemma: The Negro Problem and Modern Democracy*. Nova York: Harper & Row, 1962.

PARK, Robert E. "The Nature of Race Relations". In: BLACK, Les; SOLOMOS, John (Orgs.). *Theories of Race and Racism: A Reader*. Londres: Routledge, 2000, pp. 105-12.

PERALTA, Eyder; CALAMUR, Krishnadev. "Ferguson Documents: How the Grand Jury Reached a Decision". NPR, 25 nov. 2014. Disponível em: <https://www.npr.org/sections/thetwoway/2014/11/25/366507379/ferguson-docs-how-the-grand-juryreached-a-decision>.

Plessy v. Ferguson, 163 US 537. Suprema Corte dos Estados Unidos, 1896.

QUIJANO, Aníbal. "Coloniality of Power, Eurocentrism, and Latin America". *Views from South*, v. 1, n. 3, 2000, pp. 533-80. [Ed. bras.: "Colonialidade do poder, eurocentrismo e América Latina". *CLACSO*, set. 2005.]

ROBINSON, Cedric J. "Capitalism, Marxism, and the Black Radical Tradition: An Interview with Cedric Robinson". Entrevista por Chuck Morse. *Perspectives on Anarchist Theory*, v. 3, n. 1, primavera 1999. Disponível em: <http://www.hartford-hwp.com/archives/45a/568.html>.

_____. *Black Marxism: The Making of the Black Radical Tradition*. Chapel Hill: University of North Carolina Press, 2000.

ROVELLI, Carlo. *The Order of Time*. Trad. de Simon Carnell e Erica Segre. Nova York: Riverhead, 2018.

SLAC National Accelerator Laboratory. "SuperCDMS | Super Cryogenic Dark Matter Search". Disponível em: <https://supercdms.slac.stanford.edu/overview>.

SPENCER, Herbert. *First Principles*. 2. ed. Londres: Williams and Norgate, 1867.

SPILLERS, Hortense J. "Mama's Baby, Papa's Maybe: An American Grammar Book". *Diacritics*, v. 17, n. 2, verão 1987, pp. 64-81. [Ed. bras.: "Bebê da mamãe, talvez do papai: Uma gramática estadunidense". Trad. de Kênia Freitas e Allan K. Pereira. In: BARZAGHI, Carla; PATERNIANI, Stella; ARIAS, André (Orgs.). *Pensamento negro radical: Ontologia de ensaios*. São Paulo: Crocodilo, 2021.]

SPILLERS, Hortense J. et al. "'Whatcha Gonna Do?' Revisiting 'Mama's Baby, Papa's Maybe: An American Grammar Book'". *Women's Studies Quarterly*, v. 35, n. 1/2, primavera/verão 2007, pp. 299-309.

SPIVAK, Gayatri Chakravorty. *A Critique of Postcolonial Reason: Toward a History of the Vanishing Present*. Cambridge, EUA: Harvard University Press, 1999. [Ed. bras.: *Crítica da razão pós-colonial: Por uma história do presente fugidio*. Trad. de Lucas Carpinelli. São Paulo: Politeia, 2022.]

TERADA, Rei. "The Racial Grammar of Kantian Time". *European Romantic Review*, v. 28, n. 3, 2017, pp. 267-78.

_____. "Hegel's Racism for Radicals". *Radical Philosophy*, v. 2, n. 5, outono 2019, pp. 11-22.

THOMPSON, E. P. *The Making of the Working Class*. Nova York: Vintage, 1966. [Ed. bras.: *A formação da classe operária inglesa*, v. 1-3. São Paulo: Paz e Terra, 2012.]

TOMBA, Massimiliano. *Marx's Temporalities*. Leiden: Brill, 2013.

TOMICH, Dale W. *Through the Prism of Slavery: Labor, Capital, and World Economy*. Oxford: Roman & Littlefield, 2004.

TRUTH, Sojourner. "Ain't I a Woman?". *National Park Service*. Disponível em: <https://www.nps.gov/articles/sojourner-truth.htm>.

TURE, Kwame; HAMILTON, Charles V. *Black Power: The Politics of Liberation*. Nova York: Vintage, 1992.

UNESCO. *Four Statements on the Race Question*. Paris: Unesco, 1969. Disponível em: <https://unesdoc.unesco.org/ark:/48223/pf0000122962>.

VERNON, Jeremy. "The Black Panthers' 10-Point Program". *Black Power in American Memory*, 18 abr. 2017. Disponível em: <http://blackpower.web.unc.edu/2017/04/the-black-panthers-10-point-program/>. [Disponível em português em: <https://www.google.com/url?q=https://periodicos.unb.br/index.php/insurgencia/article/download/19023/17593/32101&sa=D&source=docs&ust=1678570127392752&usg=AOvVaw1XxxAQRsoj6STQjd8Bm8l4>]

VITALE, Sarah. "Beyond *Homo Laborans*: Marx's Dialectical Account of Human Essence". *Social Theory and Practice*, v. 46, n. 3, jul. 2020, pp. 633-55.

WALLERSTEIN, Immanuel. *The Modern World-System: Capitalist Agriculture and the Origins of European World-Economy in the Sixteenth Century*. Nova York: Academic Press, 1974.

WEBER, Max. *Economy and Society: An Outline of Interpretive Sociology*, v. 1. Org. de Guenther Roth e Claus Wittich. Berkeley: University of California Press, 1978.

WEHELIYE, Alexander G. *Habeas Viscus: Racializing Assemblages, Biopolitics, and Black Feminist Theories of the Human*. Durham, EUA: Duke University Press, 2014.

WILDERSON, Frank B., III. "The Prison Slave as Hegemony's (Silent) Scandal". In: JAMES, Joy (Org.). *Warfare in the American Homeland: Policing and Prison in a Penal Democracy*. Durham, EUA: Duke University Press, 2007, pp. 23-34.

WILLIAMS, Raymond. *Marxism and Literature*. Oxford: Oxford University Press, 2009. [Ed. bras.: *Marxismo e literatura*. Trad. de Waltensir Dutra. Rio de Janeiro: Zahar, 1979.]

WOLFE, Patrick. "Settler Colonialism and the Elimination of the Native". *Journal of Genocide Research*, v. 8, n. 4, 2006, pp. 387-409.

WYNTER, Sylvia. "Unsettling the Coloniality of Being/Power/Truth/Freedom: Towards the Human, After Man, Its Overrepresentation — An Argument". *CR: The New Centennial Review*, v. 3, n. 3, 2003, pp. 257-337.

WYNTER, Sylvia; MCKITTRICK, Katherine. "Unparalleled Catastrophe for Our Species? or, To Give Humanness a Different Future: Conversations". In: MCKITTRICK, Katherine (Org.). *Sylvia Wynter: On Being Human as Praxis*. Londres: Duke University Press, 2015, pp. 57-8.

ŽIŽEK, Slavoj. *The Fragile Absolute, or Why Is the Christian Legacy Worth Fighting For?*. Londres: Verso, 2000.

_____. "We Can't Address the EU Refugee Crisis without Confronting Global Capitalism". *In These Times*, nov. 2015. Disponível em: <http://inthesetimes.com/article/18385/slavoj-zizek-european-refugee-crisis-and-global-capitalism>.

Índice remissivo

abolição da escravidão, 39, 171, 352n
acumulação negativa, 254
acumulação primitiva, 189-92, 197-201, 210, 228
acumulação via espoliação, 192, 197
Agamben, Giorgio, 351n
"Ain't I a Woman?"[E eu não sou uma mulher?] (Truth), 292, 301
algodão ver fuso, discussão sobre o
alienação, 255, 370n
Althusser, Louis, 183, 336n
antropologia ver ciência social
apartheid, 349n
Arendt, Hannah, 335n
autoridade, 136, 149-50, 171

Badiou, Alain, 131-3, 231, 365n, 376n
Barad, Karen, 285, 290, 312-3, 325n, 375n, 376n
Barrett, Lindon, 75
Bataille, Georges, 352n
Benjamin, Walter, 305, 313
Black Marxism [Marxismo negro] (Robinson), 174-81
Boas, Franz, 112
branquidade, 35, 63, 92, 98, 142, 156-7, 228, 352n, 376n
Brown versus Board of Education, 342n
brutalidade policial ver sistema de justiça criminal, brutalidade policial
Butler, Judith, 333n
Butler, Octavia E., 15, 21, 83, 162, 169, 223, 269, 303, 306

calor, 264, 267, 317, 375
Canguilhem, Georges, 128

capacidade criativa ver trabalho, capacidade criativa
capital: acumulação e, 189-90, 224; o Colonial e ver Colonial, o, capital e; o problema da unidade, 177-84, 186, 190-1, 194, 202-3, 356n; o Racial e ver capitalismo racial; Racial, o, capital e; totalidade do, 61, 192, 199, 201-3, 219, 227
capital, O (Marx), 194; alienação, 257; equação do valor, 251; sobre o Colonial, 209; sobre trabalho, 200, 233-4, 239-42, 247, 260, 359n; sobre trabalho escravo, 215-8, 366-7n
capital global, 25, 64-6, 76, 81, 160, 226-8, 356n
capitalismo racial, 46, 174, 177, 254
Carmichael, Stokely, 172
carne feminina de(s)generificada, 26, 270, 288, 292-4, 305, 324n, 329n
carne ferida, 30, 32-3, 41-2, 125
categoria de trabalho ver trabalho, categoria de
categorização, 102-3
categorização científica, 14, 35-6, 91, 103, 113-5, 130, 154, 158, 220
cativa materna, 324n
Chandler, Nahum Dimitri, 109-11, 208, 300, 307, 329n, 341n, 354n
cidadão, 69-81
Ciência do Homem: diferença racial, 49, 91-2, 103, 118, 128, 350n; escravidão, justificativa da, 43, 152, 332n, 353n; fenomenologia, 111-6
ciência social, 63, 91-3, 99, 103, 112, 115, 132, 138, 346n
ciência, trabalho e, 259

cognição, 274; ver também Eu penso
Coisa, a (das Ding), 18, 36, 47-52, 57, 98, 120, 122, 147, 277, 283
Colonial, o, 24, 30, 42, 331n; capital e, 198, 250, 260; configuração política, 221; o Econômico e, 227; o Jurídico e, 43-4, 190; racial e ver Racial, o, o Colonial e; violência total e, 62-3
colonialidade do poder, 65-7
colônias, 209-15, 221, 258-9, 304, 372n, 373n
compreensibilidade, 30, 41, 56, 94
conceptum, 128, 186, 213, 259, 262
condado de Shelby versus Holder, 323n
conhecimento científico, 56, 88, 90, 119-20, 123, 128
consciência racial, 136, 156
Constituição dos EUA, 363n
construção a priori, 55, 113, 116, 119, 121, 124, 277
cor da pele, 30-2, 34-6, 40, 42, 49, 74, 86, 95, 115-6, 127, 280
corpo cativa, 31-2, 35, 37, 39, 52-3, 79, 107, 155
corpo-mente, 23-4
corpus infinitum, 270, 276, 286, 311
Cósmico, o, 275, 278, 315
Coulthard, Glen, 193
Cox, Oliver C., 137, 140-1, 287, 355n
crise dos refugiados, 226-31
crise econômica global (2007-08), 14
Crítica da faculdade de julgar (Kant), 119
Crítica da razão prática (Kant), 71
Crítica da razão pura (Kant), 120, 116

Dana (Kindred): Alice e, 84, 87, 94, 162; carne, 71-2, 270; corpo ferida, 25-6, 270, 279, 306-9; discussão sobre documentos, 21-4; emaranhamento quântico, 317, 319; herança da dívida, 15-6, 68-73, 77, 86-7, 93, 101, 125, 160, 174, 291, 306; mobilização ética, 76; Rufus e, 71, 86, 117, 170-1; tempo presente, 224; viagem no tempo, 16, 162-8, 172, 309
datum, 91-2, 100, 112-3, 115, 130, 132, 138-9, 150, 199
de(s)generificada ver carne feminina de(s)generificada
delimitação, 195, 218-20, 240-1, 248, 311
Derrida, Jacques, 133-4, 208
Descartes, René, 120, 123, 345n
despossessão ver acumulação via espoliação; Econômico, o, despossessão econômica
desumanização, 103
determinabilidade, 16, 56, 104, 123-5, 224, 234, 280, 308
dialética racial, 106, 108, 127, 129, 280-1; ciência e, 28, 44, 104, 136, 139; dívida e, 156-60, 163; o Econômico e, 18-9, 63, 68, 136, 201, 224-8, 289; interpretativa, 142-4, 146; tempo e, 14
diferença racial, 67, 113
dignidade, 151-4, 299
dinheiro, 42, 213, 234, 236, 243, 248-50, 254, 265, 369n
discurso sobre a raça, 134-8, 228, 351n
documentos ver título
Douglass, Frederick, 105-6, 109, 111, 114-5, 118, 125-6, 129, 151, 307, 314
Dred Scott versus Sanford, 69, 73, 98, 338n, 351n
Du Bois, W. E. B., 88-9, 92, 97, 100, 109-11, 114, 226, 300, 307, 339, 354n, 358n
Durkheim, Émile, 327n

Econômico, o: acumulação e, 189; o Colonial e, 182-3; despossessão econômica, 118, 143, 175, 192, 213; o Jurídico e, 19, 198, 213
eficácia, 122, 124-5, 130-1, 204-6
elementa ver matéria-prima/ matéria bruta

Índice remissivo

Elemental, 0, 42, 71, 78, 174, 277-9, 290, 315
emaranhado de violência, 189-92, 198, 200-1, 210, 213-4, 231
emaranhamento quântico, 353n
empatia, falha da, 299
encarceramento ver sistema de justiça criminal, encarceramento
entendimento, 116, 119, 122-4, 302
equivalência, 235, 238, 248-9
escravidão, 31, 50, 73, 78, 86
Estado, racismo de ver racismo de Estado
Estado-Capital, 175
estereótipos, 102-3, 341n
etnicidade: ciência e, 95, 326n, 330n; como dominação, 29-30, 36, 89, 138; eficácia da, 326n
Eu formal, 298
Eu penso, 121, 168, 185, 275, 345n
Eu transcendental, 284, 300
Eu transparente, 14, 24-5, 59, 61, 89, 103, 108, 110, 113, 127, 142, 147, 160-1, 202, 225, 237, 253, 265, 273-4, 281-5, 303, 314, 348n, 355n
Euclides, axiomas de, 101, 120, 307, 344n
Evaristo, Conceição, 77
excesso de energia, 352n
existência, imagem da ver imagem da existência
exploração, 371n
expropriação, 31, 107, 212, 229, 237, 261, 266, 272, 362n, 372n

Família negra, a, 28-9, 34-5, 95, 99, 130, 142
Fanon, Frantz, 41, 59-64, 94, 314, 331n, 374n
feminismo, 260, 329n
fenomenologia, 90, 93, 99, 112-4, 119, 130, 132, 142, 162, 348n
Ferguson, Roderick, 331n
ferramenta poética, 196, 259, 315, 324n

ferramentas científico-sociais do conhecimento racial, 28, 36, 49, 95, 100, 118, 138, 142, 150, 335n; dialética racial e, 155; relações raciais e, 140, 183
ferramentas do senhor, 280-1, 289
Feynman, diagrama de, 376n
figuratividade, 32, 245, 281, 290-6, 298, 303
física, 72, 206, 234, 265, 275-6, 284, 312-3, 317, 346n, 373n; emaranhamento quântico, 374n
formalidade, 56, 95, 121-5, 132, 140
Foucault, Michel, 128, 133-6, 137, 145-6, 161, 228, 333n, 351n, 355n
fractalidade, 68, 314, 316, 374n
fungibilidade, 25, 99, 153-4, 217, 283, 299
fuso, discussão sobre o, 251-2, 272, 367-70n

Galileu Galilei, 54-5, 121
Glissant, Édouard, 302, 376n
global, capital ver capital global
Gramsci, Antonio, 59-64, 183
Grundrisse (Marx), 201-2, 208, 239, 363n, 366n

Hall, Stuart, 175, 177-8, 181-6, 188, 193
Hamilton, Charles, 172
Hartman, Saidiya, 97-9, 107-8, 148, 150, 157, 299, 332-3n, 352n
Harvey, David, 190-2, 197, 202
Hegel, Georg W. F., 55, 63, 119, 136, 145, 186, 204, 284, 291, 298, 300, 357n, 361n; passagem da dialética entre senhor e servo, 36-8, 149, 160-1, 297, 332n, 334n
"Homem2" [Man2], 302
Homo historicus, 59-60, 103, 113, 231, 237, 242, 301
Homo laborans, 59, 237, 242
Homo scientificus, 60, 231
Humanidade, 23-5, 45, 47-51, 52, 57, 60, 71-2, 81, 91-2, 97, 99, 147-52, 332n

Husserl, Edmund, 88, 91-2, 97, 100, 111-3, 119, 132, 142, 149, 226, 307, 339-41n, 348n

ideias universalistas, 141, 156
identidade, 37-8, 54, 56-7, 72, 152, 187
imagem da existência, 120, 163
imigração, 226-31
imperialismo, 192, 198
implicação, 17, 19, 69, 278, 290, 315
incompreensibilidade, 49
indeterminabilidade, 248, 285, 298, 311
infinito, 17-19, 278, 290, 311-2, 373n, 376n
informal, trabalho ver trabalho informal
informante nativo, 324n
interioridade, 121, 280; negra, 97, 99-100, 107, 127, 157, 181, 253, 299
intraestrutura, 325n
Introdução geral à fenomenologia pura (Husserl), 112

James, C. L. R., 78
James, Joy, 324n
Jim Crow, leis, 342n
Jurídico, o, 323n, 332n; autoridade, 73, 107, 297; colonialidade e, 43-4, 106; escrava e, 74, 94, 107; o Estado e, 24, 64, 146, 192, 228; liberdade [liberty] e, 41, 261; necessidade e, 43, 74, 125; o Racial e, 13, 96, 115, 144, 157; título e, 147; violência total e, 106; ver também Econômico, o, o Jurídico e

Kant, Immanuel: a priori, 113, 116; a Coisa ver Coisa, a (das Ding); conhecimento científico, 60, 119-23, 139, 204-7, 298, 348n; a estética, 225, 230; ética, 299; mundo da vida, 339n; necessidade, 124, 345n; qualidade, 164; razão transcendental, 55-6, 146, 332n; tempo, 165-8, 291, 359n
Kindred (Butler) ver Dana (Kindred)

Lefebvre, Henri, 358n
Lei dos Direitos de Voto [Voting Rights Act] (1965), 323n
liberdade [freedom], 171, 226-7
liberdade [liberty]: capital e, 218, 237, 241, 244, 265-6, 295; dignidade e, 151; Estados Unidos e, 354n; humanidade e, 52-4, 71; igualdade e, 37, 39, 70, 80, 222, 242; necessidade e, 18, 45-6; violência e, 33, 75, 172
linearidade, 13, 31, 55-6, 119, 123
linha de cor, 91, 105-6, 109, 125, 307
Lloyd, David, 225, 230-1, 337-8n, 370n
Locke, John, 149, 323n, 346n
lógica de obliteração, 78
lógica, leis da, 54-6, 101, 344n
Lorde, Audre, 373
Lukács, Georg, 359n
Luther King Jr., Martin, 172
Luxemburgo, Rosa, 189-93, 197-8, 200, 202, 231, 372n
luz negra, 27, 153, 156, 159, 162, 224-6, 232, 259, 290, 303

mais-trabalho, 217, 254
mais-valia, 240, 244, 258
Malcolm X, 172
Manuscritos econômicos e filosóficos de 1844 (Marx), 256
Marx, Karl: acumulação, 190-2, 207; alienação, 257; capital, totalidade de, 53, 61-2, 176, 216-7, 264; sobre colônias, 208-15, 231, 257-9; corpo e, 265-6, 295; dialética, 136; equação de valor, 19, 44-5, 68, 194-6, 232-9, 251, 303, 309, 311; materialismo histórico, 187-9, 286; mercado, 301; sobre trabalho, 197-9,

201-7, 239-46, 247-8, 250, 260-2, 271, 297, 334n, 367-70n
marxismo, 46, 59, 76, 177-80, 197, 231, 260, 266, 336n, 358n
matemática, 54, 73, 121, 125, 312-4, 348n
material, 277, 315, 317-8
materialidade, 17, 42, 70, 98, 159, 265, 278, 290, 313, 315
materialismo histórico, 60, 64-5, 92, 334n, 336n; liberdade [liberty] e, 237-8; sobre subjugação racial, 176-7, 180, 182-3, 187-8, 193, 201, 222, 288, 358n; trabalho e, 233, 286-7
matéria-prima/matéria bruta, 78, 277; o Cósmico e, 72, 315, 318-9; energia, 159; raça como, 130; valor e, 246, 250, 259, 260, 261, 266, 309
meios de produção, 310
mente do ser humano primitivo, A (Boas), 112
mercadoria, 238, 250, 252, 361n; escravo como, 152, 158, 196, 218, 262, 282, 295; trabalho como, 218, 222, 235-6, 243, 367-70n
metafísica, 204
"Modo de Produção Asiático" (MPA), 256-8
montagem científico-social do capital, 176-9, 184, 186, 264; unidade, problema da, 181, 356n
Moten, Fred, 46, 51, 70, 78, 158, 196
Moynihan, Daniel Patrick, 28-30, 34, 99-100, 130, 277, 327n
muçulmanos, 131
mundo, 40, 55, 88, 114, 132, 142, 161, 163, 225, 281; cósmico, 275, 278; negridade e, 273-6; outro, 108-11
mundo da vida, 150, 339n, 341n
Myrdal, Gunnar, 99

NAACP (National Association for the Advancement of Colored People) [Associação Nacional para o avanço das Pessoas de Cor], 354n
não-contradição, princípio de, 54, 276
Nativa, a, 63, 94, 210, 266, 338n
natureza, 15, 120-2, 124, 130, 347n
necessidade: corpo cativo e, 36-7, 43; liberdade [liberty] e, 45-6; negridade e, 49, 104, 127, 130, 139, 143, 146; pensamento pós-iluminista e, 18, 33-5, 54-5, 120, 122-5; trabalho e, 204, 241; violência e, 27
negativação, 33, 39, 51, 58, 153, 194, 239, 249, 289
negridade: capacidade ética, 40-3, 46, 49, 52, 65, 80, 96, 105, 300, 333n; carne ferida e, 273; categoria da, 69, 78, 103, 118, 126, 129, 154; como catividade, 173; o Econômico e, 175; enigma, 99-100, 141, 156; escravidão e, 73-4, 342n; mobilização da natureza/mundo, 34, 46, 50, 58; patologia e, 35, 326n; verdade e, 125-6
Newton, Isaac, 365n

objetificação, 57, 103-4, 138, 153, 279
Outro, o, 67, 302-3, 311, 329n

Para onde vamos a partir daqui: Caos ou comunidade? (King), 172
Park, Robert E., 92, 137, 140-1, 355n
pars, 277
particularista, 141-2, 144
Partido dos Panteras Negras para Autodefesa, 172
patologia, negridade como, 35, 326n
patriarcado ver poder cis-heteropatriarcal
pensamento fractal, 290, 316
pensamento pós-iluminista, 42, 44-5, 66, 121-3, 144, 147; capital e, 246; ciência social e, 115; determinativo versus interpretativo,

18; necessidade e, 47, 50, 54, 104; o
Racial e, 89, 99; pilares, 16, 47, 48,
55-6, 76, 225, 372n
Plessy versus Ferguson, 342n
poder, 145, 350n; ver também colonialidade do poder; trabalho, força de
poder cis-heteropatriarcal, 28-9, 73, 90, 323n, 324n
Pós-colonial, o, 178, 182-3, 225
preconceito racial, 105, 113, 118, 328n
primeira pessoa negra do singular, 110, 114-5
primitiva, acumulação ver acumulação primitiva
probabilidade, 87, 116-7, 309, 377
propriedade privada, 209, 211, 221, 226, 233, 241
propriedade, relação de, 197, 245, 248, 363n

qualidade, 164
Quântico, o, 72, 159, 163, 262, 275, 285, 290, 313, 315, 373
Quijano, Aníbal, 64-8

"Race, Articulation, and Societies Structured in Dominance" [Raça, articulação e sociedades racialmente estruturadas], 181
Racial, o, 24, 61, 91, 134; capital e, 64-6, 76-7, 172, 182, 193, 201, 209-10, 219-20, 236; código, 170; o Colonial e, 63-4, 131, 182, 188, 231; conhecimento e, 95; como *datum/residuum*, 184, 190
racialidade, 13, 36, 47-8, 53-4, 129, 201, 229, 280; ferramentas da, 96, 140, 151; ponto cego, 89-90, 92-4, 104
racialismo, 179-81, 355n
racismo biológico, 134
racismo de Estado, 134-8, 146
re/de/composição, 27-8, 104-7, 130, 147, 155-8, 194, 262-3
realidade, 117-9, 129-30, 164

recusa comum, 46, 51, 58, 107
relação escrava/proprietário, 36-9, 51, 53, 71, 74, 76, 80, 94, 99, 107, 149, 157-8, 219, 236, 245
relação monetária, 197, 245, 247, 249, 364n
relações sociais, não problemáticas/problemáticas, 140
reparos espaciais, 191-2
residuum, 91, 115, 130, 132, 139, 150, 184
revolução, 179, 355n
Ricardo, David, 203
Robinson, Cedric J., 78, 174, 177-81, 184, 188, 193, 246, 287, 366n

Scenes of Subjection [Cenas de sujeição] (Hartman), 97
separabilidade, 16, 56, 64, 68, 114, 120-3, 165, 166, 182, 185, 286, 308, 372n
sequencialidade, 16, 56, 165-6, 188-93, 280, 361n, 372n
ser do mundo, 313-4
Ser-Espécie, 256
silogismo, 120, 344n
sistema de justiça criminal: brutalidade policial, 26, 129, 157, 172, 224; encarceramento, 170, 172
Smith, Adam, 203, 207
soberania, 146, 160
social, conceito de, 57, 139-40
sociologia ver ciência social
Spencer, Herbert, 346n
Spillers, Hortense J., 29-30, 142-3, 149, 158, 277, 325n, 351n; carne, 26-7, 41-5, 273-4, 280, 305-6; etnicidade, 136, 138, 155; Família negra, 101-2, 337n; negridade, 28, 31, 33, 35, 51, 78, 94
Spivak, Gayatri Chakravorty, 246, 256-8, 324n, 357n
subjetividade, 77, 90, 93, 100-1, 104, 107-8, 127, 130, 137, 144, 146, 148-50, 175-6, 225, 253, 271, 281; *ver também* interioridade, negra

Índice remissivo

sujeito, 110-1, 132, 231
superacumulação, 192
superestrutura, 183

tempo: cósmico, 276, 278; criação de valor, 237, 239; Kant, e, 167-8; linearidade do, 13, 31, 55, 311, 314, 375n; Marx e, 232-6, 238; trabalho e, 251, 367-70n; trabalho escravo e, 248

teoria do sistema-mundo, 66, 201

terceiro excluído, lei do, 54

título, 22, 39, 73, 80, 86, 99, 114, 117, 147, 158, 217, 219, 303, 333n

totalidade, 336n; ver também capital, totalidade do

trabalho: assalariado, 65-6, 193, 195, 211-2, 216-7, 220, 222, 229, 245, 247, 249, 252, 296; capacidade criativa, 41, 240-1, 246, 249, 251; capacidade de, 203, 208, 220, 233; (escrava e, 38-9, 42, 149, 173, 195-200, 215-22, 226, 240, 244, 247-8, 252-5, 257-8, 271-2, 305, 363n, 367-70n; formulação, 60); categoria de, 176-8, 182, 187, 193-4, 200, 208; como científico, 233, 236-9; como ético, 233, 236-9, 263; ferramenta determinativa, 194-5, 203-7; força de, 242, 244, 263, 367-70n; informal, 223; livre, 239-40, 245; morto, 238; não pago, 65-6, 75, 195, 197, 216-20, 245-50, 252 (ver também capacidade de trabalho, escrava e); tempo de, 76, 232-6, 242, 363n; vivo, 238, 242, 250, 253, 266-7, 272

trabalho improdutivo ver trabalho, não pago

Tradição Negra Radical, 172, 180

travessia, 58

Truth, Sojourner, 292

Ture, Kwame, 172

valor: cena ética, 76, 79; equação do, 19, 44-5, 68, 194-6, 232-9, 250-1, 259-60, 290, 303; equação II, 252; escrava e, 248, 299, 303; o Jurídico e, 75-6; troca (ver também fungibilidade), 76, 218, 236, 238, 250, 367-70n; de uso, 39, 218-9, 295

verdade, 85-8, 128, 212, 347n, 349n, 358n

versão interpretativa das relações raciais, 131-8, 142, 154, 162, 357n

vida/morte negra, 224, 270

Vida-Espécie, 256-8

Vidas Negras Importam, 223-4

violência ver emaranhado de violência; violência simbólica; violência total

violência simbólica, 27, 75, 95, 129, 231

violência total, 25, 27, 30, 32, 37, 41, 43, 46, 51, 73-9, 95, 105-6, 126, 129, 147, 157, 253, 292-3, 351-2n; o Colonial e, 62-3, 314; Dana (Kindred) e, 269-72; escravidão e, 171; relevância atual, 231-2

Wakefield, E. G., 210-2, 215
Wallerstein, Immanuel, 201
Weber, Max, 326-7n
Weheliye, Alexander G., 329n
Wynter Sylvia, 53, 64-8, 302, 351n

Žižek, Slavoj, 226-31

ESTA OBRA FOI COMPOSTA POR MARI TABOADA EM DANTE PRO E IMPRESSA EM OFSETE PELA GRÁFICA BARTIRA SOBRE PAPEL PÓLEN NATURAL DA SUZANO S.A. PARA A EDITORA SCHWARCZ EM ABRIL DE 2024.

A marca FSC® é a garantia de que a madeira utilizada na fabricação do papel deste livro provém de florestas que foram gerenciadas de maneira ambientalmente correta, socialmente justa e economicamente viável, além de outras fontes de origem controlada.